U0854459

金融反腐论

黎晓宏　董　宏　著

中国方正出版社　中信出版集团

图书在版编目（CIP）数据

金融反腐论 / 黎晓宏，董宏著 . -- 北京：中国方正出版社，2017.1
ISBN 978-7-5174-0270-1

Ⅰ . ①金… Ⅱ . ①黎… ②董… Ⅲ . ①金融 – 反腐倡廉 – 研究 – 中国 Ⅳ . ① D630.9

中国版本图书馆 CIP 数据核字（2016）第 326655 号

金融反腐论

著　　者：黎晓宏　董　宏
出版发行：中国方正出版社
中信出版集团股份有限公司（北京市朝阳区惠新东街甲 4 号富盛大厦 2 座　邮编　100029）
（CITIC Publishing Group）
承 印 者：北京盛通印刷股份有限公司

开　　本：787mm×1092mm　1/16　　印　　张：23.75　　字　　数：305 千字
版　　次：2017 年 10 月第 1 版　　印　　次：2017 年 10 月第 1 次印刷
广告经营许可证：京朝工商广字第 8087 号
书　　号：ISBN 978-7-5174-0270-1
定　　价：168.00 元

版权所有 · 侵权必究
如有印刷、装订问题，本公司负责调换。
服务热线：400-600-8099

金融反腐论

总撰稿：黎晓宏　董　宏

撰　稿：祁　斌　解植春　张红力

汤世生　齐　亮　夏立忠

自　序

党的十八大以来，以习近平同志为核心的党中央坚持党要管党、全面从严治党，坚定不移严明党的纪律，持续整饬党风，严厉惩治腐败，坚决遏制腐败蔓延势头，形成反腐败压倒性态势，赢得了党心民心，厚植了党执政的政治基础。党风廉政建设是全面从严治党的重要组成部分，关乎党的生死存亡、关乎人心向背。党风廉政建设和反腐败斗争永远在路上，必须在坚持中深化、在深化中坚持，始终不渝以零容忍态度同一切腐败现象和不正之风作斗争，保持党的先进性和纯洁性，为实现中华民族伟大复兴提供坚强政治保证。

腐败问题是全球性问题，反腐败是世界性难题。腐败的滋生蔓延既有制度不完善的原因，也有监督不到位的原因，当然还有经济上的诱惑。从经济视角看，腐败是权力寻租行为，直接动因是寻租收益大于寻租成本。一个行业的市场化程度低、垄断利润大，制度不完善、监督不严格，寻租收益就高、寻租激励就大，寻租成本就低、寻租倾向就强。

金融是国家重要的核心竞争力，金融安全是国家安全的重要组成部分，金融制度是经济社会发展中重要的基础性制度。无论是荷兰的阿姆斯特丹证券交易所、英国的伦敦金融城，还是美国的华尔街，都对其实现大国崛起发挥了不可替代的重要作用。几百年来金融体系演进表明，全球金融发展既是一部大胆创新的历史，又是一部充满波动的历史，充斥着大量腐败问题和大案要案，令人触目惊心！金融体系作为现代市场体系中资源配置最集中和最重要的场所，其各个金融子市场具有高度关联性，金融杠杆的运用和金融机构倒闭的多米诺骨牌效应，使得金融风险的爆发往往会危及经济安全和社会稳定。比如，2008 年美国金融危机给全球经济金融带来的巨大冲击至今仍未结束。尤其要清醒地看到，金融资源的特许性和稀缺性，总会引起不同利益方的激烈争夺，特别容易滋生腐败，给金融体系带来风险乃至溃败。从金融发展的历史看，金融深化往往与腐败共存，重大制度缺陷推动着金融体制的改革和创新，“金钱永不眠”已成为铁律，暴露着人性贪婪，带来新的风险和灾难。同时，金融腐败也同金融机构的内部控制不力、合规风险管理意识淡薄、风险操作规程执行不到位密切相关，常常是“十案九违规”。因此，金融腐败危害格外严重，金融领域反腐败尤为重要。

金融反腐是党风廉政建设和反腐败斗争的重要方面，是全面深化金融改革、维护金融安全、守住不发生系统性风险的重要保障。2017 年 4 月 26 日，习近平总书记在中央政治局第 40 次集体学习时深刻指出，维护金融安全，是关系我国经济社会发展全局的一件带有战略性、根本性的大事。7月14日，习近平总书记在全国金融工作会议上再次指出，防止发生系统性金融风险是金融工作的永恒主题。要把主动防范化解系统性金融风险放在更加重要的位置，科学防范，早识别、早预警、早发现、早处置，着力防范化解重点领域风险，着力完善金融安全防线和风险应急处置机制。金融兴，经济兴；金融稳，经济稳。落实好习近平总书记这一重要要求，必须坚定不移地开展金融反腐。当前，我国经济进入新常态，经济结构调整、发展方式转型正在发生，供给侧结构性改革正在深化，迫切需要高质量、全方位的金融服务。与此同时，以高杠杆和泡沫化为特征的金融风险也在积累。从宏观上看，我国储蓄率较高，人口老龄化进程加快，投资者对跨期保值增值投资的要求明显提高。从阶段性特征看，应对国际金融危机过程中带来的流动性过剩问题和“资产荒”问题凸显，金融脆弱性需要高度关注。从金融机构和市场行为看，金融的市场化改革逐步深化，但尚未到位，致使一些金融机构漠视风险，过于强调短期激励。从金融监管体系看，监管执行力需要进一步提高，监管碎片化和人力资本欠缺等问题制约着监管有效性。从外部环境看，世界经济走势仍在继续分化，未来仍然充满了不确定性，对国内经济金融形势将带来多方面影响。在这种国内外形势下，保持金融健康发展、维护金融安全稳定，根本的是要认真贯彻党中央对金融工作的决策部署，管住货币，降低杠杆率，治理好金融风险的源头，改革和完善金融监管体制，设立国务院金融稳定发展委员会，强化人民银行宏观审慎管理和系统性风险防范职责，提高金融监管能力，坚决打击金融腐败和各类金融犯罪。要针对金融行业腐败发生的机理，有序推进金融市场化改革，遵循市场规律，加强信息披露，鼓励有序竞争，降低金融业的租金和超额利润。要从广大人民群众根本利益和国家整体利益出发，完善“不敢腐、不能腐、不想腐”的体制机制，强化金融机构队伍建设，增强金融体系的风险防控能力，提高金融服务实体经济的效率。

面对新时代新要求，《金融反腐论》深入分析了腐败的定义、机理、经济学原理、文化溯源以及体制性因素，特别是结合金融行业特征，首次系统梳理总结了金融领域的反腐理论和实践，对金融腐败的定义、表现形式、演变趋势和金融持牌机构存在的腐败风险隐患进行了尝试性探索，并借鉴历史和国际反腐经验与启示，就推进金融反腐的措施与方法提出了系统性政策建议。本书还就巡视监督制度在金融反腐中的作用进行了分析，对建立有中国特色的金融反腐新机制进行了初步思考，谨供广大党员干部、金融从业人员和研究人员参阅。

目　录

绪　论

一、背景与目的

党的十八大以来，反腐惩恶始终保持高压态势，成效卓著。在十八届中央纪委七次全会上的重要讲话中，习近平总书记指出，反腐败斗争压倒性态势已经形成，不敢腐的目标初步实现，不能腐的制度日益完善，不想腐的堤坝正在构筑，党内政治生活呈现新的气象。

金融反腐是反腐败系统工程的重要一环。金融是现代经济的核心，利益涉众、外部性影响较大，金融腐败对于金融体系稳健运行有着巨大危害，而金融反腐对保障金融体系安全运行，有效执行国家发展战略和平稳渡过经济转型意义重大。金融业由于其行业特性容易滋生腐败：一方面，金融业是特许经营行业，客观上具有一定的垄断性，存在设租和寻租空间；另一方面，金融业处于产业链条顶端，影响资源配置，资金往来频繁，易于成为腐败行为利益输送的工具。此外，金融业专业性强，尤其是近几十年来金融创新层出不穷，呈现关系复杂化、业务混合化、利益多样化特点，这使金融腐败更具隐蔽性、欺骗性和危害性，也给行业监管与反腐败工作带来较大难度。

鉴于以上情况，在反腐败斗争取得压倒性态势之际，本书旨在结合金融反腐实践，特别是党的十八大以来金融反腐经验，通过对金融腐败进行深入系统研究，揭示其本质、成因、特点和演变趋势，并探索有针对性的惩治和防范措施，以期为持续深入、有的放矢打击金融腐败行为提供理论和实践参考。

二、分析视角与理论框架

腐败现象是经济学、政治学、人类学、社会学和公共管理学等众多学术领域广泛关注的问题。本书主要从经济学角度对腐败问题进行探讨分析，并将研究范畴聚焦于金融行业公权力下的腐败行为，即政府部门、行业监管机构以及国有金融企业等具有公共属性部门的行为主体为谋求特殊利益而滥用职权或偏离公共职责导致公共利益受损的行为及现象。

腐败作为一种“预估之罪”，是在权衡利弊之后的理性行为，是反复掂量风险与回报之后的犯罪。基于个人理性假定理论，本书构建了个人腐败成本收益决策模型，对影响当事人实施腐败行为的关键因子进行了分解。政府公职人员及行贿个体作为理性个人，在决策时会衡量成本与收益高低，并追求自身利益最大化。对理性个人而言，实施腐败行为的必要条件是腐败的预期收益大于预期成本。这一理论框架有助于我们较为简明直观地理解腐败发生的条件和一般性规律，并将影响腐败发生的不同国情、不同社会发展阶段和不同行业的经济、文化等多种因素纳入统一的理论体系进行分析。金融腐败的特殊性中蕴含着普遍性，亦可纳入这一理论框架进行分析和阐释。

这一理论框架还有助于我们清晰地梳理出金融领域和其他领域反

腐败工作的两个维度：一是降低腐败预期收益，即减少腐败租金和寻租机会；二是提高腐败预期成本，即加大查处和惩治力度，对于制定有效的反腐败战略具有一定的指导意义。

三、章节架构

本书分为八章。第一章梳理了国内外关于腐败的研究成果，界定本书的研究范畴，并构建腐败成本收益决策模型，概括腐败的一般性规律。第二章从分析金融行业特征入手，结合金融行业的特殊性，对金融腐败的定义进行阐释，探讨金融腐败的表现形式。第三章概述了我国古代、近代和现代社会不同历史时期金融腐败现象、成因及其启示，揭示金融反腐的历史性规律。第四章分析了各类金融持牌机构与金融市场特征及廉洁风险点。第五章结合我国金融发展情况和国际动态，分析了金融腐败的新趋势及危害。第六章探讨了境外金融腐败，包括拉美和东南亚等发展中国家，以及美英等发达国家和地区，既回顾了其金融腐败的历史和特征，也总结了其金融反腐经验，从国际视角深入理解金融反腐问题。第七章探讨了当前我国全面深化改革关键阶段，面对反腐败斗争新形势，需要采取何种战略和方法抑制金融腐败。第八章梳理了巡视制度的渊源和发展，以及如何发挥巡视在金融反腐中的利剑作用。附录为黎晓宏担任中国证券监督管理委员会（以下简称中国证监会）纪委书记期间领导研究的证券期货监管系统廉政风险防控金字塔模型及其实践应用。

第一章
关于腐败的一般性理论

政在去私，私不去则公道亡。

——晋·傅玄《问政》

本章提要

- 本章梳理了国内外学术界对腐败的不同定义，并将研究范畴聚焦于金融行业公权力下的腐败行为。
- 腐败是一种经济现象，国内外对腐败问题的研究大多基于经济学理论框架，对腐败的本质、成因及产生条件等进行系统性分析，主要包括委托—代理理论、寻租理论、新制度经济理论、经济人假设理论以及个人理性假定理论等。
- 本书以个人理性假定理论为基础，构建个人腐败成本—收益决策模型。
- 腐败的预期收益取决于腐败的租金以及腐败成功实施的概率。
- 腐败的预期成本则取决于腐败的成本，只有当腐败的预期收益大于预期成本时，理性个人才会实施腐败行为。
- 可以从两个维度推进反腐败工作：一是降低腐败的预期收益，减少腐败租金和寻租机会；二是提高腐败的预期成本，加大惩治腐败力度。
- 腐败具有四个主要特征：一是垄断性；二是隐蔽性；三是地域性；四是阶段性。

腐败是人类社会的通病，反腐败是一场关于人性、权力和道德的无硝烟战争，全球没有哪个国家可以免于腐败困扰。我们党历来高度重视反腐败工作。党的十八大以来，习近平总书记反复强调：“一个政党，一个政权，其前途命运最终取决于人心向背。人民群众反对什么、痛恨什么，我们就要坚决防范和打击。人民群众最痛恨腐败现象，我们就必须坚定不移反对腐败。”在十八届中央纪委六次全会上的重要讲话中，习近平总书记强调指出：“民心是最大的政治，正义是最强的力量。……只要谁敢搞腐败，就必须付出代价。一棵参天大树，如任蛀虫繁衍啃咬，最终必会逐渐枯萎。惩治腐败这一手必须紧抓不放、利剑高悬，坚持无禁区、全覆盖、零容忍。”到底什么是腐败？腐败产生的原因是什么？具体到金融行业，腐败的形式和机理又有哪些不一样的地方？这些都需要深入研究，以利于更好地防范和打击金融腐败行为，不断净化金融行业政治生态。

一、腐败的定义与分类

对腐败进行定义，就是通过揭示腐败的内涵和特征，为识别腐败现象或行为提供一定标准和依据。目前，学术研究中对腐败并没有统一的定义。国内外对腐败的分类也没有统一的标准。

（一）腐败的定义

“腐败”一词早在《汉书·食货志》就已出现：“太仓之粟，陈陈相因，充溢露积于外，腐败不可食。”意指（谷物）发霉、腐烂。这是腐败概念的生物学释义。在现代社会，“腐败”概念成为社会科学特别是政治学、经济学、法学等研究的一个重要范畴，主要指利用公权力谋取私利的行为。在不同国家，腐败一词具有不同含义，不同文化对腐败作出的解释也不尽相同。国内外研究文献以及我国学术界对腐败有多种界定。

《牛津英语词典》列举了“腐败”一词的 9 种含义，只有一种可用于政治生活，“由贿赂或恩惠引出放弃公共义务，正直变质或被破坏，腐败活动的采用和存在主要与公共机构等有关联”。阿诺德 · J. 海登海默在《对腐败性质的分析》中归纳了当代社会科学界定腐败的三种基本模式：一是以公共职位为中心的定义。戴维 · H. 白利、M. 麦克缪兰和 J. S. 内伊阐释了与公共职位和职位拥有者的规范有关的腐败定义，如白利的定义是：腐败意味着不正当地使用权威以得到个人利惠，这种利惠不一定是金钱。二是以市场为中心的定义。莱夫以及雅科布 · 范 · 克拉弗伦和罗伯特 · 蒂尔曼的定义属于这一范畴。如克拉弗伦认为，腐败的官员把公共职位视为一种经营，最大限度地寻求职位收益，公职成为一个“最大化的单位”，收益的多寡有赖于市场状况以及他在公共需求曲线上发现最大赢利点的能力。三是以公共利益为中心的定义。有些学者感到第一组定义太狭隘，第二组定义太宽泛，他们倾向于使用“公共利益”概念。如卡尔 · 弗里德里希认为，不论何时，作为负责某项工作或负有某种责任的职员或官员的掌权者，受非法提供的金钱或其他报酬引诱，作出有利于提供报酬的人从而损害公众和公众利益的行为，腐败就可以说存在了。① 美国著名政治学家塞缪尔 · P. 亨廷顿将腐化等同于腐败，认为“腐化是指国家官员为了谋取个人私利而违反公认准则的

---

① 参见王沪宁：《腐败与反腐败——当代国外腐败问题研究》，上海人民出版社 1990 年版，第 16 – 19 页。

行为”[①]，“腐化的形式大都涉及到政治行为和经济财富之间的交易”[②]。这一观点比较有代表性，实际上是以公共利益为中心的定义。

此外，一些国际机构也对腐败进行了界定。《联合国反腐败公约》对公职人员贪污、挪用或者以其他类似方式侵犯财产，利用影响力交易，以及滥用职权等作出规定。如第十八条明确规定了“影响力交易罪”，即各缔约国均应当考虑采取必要的立法和其他措施，将下列故意实施的行为规定为犯罪：（一）直接或间接向公职人员或者其他任何人员许诺给予、提议给予或者实际给予任何不正当好处，以使其滥用本人的实际影响力或者被认为具有的影响力，为该行为的造意人或者其他任何人从缔约国的行政部门或者公共机关获得不正当好处；（二）公职人员或者其他任何人员为其本人或者他人直接或间接索取或者收受任何不正当好处，以作为该公职人员或者该其他人员滥用本人的实际影响力或者被认为具有的影响力，从缔约国的行政部门或者公共机关获得任何不正当好处的条件。世界银行认为，腐败是为谋取私利而对公共职位的滥用。国际货币基金组织将腐败定义为：“滥用公共权力以谋取私人的利益。”透明国际组织认为，腐败是滥用委托权力谋取私人利益。王沪宁曾归纳国外有关腐败问题文献八个方面的取向：定义、范围、原因、分类、标准、方法、效应和对策。[③]

国内相关研究中，学者们从政治、社会、文化、法律等不同角度，对腐败进行了阐述，其中有不少代表性观点。有的从权力运用的角度界定腐败，如任建明等认为，腐败就是委托权力被用来谋取私利的过

---

① ［美］塞缪尔·P. 亨廷顿：《变化社会中的政治秩序》，王冠华等译，生活·读书·新知三联书店1989年版，第54页。

② ［美］塞缪尔·P. 亨廷顿：《变化社会中的政治秩序》，王冠华等译，生活·读书·新知三联书店1989年版，第61页。

③ 参见王沪宁：《腐败与反腐败——当代国外腐败问题研究》，上海人民出版社1990年版，第6－12页。

程和行为。[①] 于风政认为，腐败是国家机关和国有企业的公职人员与他人合谋，违反法律和社会公认的行为规范，滥用公共权力和公共资源，为私人和私人小圈子谋取私利，或为某一单位、某一行业谋取特殊利益，并损害公共利益及其他公民个人利益的行为。[②] 有的从政治学角度定义腐败，如李雪勤认为，腐败是指由党或国家机构的一级组织，党政机关工作人员包括国家机构任命的其他人员，利用权力为个人或小集团利益而实施的违背党纪政纪、违反国家法律的行为。[③] 杨继亮认为，腐败就是执政者（政党社会就是执政党的成员）由于受腐化思想所支配，凭借执政的权力，从事与执政者的宗旨背道而驰的行为，以权谋私，坑国害民，损人利己，并由此而导致社会风气的败坏，各种社会性的腐败现象泛滥开来。[④] 有的从经济学角度定义腐败，吴敬琏认为，腐败是权力与货币的交换，这种“以权谋私”现象，在经济学术语上叫作设租和寻租活动。[⑤] 胡鞍钢等认为，腐败是一种寻租活动，是指少数人利用合法或非法手段谋取经济租金的政治活动和经济活动，……通俗地讲，寻租就是用较低的贿赂成本获取较高的收益或者超额利润。[⑥] 谢平和陆磊认为，一切利用某种垄断权（包括行政权与资源配置权）所进行的不按交易规则或行政权力规则办事，为自身谋取私利的行为，从广义上讲都是腐败。无论是金融监管还是金融机构的涉及私利的违规行为都可以归之为金融腐败。[⑦] 程振源认为，

---

① 任建明、杜治洲：《腐败与反腐败：理论、模型和方法》，清华大学出版社 2009 年版，第 20 页。

② 于风政：《论“腐败”的定义》，《新视野》，2003 年第 5 期，第 42 页。

③ 李雪勤：《中国拒绝腐败》，中国言实出版社 1997 年版，第 68 页。

④ 杨继亮：《腐败论》，中国社会科学出版社 1997 年版，第 1 页。

⑤ 陈可雄：《反腐败必须釜底抽薪——访著名经济学家吴敬琏教授》，《新华文摘》，1994 年第 1 期，第 25 页。

⑥ 胡鞍钢、康晓光：《以制度创新根治腐败》，《改革与理论》，1994 年第 3 期，第 3 页。

⑦ 谢平、陆磊：《金融腐败、金融业不良资产与居民资产配置之谜》，《经济导刊》，2005 年第 5 期，第 57 页。

腐败是指以谋求个人经济利益为目的，以牺牲公众的经济利益为代价而滥用公共权力的行为。用委托代理理论的语言来说，就是代理人为谋取私利而牺牲委托人经济利益的行为。① 这里所说的代理人是指掌握公共权力的自然人。有的从法学角度定义腐败，认为腐败是一种违反法律规范有危害性的作为或不作为。此外，还有的从广义和狭义的角度定义腐败，毛民生认为，狭义的腐败是专指高层统治集团内部的腐败现象而言，高层统治集团内部的腐败行为，从宏观到微观，都具有很强的政治性质。……广义的腐败是泛指在一定的历史条件下，这个社会所呈现的全部腐败现象。宏观之，是一种政治性质，微观之，是一种非政治行为。②

（二）腐败的分类

从国外研究来看，尽管腐败在不同国家可能具有相同的形式和特征，但由于具体历史、社会和文化条件不同，学者们的分类方法也有不同。有的从腐败活动发生领域来划分，杰恩描述了两种不同类型的腐败：一是政府资产的滥用，即“行政腐败”；二是决策中的权力滥用，以改变经济中不同资产的回报率，即“政治腐败”。有的从腐败活动程度来划分，阿诺德·J. 海登海默按人们对腐败行为的容忍程度将腐败分为三类：一是黑色腐败，即共同体的大部分上层人物和大众都一致谴责的一项行为，希望在原则的基础上对之予以惩罚，如向公共官员赠送礼品或有裙带关系；二是灰色腐败，即有些人尤其是上层阶级希望惩罚某项行为，其他人不希望，大众则可能是模棱两可的；三是白色腐败，即上层和大众的多数人可能都不积极支持惩罚的腐败行为，他们认为这是可以容忍的。有的从腐败活动发生的手段来区分，如贿赂、勒索、官方收买、贪污、裙带风、自行腐败等。有的从隐蔽

---

① 程振源：《西方腐败经济学综述》，《国外社会科学》，2006 年第 5 期，第 31 页。

② 毛民生：《反腐败纵横论》，新疆人民出版社 1996 年版，第 9－10 页。

的手法分，如不留证据、多次中转、非明确性暗示、制作假账、反宣传等。有的从腐败活动依托的物品分，如合同、银行、订单、股票等。还有的从报酬性质分，如分为特殊的、短期的、长期的、非竞选性的、竞选性的、大的、中等的和小的等种类。①

从国内研究来看，一些学者也对腐败的类型进行了划分。有的根据腐败行为目的，将腐败分为拜金型腐败、拜物型腐败、“聚宝”型腐败、享受型腐败、徇私型腐败、徇情型腐败、贪色型腐败以及其他类型腐败。有的根据腐败的历史形态，将腐败分为传统型腐败和现代型腐败。有的根据腐败问题性质，将腐败分为官僚主义腐败、违反党纪、政纪腐败和违反法律但不构成犯罪的腐败以及触犯刑律构成犯罪的腐败。有的根据腐败行为的主动性程度，将腐败分为主动型腐败和被动型腐败。有的根据腐败行为主体数量，将腐败分为个体腐败和群体腐败。有的根据腐败方式，将腐败分为政治腐败、经济腐败和生活方式腐败。还有的根据腐败发生层次，将腐败分为权力腐败、行业腐败和社会腐败。②

本书认为，腐败就是不恰当地运用公权力谋取私人利益的行为。为使研究更有针对性，在研究范围上，本书主要聚焦于金融行业公权力腐败行为，即政府部门、行业监管机构以及国有金融企业等具有公共属性部门的行为主体为谋求私人利益而滥用职权或偏离公共职责，导致公共利益受损的行为。

二、腐败的一般性规律

准确把握腐败现象的特点和规律，有利于有针对性地解决腐败问题。学术界对腐败的基本规律进行了大量研究，概括起来，主要有四

---

① 王沪宁：《腐败与反腐败——当代国外腐败问题研究》，上海人民出版社 1990 年版，第 8 页。

② 参见任建明、杜治洲：《腐败与反腐败》，清华大学出版社 2009 年版，第 24 - 28 页。

个方面特征。

（一）腐败具有垄断性特征

从经济学原理进行分析，垄断性强、公权力过大容易产生腐败。垄断和公权力使得寻租变得格外便捷且收益巨大，导致收益与成本的天平向收益一方倾斜，进而大大增加腐败发生的概率。

权力具有天然的扩张性，当权力与人的欲望相结合，“这些无时无处不在的欲望的膨胀，与权力的增长成正比：普通民众虽有欲望，但没有权力，欲望受到的限制最多，其欲望释放的可能性最小，对社会造成危害的可能性也最小；相反，权力越大，欲望所受限制越少，释放的空间越大，对社会造成危害的可能性亦越大”，即“权力为掌权者提供了不断扩张欲望的空间”。①

公权力的实际掌握者存在角色冲突和利益矛盾，具体表现为：作为国家公职人员，其职位所赋予的公权力与作为公民由法律所赋予的私权利之间存在矛盾。公职人员身份要求其做一个“忠实的公共人”，在行使公权过程中，必须坚持公共利益最大化原则，不能出于个人私利而影响公权力行使。然而，作为理性个体，他又必然有自身利益，把追求个人利益最大化作为原则。当这两者在实际运作过程中发生混淆，就会出现用公权谋取私利的情形，导致公权力的非公共运用，由此产生腐败。②

在公权力较大和严格的审批制度下，腐败现象尤为普遍。由于审批权过大、过于集中，审批公章几乎成为一些政府官员手中的摇钱树，“拿钱好办事，没钱等着办”，审批权沦为待价而沽的“商品”。不少震惊全国的“大贪”“巨贪”就是因为滥用行政审批权而落马。研究表明，公共部门规模越大、管辖范围越广，发生腐败的概率就越大。

① 张绪山：《“权力腐败论”与现代民主政治》，《炎黄春秋》，2011 年第 3 期，第 44 页。
② 参见田春生、刘长松：《权力寻租与腐败治理》，《人民论坛》，2012 年第 32 期，第 20 页。

由审批权滋生腐败较为典型的是“国土领域”。一方面，地方政府是土地供应的源头，诸如棚屋拆迁、农地征用和工业园区开发等往往由政府说了算，政府是整个“游戏规则”的制定者和仲裁者；另一方面，地方政府财政大量依赖卖地收入。目前，房地产及相关领域已经成为中国地方政府财政收入最主要的来源。而这种“权力密集”和“资本密集”的“双密集”地带最容易滋生腐败，权力与资本结成腐败利益同盟，使少数人攫取了巨额财产，严重侵害了公众利益。

行业垄断则是带有权力垄断背景的利益垄断，本质上是行政权力垄断造成的。以银行业为例，20 世纪 80 年代，我国国有商业银行几乎垄断了企业所需资金供给，可以直接分配信贷，一些腐败活动也随之产生。过勇等人的研究表明，“中国的行政垄断已经造成了巨大的经济损失，成为腐败所造成的经济损失的一个重要组成部分，且远远超过了政府官员贪污受贿所造成的经济损失，从而成为中国当前最严重的腐败形式。”① 由于管理层权力过大、失于监管等，一些垄断行业不仅成为管理阶层谋取私利的工具，而且破坏正常市场秩序，抑制创新动力，将企业家的精力从经济创新活动引向腐败活动。这种现象在能源、建筑、土地、金融等领域大量存在。有学者指出：“从上到下的国有企业管理层都充斥着官员的亲属和朋友。一个普通人无论能力多么出众超群，都很难打入国有企业的关系网中。”②

（二）腐败具有隐蔽性特征

在监督机制缺位、透明度低、隐蔽性高的行业和领域，腐败行为被发现的概率较低，由此也降低了违纪违法者对应当承担的成本的预期，从而有更大的动机进行腐败活动。

---

① 过勇、胡鞍钢：《行政垄断、寻租与腐败——转型经济的腐败机理分析》，《经济社会体制比较》，2003 年第 2 期，第 66 页。

② Zheng Yongnian, Fighting Corruption and China's Second Political Revolution, United Morning News., 2014-08-12.

一般说来，腐败分子进行腐败活动，总是力求“神不知鬼不觉”。早期的腐败活动主要表现为非法占有公共财物即贪污，腐败活动的主体有不少是直接掌管财务的人员，他们通常采取收入不入账、伪造账单、涂改账单等手段，在账目上做文章，窃取公共财产。但贪污很难在账面上做到天衣无缝，总会留下蛛丝马迹，容易取证，安全系数不是很高。随着惩治腐败力度加大，一些狡猾的腐败分子越来越趋向于采取更为安全隐蔽的方式捞取不义之财，使腐败行为更具隐蔽性和欺骗性，腐败活动的主体也往往具有较高的文化水平和社会地位，他们总是想方设法隐瞒腐败行为以逃避法律制裁。《钱商》一书中有一个很重要的观点：“别相信显而易见的东西。”① 实际是说，显而易见的东西往往是假象。从近年来查处的一些典型案例可以看出，腐败行为隐蔽性和欺骗性很大。有的腐败分子边腐边升，手段隐蔽，一般难以从正面侦破，很多案件是由于其他原因涉案或是由知情者举报才被发现。同时，腐败分子打着各种旗号，以种种借口中饱私囊。还有的腐败分子甚至美化腐败行为，欺骗组织、蒙蔽群众，增加了腐败的欺骗性。有学者从腐败活动、腐败主体和腐败所得三个方面揭示了腐败的隐蔽性：从腐败活动的隐蔽性来说，主要表现为受贿、集体腐败、收取“红包”、暗箱操作等方式；从腐败主体的隐蔽性来说，主要表现为“红色”外衣、政治包装、廉洁“表演”、编织关系网；从腐败所得的隐蔽性来说，主要表现为腐败分子对腐败所得采取藏于家中、分散转移、洗钱等各种隐蔽措施。② 特别是一些腐败分子的以权谋私活动，现货交易少了，期货交易多了，不再攫取当期利益，而是等到多年以后甚至退休以后，再连本带利收取好处。还有的腐败分子通过不法手段攫取“第一桶金”后，以此为资本，在权力合法或不过分违法

---

① ［加］阿瑟·黑利：《钱商》，陆谷孙、张增健、翟象俊译，南海出版公司 2015 年版，第 97 页。

② 参见刘长江：《论腐败的隐蔽性》，《理论月刊》，2003 年第 4 期，第 93－94 页。

“关照”下，通过办公司、境外投资、回国投资等形式，使之不断增值，把不法收入变成合法收入。①

（三）腐败具有地域性特征

在《一个国家的腐败》一文中，J. 帕特里克·多贝尔曾说：“腐败是人类状况的一部分。”② 但具体到一个国家、一个地区，腐败问题又各具特点，体现出鲜明的地域性特征。大量事实表明，一个国家或地区经济社会发展水平、法律体系、政治环境、历史文化传统乃至自然地理环境等，都会对腐败问题程度和表现形式产生深刻影响。

经济社会发展水平的差异影响腐败发生概率。研究表明，经济社会发展水平较高的国家和地区，发生腐败的可能性较小。反之，则可能性较大。通常情况下，经济发展水平较高的国家和地区，市场经济体系较为完善，市场运行规则较为清晰，腐败发生的概率和收益都相对较低，而腐败行为的成本相对较高。有学者曾对 2012 年亚洲国家人均国内生产总值和廉政状况之间的相关性进行计算，得到的结果为 0. 8971。这表明经济发展水平与廉政状况有极强的相关性。美国学者裴文瑞指出，东亚地区政府治理水平，包括控制腐败在内，都随着经济水平的提高而有所改善。在中国，如果按各县人均国内生产总值进行比较，人均收入水平更高的县往往反腐力度更大。而且，经济发展和惩治腐败相辅相成，导致一些地区陷入“贫穷引发腐败，腐败损害发展”的恶性循环。新加坡有学者认为，收入水平较高的国家，能保障公务员有较高的薪酬，并能够为反贪机构提供较高的执法经费。③

① 参见邹山林：《关于新形势下反腐败的几点思考》，《前沿》，2004 年第 4 期，第 18 页。

② 引自王沪宁：《腐败与反腐败——当代国外腐败问题研究》，上海人民出版社 1990 年版，第 172 页。

③ Quah J S T. , Curbing corruption in Asia: A comparative study of six countries [M]. Marshall Cavendish International, 2003.

法治健全程度与腐败发生概率直接相关。成熟的市场经济体系和法制环境，惩治和预防腐败的法律制度比较完备，社会法制意识较强，对贪腐行为容忍度低，监督力度也较大，有利于防止腐败滋生和蔓延。如美国有《政府道德法》，英国有《荣誉法典》和《防腐化法》，新加坡有《防止贪污法》和《公务员惩戒规则》，德国有《利益法》《回扣法》《反腐败法》等。市场经济体系不完善，相关法律规则不完善，惩戒腐败力度较小，进行腐败活动的成本相对也较低，容易产生腐败问题。

政治稳定与腐败程度关系密切。世界银行一份研究报告显示，一个国家政治稳定程度与腐败呈负相关性，即政治稳定的国家，腐败程度相对较低①（见图 1－1）。政治稳定和腐败程度相互作用、相互影响。

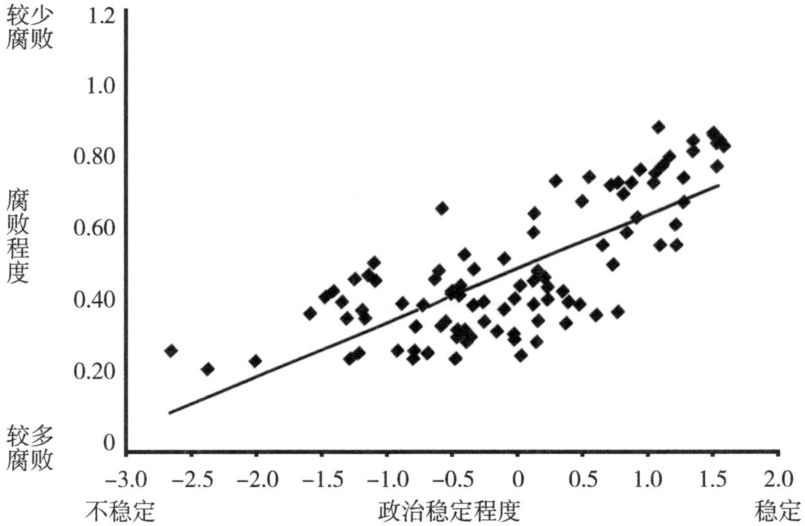

图 1－1　政治稳定与腐败程度呈负相关②

① Chayes S. Corruption: The unrecognized threat to international security [D]. A Paper of the Carnegie Endowment for International Peace. Washington, DC: Carnegie Endowment for International Peace, 2014.

② Chayes S. Corruption: The unrecognized threat to international security [D]. A Paper of the Carnegie Endowment for International Peace. Washington, DC: Carnegie Endowment for International Peace, 2014.

一个政局动荡的国家，政府疏于管理，对腐败行为缺乏有效威慑和控制，腐败成本较低，收益较大，容易发生腐败。与此同时，日益猖獗的腐败活动往往又会引起民众对政府不满，从而影响政治稳定。

（四）腐败具有阶段性特征

美国乔治·梅森大学经济学家卡洛斯·拉米雷斯称，腐败现象有一个“生命周期”理论。邵道生研究认为，我国社会转型期腐败发展可以分为四个阶段：腐败萌生发展期、腐败泛滥高峰期、腐败分子开始受审高峰期和腐败得到根本遏制阶段，21 世纪中期我国将进入腐败得到根本遏制阶段。① 从世界上许多国家发展进程看，当一个国家处于经济结构转型和快速增长的变革阶段，往往是该国腐败高发期。联合国对世界上 100 多个国家和地区发展情况研究发现，虽然各国各地区大小或制度有别，但有一点是共同的，即从传统经济结构向现代经济结构过渡的最迅速时期，也是各种社会问题包括腐败大量产生的时期。② 魏德曼基于对东亚国家和地区发展经验研究发现，在现代化的高速发展时期也分别出现了伴随而生的腐败现象，并称该现象为“东亚悖论”③。塞缪尔·P. 亨廷顿曾提出“现代化的过程促进腐败”的论点，认为：“腐败在一些社会中比在另一些社会中更普遍，在一个社会的某些时期比其他时期更普遍。例如，19 世纪的美国比 18 世纪和 20 世纪的美国更腐败，18 世纪的英国比 17 世纪和 19 世纪后期的英国更腐败。”④ 上述表明，腐败具有阶段性特征，尤其在社会转型和经济高速发展阶段，腐败问题更严重。

---

① 邵道生：《我国社会转型期腐败发展的四个阶段》，《廉政瞭望》，2006 年第 7 期，第 40－41 页。

② 参见邓晨光：《对反腐败问题的几点思考》，《牡丹江师范学院学报（哲学社会科学版）》，2001 年第 6 期，第 14－15 页。

③ Andrew Wedeman, Great Disorder under Heaven: Endemic Corruption and Rapid Growth in Contemporary China, The China Review, (2) (2004).

④ 参见周琪、袁征：《美国的政治腐败与反腐败——对美国反腐败机制的研究》，中国社会科学出版社 2009 年版，第 15 页。

一是在经济高速发展和社会急速变革过程中，规则体系的改善难以赶上发展步伐，容易出现管理漏洞。腐败高发期一般出现于腐败监控机制滞后于市场经济这个阶段。由于经济快速发展带来客观情况的巨大变化，原有的腐败控制系统难以对新型腐败行为进行有效监管和控制，腐败进入高发期，并逐渐发展成为严重的社会问题。① 从历史上看，一些国家在经济转型期大多伴有腐败活动猖獗的现象。恩格斯指出："文明时代的基础是一个阶级对另一个阶级的剥削，所以它的全部发展都是在经常的矛盾中进行的。生产的每一进步，同时也就是被压迫阶级即大多数人的生活状况的一个退步。对一些人是好事的，对另一些人必然是坏事，一个阶级的任何新的解放，必然是对另一个阶级的新的压迫。这一情况的最明显的例证就是机器的采用。"② 18 世纪中叶，以珍妮纺纱机发明为肇端的工业革命在欧洲起步，人类文明开始由传统农耕社会向现代工业社会迈进。意大利经济史学家齐波拉指出："工业革命在漫不经心的观察者看来仅仅是经济和技术问题，实际上它是非常复杂的政治、社会和文化的大变动问题。"之所以英国 18 世纪比 17 世纪和 19 世纪有更多的腐败现象，就是因为这一时期法律相对落后，没能使英国资产阶级从政治制度上彻底铲除封建势力毒瘤，反而留下了卖官鬻爵的空隙。从中国看，在社会转型期，证券市场、房地产市场等新的经济领域不断产生，而原有的监督体制中并没有这些方面制度设置，形成监督空白，导致新兴领域成为腐败高发区。③ 在这一阶段，由于缺乏必要的权力约束机制，为权力寻租提供了机会，特别是在中国改革开放初期，由于实施价格"双轨制"，出现了第一批"官倒"，腐败现象集中表现为投机倒把、行贿受贿、挥

---

① 参见宋斌、张世洲：《腐败规律探究》，《哈尔滨学院学报》，2012 年第 9 期，第 16 页。
② ［德］恩格斯：《家庭、私有制和国家的起源》，人民出版社 1972 年版，第 175 页。
③ 参见戴隆斌：《中俄腐败比较研究》，《当代世界与社会主义》（双月刊），2007 年第 1 期，第 128 页。

霍公款、贪污等。

二是随着市场中资本力量的壮大，资本开始影响权力配置。资本具有逐利性，马克思曾鲜明指出：“资本来到世间，从头到脚，每个毛孔都滴着血和肮脏的东西。”[①] 布罗代尔指出：“资本主义是一种上层建筑，它势必要向下延伸……就会侵占市场经济的领地。”[②] 新型腐败更多的是发生在公共政策制定、公共服务提供、公共资源配置等过程中，由于其不以赤裸掠夺、直接侵占个体公民私财为主要手段，其对经济社会发展的破坏力可能并不那么“显山露水”。[③] 以美国为例，19 世纪的美国经历了经济快速发展，伴随着西部拓荒运动开展、产业革命萌动、城市化进程加快，以及政府职能迅速扩张，西部土地投机、政党分肥、党魁操纵选举和控制政府谋取私利的腐败现象随之产生，并持续了很长时间。在推进工业化和城市化过程中，政府部门拥有许多公共资源的控制权和支配权，而市政房产项目、铁路等基础设施建设以及新兴产业部门的建立等都蕴含着巨大的商业价值。由于资本急剧扩张，一些大型经济利益集团在整个国民经济体系中占据了重要位置，垄断资本对公共建设投资的可观利润虎视眈眈，勾结政府官员以获取便利的动机变得强烈。

三是经济社会快速发展时期，社会对腐败容忍度相对较高，腐败活动的成本相对较低。在经济社会高速增长阶段，随着整体财富蛋糕做大，人们普遍享受到生活水平改善的好处，对腐败或者说蛋糕如何切，未必有那么敏感。从 1999—2007 年，俄罗斯国内生产总值增长了 68%，居民实际收入与退休金更是增加了 1.5 倍，大大超过国内生产

---

① ［德］马克思：《资本论》第一卷，人民出版社 1975 年版，第 829 页。

② ［法］费尔南·布罗代尔：《资本主义论丛》，顾良、张慧君译，中央编译出版社 1997 年版，第 49 页。

③ 高波：《走出腐败高发期——大国兴亡的三个样本》，新华出版社 2012 年版，第 316 页。

总值增速。同时，失业率与贫困率下降了 50%①。其间，虽然俄罗斯对腐败问题进行了整治，但时至今日依然在全球清廉指数中排名靠后，在 168 个国家和地区中位居 119 位。然而，俄罗斯的社会矛盾并没有明显激化。这在很大程度上得益于经济发展缓和了广大民众对腐败问题的不满。

三、腐败现象的经济学理论基础

腐败的表现是对权力的滥用。英国历史学家阿克顿勋爵曾说："权力，不管它是宗教的还是世俗的，都是一种堕落的、无耻的和腐败的力量。"他还说："权力导致腐败，绝对权力导致绝对腐败。"② 孟德斯鸠在《论法的精神》一书中说："一切有权力的人都容易滥用权力，这是万古不易的一条经验。有权力的人们使用权力一直到遇有界限的地方才休止。"③ 自启蒙运动以来，"权力腐败论"演化为民主政治的基本理念，也成为普通民众的政治常识。④ 诺贝尔经济学奖得主米尔顿·弗里德曼说："如果经济和政治权力都集中在同一个人或同一群人手中，那就必然导致专制、暴政。"⑤

腐败既是权力的伴生物，也是一种经济现象。尽管其表现形式多样，难以准确衡量，但在一定程度上可以通过现代经济学工具进行分析，并在不同地区、不同部门或不同所有制之间进行横向比较，以还原腐败问题产生的根源。从经济学角度看，产生腐败的主观原因是公

---

① 参见陆南泉：《俄罗斯缘何难以遏制腐败》，《同舟共进》，2011 年第 1 期，第 24 页。
② ［英］阿克顿：《自由与权力》，商务印书馆 2001 年版，第 342 页。
③ ［法］孟德斯鸠：《论法的精神》（上卷），商务印书馆 1961 年版，第 154 页。
④ 参见张绪山：《"权力腐败论"与现代民主政治》，《炎黄春秋》，2011 年第 3 期，第 42 页。
⑤ ［美］米尔顿·弗里德曼、罗丝·弗里德曼：《自由选择》，张琦译，机械工业出版社 2017 年版，第 4 页。

职人员的经济理性，客观原因是腐败被发现的概率和被惩处的力度较小。亚当·斯密在《国富论》中认为，每个人都追求自身利益最大化，其“私人利润的打算，是决定资本用途的唯一动机”。[①] “各个人都不绝努力为他自己所能支配的资本，寻觅最有利的用途。放在他心里的，诚然不是社会的利益，只是他自身的利益，但他检考自身利益的结果，自然会或不如说必然会引导他选定最有利于社会的用途。”[②] “他们是受着一只看不见的手的指导，促进了他们全不放在心上的目的。”[③] 由个人的最优选择实现整体的最优选择是古典经济学的完美结论，也是市场经济中强调个体利益驱动的重要理论基础。然而，现实社会并不如经济模型那样运行完美。一些利己分子往往利用经济制度漏洞，借助市场分割、信息不对称、资源垄断、公共物品等导致市场失灵因素，攫取自身利益，扭曲资源配置，甚至导致经济危机周期性爆发。

对于腐败的具体成因，学者们从不同视角进行了研究和分析。国内外主流观点从主观和客观方面对腐败的成因进行了概括：主观因素可概括为获取不正当利益，例如钱财、职务晋升、办事便利等；客观因素可概括为缺乏有效的制度及制度执行乏力、腐败成本低等。世界银行的报告认为，腐败问题出现在公共部门和私人部门的交合处，如果政策和管理体制的扭曲为腐败提供了活动范围，而且约束体制软弱无力，腐败行为就会泛滥。[④] 国内有一些学者从文化的视角分析腐败成因，认为中国是人情社会，人情观念较重，习惯于在社会交往中拉关系，而在拉关系过程中容易产生腐败。

---

① ［英］亚当·斯密：《国富论》（上），郭大力、王亚南译，上海三联书店 2009 年版，第 280 页。

② ［英］亚当·斯密：《国富论》（下），郭大力、王亚南译，上海三联书店 2009 年版，第 22 页。

③ ［英］亚当·斯密：《国富论》（下），郭大力、王亚南译，上海三联书店 2009 年版，第 23 页。

④ 参见黄瑞深：《谈〈招标投标法〉是遏制工程项目腐败现象的有力武器》，《企业科技与发展》，2010 年第 18 期（总第 288 期），第 193 页。

对于腐败产生的条件，有学者研究认为，每个公职人员在实施腐败行为之时，都会或明显或隐含地把他从公职上正当的既得收益与腐败受贿所可能得到的预期收益相比较。当从事腐败活动的效用超过从事其他活动所能带来的效用时，他就会从事腐败活动。换句话说，某些官员进行腐败，并不是因为基本动机与他人有何不同；某些国家之所以腐败泛滥，也不是因为它的国民喜好此道，而是由于在既定社会经济政治制度下，腐败的私人收益与社会收益、私人成本与社会成本之间存在巨大差距，以致腐败成了一种合乎经济理性的行为[①]。也有研究认为，广义的腐败行为至少需要三个必要条件：第一，腐败群体掌握某种稀缺（存在供求缺口）资源，由此可以追求市场实现；第二，掌握稀缺资源的群体必须具有某种垄断性，由此可以用侵占消费者剩余以实现供给者剩余的最大化；第三，文化上的接受性，即公众对于腐败交易的认同程度。[②]

综合国内外研究成果，经济学中对于腐败问题的研究主要运用寻租理论、委托—代理理论、新制度经济理论、经济人假设理论等来解释腐败的现象、成因和影响。本书通过分析这些观点，借鉴个人理性假定理论，进而提出本书理论框架——腐败成本—收益决策模型。

（一）委托—代理理论

委托—代理理论源于20世纪60年代末70年代初一些经济学家对企业内部信息不对称和激励问题的深入研究，是对过去30年契约理论最重要的发展之一。委托—代理理论以两个基本假设为前提：一是委托人和代理人之间利益相互冲突；二是委托人和代理人之间信息不对称。“委托—代理理论的中心任务是研究在利益互相冲突和信息不对

---

① 参见邹薇：《腐败行为的政治经济学分析》，《武汉大学学报（人文社会科学版）》，2000年第1期，第50页。

② 参见陆磊：《中国金融腐败的经济学分析：体制、行为与机制设计》，中国人民银行金融研究所2003年博士论文，第20页。

称的环境下，委托人如何设计最优契约激励代理人（David，1991）”。[①] 罗斯·阿克曼在“委托—代理”框架内把“腐败”正式纳入经济学研究领域，并首次对腐败进行定量研究，把“腐败”定义为代理人接受的非法第三方支付的行为。

无论在公司组织架构中，还是在社会组织的最高形式——政府中，委托代理关系普遍存在。经济学理论认为，委托人和代理人都是理性的，他们都要追求各自效用的最大化。在现代社会中，委托代理关系起源于“专业化”分工。权利所有者由于知识、能力和精力等方面原因，不能行使其权利。于是，大量具备相对优势的代理人随之出现，他们通常是受过良好教育、具备丰富管理知识和经验的社会精英，委托人通过寻找代理人负责相关专业事务。而在处理这些事务过程中，代理人自然而然掌握了大量委托人和监管者所缺乏的信息。由于委托人与代理人利益不一致，在缺乏有效监管的情况下，代理人经济人效用最大化动机就会产生，并导致腐败。

毋庸置疑的是，政府官员及其他监管者作为公共权力行使者，与政府权力和人民之间存在着公权委托代理关系。因此，委托—代理理论长期被用于对腐败现象的研究。有学者指出，当公权代理人为寻求个人利益最大化而作出未经委托人同意的举动时，即导致公权委托代理失灵，腐败由此而生。只有设计出合理的公权委托代理模式，才能从根本上规范行政权力运行，缩小寻租空间，遏制官员个人腐败行为发生。[②]

委托—代理理论经济学含义十分丰富，研究者们纷纷在其框架下引入其他理论对包括腐败在内的各种经济现象进行研究，合谋理论与

---

① 杜娟：《管理者胜任特征的模仿与替代机制研究》，《上海管理科学》，2012 年第 3 期，第 85 页。

② 参见蒋嵘涛、黄玲：《基于委托代理理论的官员腐败分析》，《金融经济》，2011 年第 8 期，第 102 页。

博弈论就是其中的代表性理论。

合谋理论在经济学中的应用最早源于对卡特尔这一经济现象的研究，用来解释“卡特尔”这类产业组织间价格竞争中产生的默契合谋行为。近年来，博弈论兴起后，为合谋理论研究提供了新的基础。在综合运用博弈论和不完全契约理论过程中，以拉丰和梯若尔为代表的经济学家把合谋理论引入产业组织内进行研究。在该研究范式中，一般存在着由委托人、监管者和代理人组成的三层结构。① 私人信息由代理人拥有，委托人则竭力想探出信息，从而获得可能的最优资源配置。当生产代理人拥有生产的边际成本私人信息时，监管者与委托人的不同之处在于，监管者能观测到与此边际成本相关的信息，而委托人不能。委托人常常会使用具有信息优势的监管者，以处罚一些低效率的代理人。此时，不同于委托代理框架下监管者忠诚的假设，合谋情况很容易出现，监管者也有可能被低效率的代理人收买，与代理人合谋攫取委托人利益。②

之后，一些学者引用博弈论方法在动态框架下研究合谋行为，引入博弈论配合合谋理论进行研究，使腐败理论发展到一个新的高度。克雷普斯认为，在重复的“囚徒困境”博弈中即存在着囚徒合谋的均衡。③ 国内有学者认为，之所以在我国腐败案件中频繁出现窝案串案，集体腐败情况较为明显，原因就在于缺乏独立的监管机构，上下级官员之间容易形成合谋，进行集体腐败。

应当说，组织内的合谋现象大量存在，不容小觑。合谋与勾结会对社会利益带来损失，如何在制度设计中解决合谋和其中的博弈问题，

---

① 参见南旭光：《腐败问题研究的理论回顾及展望》，《华东经济管理》，2011 年第 5 期，第 135 页。

② 参见李松森、盛锐：《税收不遵从中的激励与合谋防范分析——基于博弈论的视角》，《燕山大学学报（哲学社会科学版）》，2013 年第 3 期，第 136 页。

③ 参见罗建兵、许敏兰：《合谋理论的演进与新发展》，《产业经济研究》，2007 年第 3 期（总第 28 期），第 57 页。

一直是政治家和学者们不懈追求的目标。梯若尔认为，委托人可从三个方面防范合谋产生：一是针对监管者缺位的情况，建立合理的监管者制度，增加对监管者的激励；二是压缩监管者和代理人的合作空间，减少合谋产生的收益；三是通过较好的制度设计，增加监管者和代理人合谋的难度，提高合谋交易成本。结合审计监督，考夫曼和拉瓦里研究提出，与进行内部审计相比，一个机构在聘请外部审计的情况下更难生成合谋。因此，雇佣外部审计对委托人可能更加有利，这也是当前很多监管政策对外部审计有要求的重要依据。①

（二）寻租理论

寻租理论萌芽于20世纪60年代，确立于20世纪70年代，比较有代表性的研究者有塔洛克、克鲁格、巴格沃蒂等。“租”指的是经济租金。不同时代、不同经济学家对租金有不同理解。一般认为，租金是指一种超额回报。大卫·李嘉图认为，租金是指永远没有供给弹性的生产要素的报酬，是诱使这种生产要素进入市场所必需的最小的额外收益。② 在现代经济学理论中，租金是指“支付给生产要素的报酬超出为获得该要素而必须支付的最低报酬的部分”③。作为寻租理论创立者，詹姆斯·麦吉尔·布坎南曾因此而获得1986年度诺贝尔奖。在他看来，“租金是指某生产要素所有者获得的收入中，超过这种要素的机会成本的那部分剩余”。④

作为寻租理论创始人之一，塔洛克认为，完全竞争理论对偏离竞争所导致的社会福利估计不足，实际上税收、关税和垄断所造成的社

---

① 参见罗建兵、许敏兰：《合谋理论的演进与新发展》，《产业经济研究》，2007年第3期（总第28期），第58页。

② 转引自阮梓坪、刘娜：《基于国有独资公司公司治理的董事寻租行为研究》，《财会通讯》，2012年第5期（下），第66页。

③ ［美］哈尔·R. 范里安：《微观经济学：现代观点》，格致出版社、上海三联书店、上海人民出版社2009年版，第337页。

④ 引自阮梓坪、刘娜：《基于国有独资公司公司治理的董事寻租行为研究》，《财会通讯》，2012年第5期（下），第66页。

会福利损失大大超过了通常的估算。[①] 巴格沃蒂提出的“直接的非生产性寻利活动”概念，进一步深化与拓展了寻租理论。

如今，寻租理论被广泛运用于对腐败现象进行经济学解释，并成为吴敬琏、荣敬本、钱颖一等国内学者剖析腐败现象的重要经济学理论。吴敬琏认为，“行政权力对经济活动的广泛干预，即寻租环境的存在是腐败产生的重要根源”[②]。

需要指出的是，用寻租理论解释官员腐败行为存在局限性。一是在说明租金由何而来的同时未能很好解释租金为何而来。二是在该理论框架内，寻租行为是一种非生产性的社会再分配活动，而腐败问题的研究不仅关注再分配活动，还应重点关注因腐败导致的初次分配无效对经济活动产生的重大影响。

（三）新制度经济理论

在寻租和委托—代理理论产生的同时，新制度经济学也悄然兴起。其不同之处在于，新制度经济理论侧重分析腐败活动与政府干预和制度缺陷的关系。对新制度经济学作出重要贡献的经济学家有罗纳德·科斯、乔治·斯蒂格勒、肯尼斯·阿罗、道格拉斯·诺斯、张五常等。交易成本和产权是新制度经济学的两个核心概念。在新制度经济学看来，市场以及各种制度并非免费提供，其必须付出的成本就是交易成本。产权是指对特定对象的支配权，包括使用权、收益权和转让权等。张五常认为存在三种产权结构，即私有产权（资本主义产权）、公有产权（共产主义产权）和“印度综合征”。而所谓“印度综合征”是指腐败的权力通过管制和许可证而制度化。

在新制度经济学研究框架下，某个领域的腐败行为本身也是特定制度安排的结果。福莱尔和施莱弗系统地概括了三种权力结构下的腐

---

① Kruger A O, The Political Economy of Rent-Seeking Society [J]. American Economic Review, 1974, 64 (3): 291 - 303.

② 吴敬琏：《腐败与反腐败的经济学思考》，《中国监察》，2002 年第 17 期，第 14 页。

败特征：一是“看不见的手”法律主导型权力结构，政府在法律之下提供最低程度的公共品，市场管制程度低，腐败程度也较低；二是“扶持之手”行政主导型权力结构，政府扶持企业，由此导致有组织的腐败；三是“掠夺之手”非法组织主导型权力结构，由此导致无序的腐败。[①]

新制度经济学对治理腐败的借鉴意义在于从制度入手采取预防措施。“重要问题是不平等的合理性而不是程度。”[②] 有学者指出，腐败之所以长期泛滥，是因为没有从根本上动摇和消除腐败的制度基础。[③]也有学者认为，如果说追求自身利益最大化的经济理性是公职人员腐败的内在原因，那么制度的不合理、不健全就是公职人员腐败的外部条件，甚至是直接推动腐败行为发生的直接原因和最重要因素。[④] 因此，“寻找腐败的原因也主要应该着眼于制度，而不是人。在制度和人两种因素中，制度是根本性的”。[⑤]

（四）经济人假设理论

经济人假设理论认为，理性的个体都追求自身利益最大化，只有当一种行为的收益大于成本时，作为经济人的个体才会去实施，否则就会放弃。政府公职人员及行贿个体都是理性的经济人，其行为也都会受个人利益和效用驱使，在决策时会衡量成本和收益高低。他们希望追求更大权力、更高声望和更多报酬，同时尽可能减少付出，尽可

---

① 引自陆磊：《金融腐败的微观经济效应：一般均衡与金融业不良资产问题》，《金融研究》，2005 年第 2 期，第 15 页。

② ［法］托马斯·皮凯蒂：《21 世纪资本论》，巴曙松、陈剑、余江、周大昕、李清彬、汤铎铎译，中信出版社 2014 年版，第 268 页。

③ 参见邹薇：《腐败问题的制度透视与经济学分析》，《经济评论》，2006 年第 3 期，第 64 页。

④ 王建新：《腐败成因的制度经济学分析》，《经济研究参考》，2008 年第 34 期（总第 2162 期），第 60 页。

⑤ 任建明、杜治洲：《腐败与反腐败：理论、模型和方法》，清华大学出版社 2009 年版，第 107 页。

能避免风险。国际上，也有学者采用类似研究框架，如长期研究腐败的罗伯特·克利特加德指出，贪腐是一种“预估之罪”，“贪腐并不是情急之下的犯罪，而是在反复掂量风险与回报之后的犯罪”①。克利特加德教授创设了非常著名的贪腐公式：C = M + D - A。其中，M 是指垄断，D 是指自由裁量权，A 是指监督与问责，也就是贪腐行为被发现的概率。因此，从这个公式看，腐败是否产生，取决于公职人员的经济理性，其客观因素就是腐败被发现的概率较小和惩处腐败的力度较小。②

（五）个人理性假定理论

本书依据个人理性假定理论构建个人腐败成本—收益决策模型。钱颖一教授认为：“个人理性，并不是说个人永远做正确的决定，个人永远能够神奇般的预测，不犯错误。我们只是说一个人做决策的时候有一致性：在权衡利弊的时候，在所掌握的信息范围内，在所控制的资源范围内，他试图使他的利益最大化。”③ 个人理性不是指群体性理性，因为即使个人是理性的，群体也未必就是理性的。同时，也不是说任何时候任何情况下个人都会理性地去做选择。在腐败成本—收益决策模型中，腐败产生的充分必要条件是个人在腐败中的预期收益 E（U）大于预期成本 E（L）。假设腐败的收益为 U，腐败成功实施的概率是 P1（$0 \leqslant P1 \leqslant 1$）；腐败被查处后的损失为 L，在既定制度框架下腐败暴露率为 P2（$0 \leqslant P2 \leqslant 1$），则腐败的充分必要条件是：

$$E(U) \geqslant E(L), \text{即}$$

$$E(U) \geqslant L * P2$$

① 王薇：《面对贪腐，你该怎么办？——克利特加德教授反腐败专题讲座》，参见 http://lkyspp.nus.edu.sg/event/Robert-klitgaard-event/。

② 引自 Robert E. Klitgard, Internation Cooperation Against Corruption, Finance and Development, 1998 年 3 月，参见 https://pdfs.semanticscholar.org/b6cf/ccb56a32cf9124be07c07b3494b79e841f58.pdf。

③ 钱颖一：《理解经济学原理》，《新华文摘》，2017 年第 3 期，第 45 页。

从公式左侧来说，是腐败的预期收益。腐败收益受个人所拥有的权力大小、现行制度赋予该权力的经济价值以及行贿者为得到这一价值所愿付出的成本等多种因素影响。权力越大，则意味着权力越具备独享性，垄断收益就会越大。腐败的预期收益由多方面构成：从收益形态来看，既有腐败者或相关人员贪污受贿所得财物等物质收益，也有职务晋升、业绩提升、内部信息、权色交换、腐败产生的心理满足等非物质收益。从获取收益时点来看，既有现值交易，即腐败发生的当下权钱、权色或权权两清；也有期权交易，即腐败当事人在未来领取回报，例如，预先谋定在退休后获得贿款等。从受益对象看，既有本人获益，即腐败当事人获得相应的好处；也有非本人获益，即给予腐败当事人子女、亲属、朋友等关系密切者好处，变相进行贿赂。

从公式右侧来说，腐败的预期成本由腐败成本（L）和腐败暴露率（P2）决定。腐败成本指腐败事件败露后，当事人所受到的惩罚与损失，反映了对腐败行为的惩治力度。与腐败预期收益一样，腐败成本也有多种形式，如从形态上可分为物质成本和非物质成本。物质成本包括腐败行为暴露后对腐败收益的没收或追缴，以及受贿者需要承担的罚款或民事赔偿和被免职而导致薪酬减少等；非物质成本包括受贿者面临牢狱之灾甚至失去生命、声誉损毁、社会地位下降、心理上的煎熬和对家人的牵累等。腐败暴露率是指腐败被监督机构发现并受到惩处的概率。一般说来，腐败案件隐蔽性较强，能否被查处主要取决于五个因素：一是监督体系的完善程度，包括巡视制度、检举揭发等；二是反腐败技术水平，包括通过大数据等高科技手段对腐败行为的识别和预警能力；三是法律法规对腐败行为的罚则是否清晰；四是查处腐败的决心和力度；五是社会舆论监督机制和权力运行透明度等。

这一理论框架有助于我们较为简明地理解腐败发生的一般性规

律。例如，在行政审批权力较大的领域，腐败活动往往多发，原因是腐败成功实施的概率较大，且腐败收益较大。同理，垄断性行业或处于垄断地位的企业容易发生腐败活动。又如，在一些不发达国家或转型阶段，腐败活动往往高发。一方面，是因为经济活动规则不清晰，行政审批事项多，行业垄断性强，腐败成功实施的概率和预期收益较大；另一方面，这些国家在特定历史阶段法律法规不完善，监督机制薄弱，对腐败行为的查处力度和预期成本较小。再如，文化和社会因素也可以纳入这一理论框架。在西方文化中，利己主义使得在腐败预期收益大于腐败预期成本的情形下，腐败成为一种较为自然的选择，但契约精神又能降低腐败发生的概率，而宗教信仰也能加大腐败活动的精神成本。在中国文化中，人情社会往往伴随着规则不清晰，加大了腐败发生的概率，但集体主义精神和家国情怀又能降低腐败发生的概率。

具体到金融领域，腐败活动及其特点可以运用这一理论框架作出较好解释。金融活动处于市场经济体系的高端，是一种特许经营活动，具有较强的垄断性、外部性等特征，广泛影响社会资源配置。因此，腐败发生的概率较大，涉及的利益也较大。同时，金融领域创新活动较多，使得规则制定赶不上创新步伐，而规则不明确也容易产生腐败活动。此外，内幕交易和操纵市场等金融腐败往往需要具备一定的专业知识和技术含量，腐败行为比较隐蔽，被发现的概率相对较低，腐败成功后收益也较大。因此，金融行业成为腐败案件高发领域。

这一理论框架不仅有利于将形式多样的腐败问题以及影响腐败发生的经济文化等多种因素纳入其中进行系统分析，也有利于制定金融反腐战略，并从两个维度推进金融反腐工作。一是降低腐败的预期收益。积极推进金融行业市场化、法治化、国际化建设，改革金融监管体制，构建公正透明的规则体系，完善金融监管部门和金融机构内部监督制约体系，堵塞监管漏洞，减少腐败租金和寻租机会，降低腐败发生的概率和腐败活动的潜在收益。二是提高腐败的预期成本。加快完善制度法规，加大查处和惩治力度，严刑峻法，对腐败分子绝不姑息。

四、腐败现象的文化溯源

文化作为看不见的精神纽带，纵横千里，绵延古今。在人类漫长的历史发展过程中，世界各民族形成了自身独特的文化基因。在此基础上，人们根据不同的社会关系，产生了相互间的权利义务观念，进而深刻影响其行为。人是观念的动物，其行为背后隐藏着人的观念。观念并不是孤立存在的，而是一个有机整体，是社会发展到一定阶段的文化产物。同时，观念也不是孤立地发生作用，而是以特定文化为依托和背景发生作用。文化以一种习俗化、日常化甚至礼仪化的观念强有力地影响甚至支配人类行为，由于其影响是潜移默化的，以致当事人对此不自知。

从世界范围看，影响人类行为的文化观念主要有“四大文化”。一是发源于古希腊和古罗马的“希罗文化”，希罗文化倡导“认知为真”。二是发源于耶路撒冷的“犹基文化”，即犹太教、基督教文化，犹基文化倡导“信仰为爱”。犹太教是根，基督教是干，天主教、基督新教与东正教是主枝。三是发源于印度的“佛教文化”，佛教文化倡导“万法皆空”。四是发源于中国的“儒家文化”。儒家文化的核心倡导“修身为本”。佛教传入中国后，对儒家文化也产生了影响。“宗教文化是文化的活化石，对民族性格的形成和发展具有深刻影响。”①

---

① 黄悦波：《防治腐败斗争中的法治思维探析——以全球清廉指数的模糊比较为视角》，《北京警察学院学报》，2016 年第 1 期，第 26 页。

鉴于文化观念对人类行为所具有的支配作用，从文化的角度剖析腐败产生的根源，探寻其诱因，由表及里认识腐败问题意义十分重大。需要指出的是，文化因素对于腐败行为的影响，也可以纳入腐败成本—收益决策模型来进行分析。

（一）腐败与文化的关系

关于腐败的成因，主要有两种代表性的观点：一种是制度决定论观点。持这种观点的人认为，腐败的广度与烈度是由一个国家的政治经济制度决定的。好制度带来廉洁，坏制度产生腐败。因此，制度的好坏是防治腐败的关键。另一种是文化决定论观点。持这种观点的人认为，腐败的广度与烈度是由一个国家中占主导地位的文化传统决定的。好的文化传统遏制腐败，坏的文化传统助长腐败。因此，文化的好坏是防治腐败的关键。实际上，制度与文化并不是截然对立的，因为重大制度安排的内核必然是特定文化观念。如果制度安排违背了一个社会占主导地位的文化观念，这样的制度安排很难有效运转。之所以一些国家照搬他国制度安排而流于失败，原因就在于此。由此可见，制度决定论与文化决定论本质上没有高下之分，文化因素无疑是理解与解决腐败问题的一个极其重要的维度。

一般而言，西方社会更加强调个人利益，在资本逐利天性驱动下，容易导致唯利是图，置集体利益于不顾，违背道德、触犯法律，以达成个人目的。与此同时，西方文化中的契约精神及宗教信仰又在一定程度上成为平衡力量，对人性之“恶”起到约束作用。

在中国文化的历史演进中，形成了“情理”这一独特观念，并深植人心，使得腐败现象表现出特殊的“人情”特征。一方面，情理与法理不同，它是以宗法制农业社会为土壤，以儒家“三纲五常”忠孝伦理为核心，以血缘亲缘、上下尊卑、亲疏远近、良贱长幼等为依据产生的人际交往伦理，其本质是规则不清晰，为滋生腐败提供了寻租空间；另一方面，相对于西方文化，中国文化更强调集体意识和社会

图 1 -2 雅典学院①

责任，群体为本、先公后私的文化内核又决定了中国文化先天具有廉洁基因，积淀数千年的礼法相依、崇德重礼、正心修身智慧对个体行为在一定程度上能够起到指导和规范作用。

（二）西方文化溯源

对于西方文化传统的主要内容，可从以下几个层面进行观察。

一是西方文化的核心是有神论宗教信仰。对上帝与耶稣基督的信仰贯穿于天主教、东正教、基督新教与犹太教，西方文化中的许多重要观念都是从这一文化传统演化而来。基于神法与自然法的法治观念和规则意识，从神与人之间的圣约到人与人之间的契约精神，从上帝赋予人自由权、生命权、追求幸福权到每个人的私有财产权观念，从伊甸园的原罪到人性恶的假定再到对权力进行约束的分权制衡观念，甚至从事金融业务都被看作为上帝服务。在行业划分上，金融业被归

① 作者：拉斐尔。

入服务行业，金融从业人员的责任就是通过财富管理与增值为客户服务。从天人关系看，他们视自己为财富的看管者而非终极所有者，上帝才是人间财富的终极所有者与分配者。这些观念为西方国家解决腐败问题提供了丰富而有效的文化资源，其核心是上帝与人类的约定、人与人的约定，即契约。

二是西方文化具有个人主义传统。个人主义思潮萌芽于14世纪。在文艺复兴运动中，人道主义领域的专业学者主张保护人权、提倡自由、释放人的天性，反对愚昧迷信的神学思想，提出将个人作为基本位，让人的个性展示出来。同时，也产生了重视人的价值并保持对人的尊重、反封建专制和禁欲思想等思潮。最先对资产阶级个人主义进行全面总结的是法国思想家托克维尔，他说："个人是本身利益的最好的和唯一的裁判者。除非社会感到自己被个人的行为侵害或必须要求个人协助，社会无权干涉个人的行动。"① 托克维尔认为，个人主义与利己主义不同，它是资产阶级民主的直接产物，是整个民主运动所固有的力求社会平等的意志。在民主制度下，平等的社会价值高于自由，"他们希望在自由之中享受平等，在不能如此的时候，也愿意在奴役之中享用平等"②，个人主义理念符合资本主义思潮。在霍布斯、洛克、卢梭、伏尔泰、孟德斯鸠等人的人性论、自然权利论、社会契约论等不断影响下，19世纪后，个人主义逐步成为欧洲国家的基础理论。

个人主义是一种财产机制，坚持维护社会秩序，提倡私有制度，让个人依靠自己的能力得到财富，保证契约自由得到维护。财产私有是近代资本主义的重要特点，个人主义重视维护民众的私有财产权，让民众能够随意支配、占用、处理、转移自己的财产。从这个视角来

① ［法］托克维尔：《论美国的民主》（上卷），商务印书馆2013年版，第79－80页。
② ［法］托克维尔：《论美国的民主》（下卷），商务印书馆2013年版，第681页。

分析，所有人都是平等和自由的，人们在彼此交往中保持独立，处于对等位置，可以依据自己的想法寻找幸福和前进方向，但要对自己的活动和选择负责，从而形成个体和自身、自身和他人交往中的和谐关系[①]。斯宾诺莎指出："每一个遵循德性的人为自己所追求的善，他也愿为他人而去追求。"[②] 这样就能促使个体、国家和社会维持融洽的局面。对个人主义者而言，政府需要处理的最重要的事情在于能够维护公民的权利和自由。社会则为个体作出选择和实现自己的目标创造条件，民众也会在内心支持这种自由，担负起对应的社会责任，在行动中让个体目标和社会目标保持统一。由此，个人主义被当成个人理想和社会理想融合的准则，被当成个体进步和社会前进结合后产生的信仰。

图 1－3　好政府的寓言[③]

---

① 参见尹景旺、曾光成：《西方个人主义的文化涵义及其当代价值》，《湖北行政学院学报》，2004 年第 2 期（总第 14 期），第 21 页。

② ［荷兰］斯宾诺莎：《伦理学》，商务印书馆 1997 年版，第 196 页。

③《好政府的寓言》这幅画保存在意大利锡耶纳市政厅市立博物馆和平之室。锡耶纳画派大师安布罗乔·罗伦杰提（Ambrogio Lorenzetti，1300—1348 年）于 1338—1340 年创作了警世佳作：《好政府的寓言》《好政府在城市和乡村的影响》《坏政府以及坏政府在城市中的影响》。保存较好的《好政府的寓言》，高 2.4 米，长 14 米，画上的题词为"选择正义，统治这块土地的人"。好政府意味着和平、权威、倾听、慷慨、平衡、公正，坏政府则意味着贪婪、吝啬、傲慢、残暴、背叛、自私、愤怒、战争。

"践行美德一般会带来诸多利益，而多行不义则会损害我们的利益。"① 然而，极端个人本位的扩张及对契约精神的背叛最终产生了危害公共利益的行为或成为贪赃枉法之徒。马基雅维利坚称，道德的要求与政治实践的要求相抵触②，"只要目的正当，可以不择手段"。对早期的西方金融文化，马克思曾指出，银行家们的贪婪是不择手段地获取超额利润，是对工人阶级剩余价值的残酷掠夺，"人和人之间除了赤裸裸的利害关系，除了冷酷无情的'现金交易'，就再也没有任何别的联系了"。③ 在西方经典小说中，巴尔扎克、左拉等对贪婪的金融文化或银行家们的巧取豪夺也作过深刻批判或嘲讽，这种批判或嘲讽是对人人平等的呼唤，也是对芸芸众生的同情。

三是西方文化传统中具有公私之分与私有财产权观念。公私之分的关键是限制公共领域，扩大与保护私人领域。在公有权力领域，西方社会试图建立获取财富起点均等的法制条件。根据公私之分与私有财产权观念，权力是公有的，而财产是私有的，民众可自由支配自己的财产，必须重视和维护公民私有财产权。洛克认为："最高权力，未经本人同意，不能取去任何人的财产的任何部分。因为，既然保护财产是政府的目的，也是人们加入社会的目的，这就必然假定而且要求人民应该享有财产权，否则就必须假定他们因参加社会而丧失了作为他们加入社会的目的的东西；这种十分悖理的事是无论何人也不会承认的。"④ 康德以《纯粹理性批判》《实践理性批判》和《判断力批判》"三大批判"哲学为基础，提出人是目的而非手段的思想，并对人的自由和权利的实现与维护以及私法和公法等法哲学问题进行了深

① ［英］亚当·斯密：《道德情操论》，郑红峰译，华中师范大学出版社 2012 年版，第 244 页。

② ［英］阿兰·瑞安：《论政治》（上卷），林华译，中信出版集团 2016 年版，第 475 页。

③ ［德］马克思、恩格斯：《共产党宣言》（纪念版），中央编译出版社 2005 年版，第 28 页。

④ ［英］洛克：《政府论》（下），商务印书馆 1964 年版，第 86 页。

入探讨。建立清晰的财产法制权意味着正当的财产权，私有财产权观念与私产保护有利于遏制腐败。划清公私界限、有效维护私有财产权，是防治腐败的前提条件。如果公私之间没有清晰的界限，私会被任意充公，公也会随时被划为私，其结果必然是贪污腐败盛行，权力待价而沽、官员设租寻租，或是通过政商勾结在公共领域、公共事务中谋取私利。当然，划清公私界限是有前提的，即必须有法治与私有财产权，如果不能用法治来保障私有财产权，私人的正当利益就得不到确立与保护。

四是西方文化传统中契约精神和规则意识根深蒂固。契约思维是从基督教信仰中产生的。在欧美宗教中，契约的创建是以神学为基本条件的，属于人神之间的承诺。人与上帝之间是这种关系，人与人之间也应如此。任何一方都不能因任何理由违背契约条款，即使在落实契约条款承受损失时也要守约，这是规范个人行为的根本法则。根据契约观念，政府不可任意插手或超出预设制度和法制规范对市场事务进行干预。为此，必须在市场中减少政府干预，以充分保证契约自由。因为契约是经过协商达成的，是市场主体自己选择的结果，契约能以最佳方式对市场参与者权益进行协调。

五是西方文化传统中人性论影响深刻。西方文化认为，人性有自私的一面，每个人天生有逐利倾向。这一文化观念实际来自基督教人性论，认为人是有原罪的，人性与生俱来有恶的一面，每个人都可能成为坏人。著名经济学家凯恩斯说："人的寿命有限，人性总是喜欢速效，所以人们对迅速致富有特殊的兴趣。"① 这种特殊的兴趣，就是动物精神，是一种非理性情感现象。正如美联储前主席格林斯潘接受埃米·古德曼采访时所说："腐败、挪用公款、欺骗……这些是人性

① ［英］约翰·梅纳德·凯恩斯：《就业、利息和货币通论》，宋韵声译，华夏出版社 2005 年版，第 121 页。

运作的结果。成功的经济体应将这些限制在最小限度，没有任何地方可以完全消除上述行为。”① 因此，西方文化在定义“人”的时候，首先是作为自然体来对待，其本能即本我需要教化与改造，实现自我完美，达到超我境界。一方面，尊重公民对私人正当利益的追求；另一方面，用法律限制掌权者在公共事务领域的逐利倾向，从文化源头上强化对腐败的防范。权力越大，越要受到严密的监督，把权力关进制度的笼子。

图 1－4 霍加斯 18 世纪的世俗版画，抨击无知放肆堕落

（三）中国文化溯源

从思想文化的格局来说，中国传统文化几千年来皆呈现着“内道外儒”的格局。林语堂说：“儒家及道家是中国人灵魂的两面。”从中国传统文化脉络看，主要有“六学”。中华历史源远流长，中华文化博大精深，从先秦子学、两汉经学、魏晋玄学，到隋唐佛学、宋明理

① 参见 http：//economistsview. typepad. com/economistsview/2007/09/alan – greenspan –. html。

学、清代朴学，大体经历了 6 个文化思想繁荣时期。著名哲学家方东美先生曾将原始儒家、原始道家、大乘佛学和新儒学看成中国哲学的四大传统。

先秦子学。即诸子百家，其发展的前提是“天子失官学”，比较有影响的是儒、道、法、墨四家。儒、法、墨三家侧重治国平天下，特别是儒家孔子讲仁、孟子讲义、荀子讲礼，对中国文化影响最为深远。孔子是儒家的开派宗师，政治主张的核心是礼、正名等，伦理思想的核心是仁。孟子继承孔子学说，把仁的思想发展为政治上的仁政，强调施仁政于民，“民为贵，社稷次之，君为轻”是孟子的民本思想。荀子在政治上主张隆礼和重法，认为国之命在礼，人无礼则不生，士无礼则不成，国无礼则不宁。韩非子是法家理论的集大成者，他把商鞅、申不害、慎到的法、术、势结合起来，后人称其为“帝王师”。墨家的代表人物是墨子，主张兼爱、非攻、尚贤等，其核心思想是兼爱，治世之方是兼相爱、交相利。道家侧重宇宙观、人生观。老子是道祖，主张无为而治，其最根本的思想是道论。“道可道，非常道”是老子“道”的总纲。庄子是道家另一代表人物，其所提出的“窃钩者诛，窃国者为诸侯”思想，从反面说明其有民本思想。道家除老庄之外，比较有影响力的还有“三子”，即尹子、杨子、列子。老子贵柔、尹子贵清、杨子贵己、列子贵虚。

两汉经学。汉初崇尚黄老之学。之后，汉武帝听从董仲舒建议，颁发“罢黜百家、独尊儒术”诏书，儒学取得独尊地位，先秦子学转入两汉经学，解释、阐发、研究儒家经典。西汉推崇今文经学，注重发挥“微言大义”。东汉转向古文经学，讲文字训诂，注重研究经文本身含义。

魏晋玄学。亦称“形而上学”，是研究幽深玄远问题的学说，主要以《易经》和老子的《道德经》、庄子的《南华经》这“三玄”为研究对象。

隋唐佛学。佛教在隋唐时期达到鼎盛，主要有三论宗、天台宗、法相宗、华严宗、密宗、律宗、禅宗和净土宗等八大宗派。唐初国教是道教，唐高祖李渊攀附老子李耳，称老子是其祖先，对全国僧道寺观清理整顿，并专门下诏定三教顺序：老先、次孔、末释。唐太宗、武则天时又开始宣扬佛教。佛教讲因果，佛学的根本理论是“缘起性空”，在传统文化发展过程中，佛教理论很多积极因素被儒家吸收，有的至今仍有影响。

宋明理学。以儒家思想内容为主，同时吸收佛教和道教思想，被称为哲学化的新儒学。理学中最著名的学派有北宋中期周敦颐的“濂学”，程颢、程颐的“洛学”，张载的“关学”，以及南宋朱熹的“闽学”，史称“濂洛关闽”。宋明理学主要有两大派：一是“程朱理学”，即程颢、程颐兄弟的“洛学”和朱熹的“闽学”；二是“陆王心学”，即南宋陆九渊兄弟的“江西之学”和明中期王守仁的“阳明学”。

清代朴学。即清朝乾隆、嘉庆年间兴起的一种以考据为主要治学内容的学术思潮。因其注重朴实无华的治学风格，被称为“朴学”，也称“考据学”。朴学是小学的延续，专门研究文字学、音韵学、训诂学。其代表人物有顾炎武、戴震、段玉裁、王念孙、王引之等。

中国传统文化中的“六学”就是我们的“国学”，即“国故之学”。贯穿于中国文化之中的还有两个优秀传统：一是“以史为鉴”，重视历史经验的积累和借鉴；二是“以天为则”，强调既要保持人的主体性、独立性和能动性，又要尊重自然、顺应自然、“道法自然”。从历史文化角度思考，主要有“五贵”。

一是政贵清廉清正。政就是为政，为政就要讲政治，讲政治就要讲廉洁。古人说：“廉者，政之本也。”我国第一部按部首分门别类的汉字字典《玉篇·广部》中说，“廉，清也”，即是说，“廉”是清正高洁。《周礼·天官冢宰·小宰》提出廉吏六条标准，“一曰廉善、二曰廉能、三曰廉敬、四曰廉正、五曰廉法、六曰廉辨”，指考量官员及其政绩要从善、能、敬、正、法、辨六个方面进行。由此可见，

“廉”在官德中居首位，是古代对官员最基本的道德要求。“廉”才能“正”，“无私”才能“公平”。《管子》说，“国有四维”，“一曰礼，二曰义，三曰廉，四曰耻”，“四维不张，国乃灭亡”。自汉代起，还开创了在历代正史中为“循吏”设置专传的传统，以营造“贵廉洁、贱贪污”的社会道德环境。只有做到了“廉”，才能达到“以至公无私之心，行正大光明之事”的境界，正所谓“廉平之德，吏之宝也”，即廉洁、公平是官吏最宝贵的品德。

二是品贵自省自律。品就是品行，为官先要做人，做人先要正品。古人讲：“君子为政之道，以修身为本。”《大学》讲“三纲领”即“明明德，亲民，止于至善”；“八条目”即“格物、致知、诚意、正心、修身、齐家、治国、平天下”，修身是根本，格致诚正是基础。中国传统文化强调“修己以敬”，而后才能“修己以安人”。修己要视“操守为居官根本”①，就是把平素的品行节操作为为官的根本大事，做到“吾日三省吾身”，“一日不知非，即一日安于自是；一日无过可改，即一日无步可进”②，把自省和自律看作做人、做事、做官的基础和根本，做到“与人不求备，检身若不及”。

三是思贵知足知止。思就是思想，为官做人要懂得知足。老子说：“知足不辱，知止不殆。”意思是说，知道满足就不会受到羞辱，知道适可而止就不会遇到危险。司马迁在《史记·范雎蔡泽列传》中说：“欲而不知止，失其所以欲；有而不知足，失其所以有。”就是说，有欲望满足了，但是不知道适可而止，已得到的也会失去。《增广贤文》中说：“良田万顷，日食一升；广厦千间，夜眠八尺。”不懂得知足知止之人，永远游荡于无边无际的欲望苦海和得不到满足的痛苦之中。

四是行贵慎独慎微。行就是行为，慎就是凡事要小心谨慎。《礼

① （清）徐栋辑、丁日昌重编：《牧令书辑要·政略》。
② 净空法师：《了凡四训浅释》，上海三联书店 2014 年版，第 274 页。

记》中说："莫见乎隐，莫显乎微，故君子慎其独也。"意思是讲，没有什么东西比隐匿的时候更易见，也没有什么东西比微小的时候更显著，所以君子独处时也一定要谨慎。宋人吕本中在《官箴》中将"清、慎、勤"三字作为为官的第一箴言。《四库提要》评价"其言千古不可易"。"慎独"就是康熙所说的"暗室不欺"，即使一个人独处也要谨慎自律，操行自守，不畏人知畏己知。慎微就是要重视小事，从细节做起，从小事做起，乐小善，避小恶。司马光在《资治通鉴》中说："尽小者大，慎微者著。"意思就是，把小的事情做好了，也就成就了大事业，在细微的方面能谨慎对待，其善行也就称显于世了。

五是心贵敬畏敬惧。心是中国文化中独特的概念，是指人的思想、人的灵魂、人的精神的总和。朱熹曾说："敬者，一心之主宰，而万事之本根也。"他还说："致知者以敬而致之也，力行者以敬而行之也。"人有敬畏心，才有信仰；人有敬畏行，才能前进。正如张居正所讲，"惧则思，思则通微；惧则慎，慎则不败"，就是说，为官者，凡事要思、要慎、要惧。敬畏，就会思考；经常思考，就会明白通晓细微之事，从细微中发现大的事端；敬畏，就会谨慎从事，使自己立于不败之地。

中国优秀传统文化代表着中华民族独特的精神标识，为中华民族生生不息、发展壮大提供了丰厚的思想资源。学者韩庆祥认为，中华文化具有五大优质基因，包括人和自然"和谐共生"、人和社会"与时俱进"、人和人"多样统一"、人自身"身心和谐"、中国和世界"包容互鉴"。与此同时，传统文化中也有一些不良因素对社会风气产生了严重负面影响。一定意义上说，文化生态决定政治生态。从文化的视角思考所遇到的问题，有利于推动解决问题。

一是消解文化。中国文化中有一种特有的消解制度的倾向，反映到政治生活中，就是搞"上有政策，下有对策"。对于各种政策的落实，总是持消极心态、被动应对，想方设法钻空子、打折扣。强调政策执行中的困难，空喊口号、敷衍了事，或者寻找各种借口拖延，当面一套、背后一套，钻政策漏洞。由此造成政策执行中“玻璃门”“弹簧门”“旋转门”现象大量存在，消解政策权威，突破制度刚性。

二是圈子文化。“圈子”文化古已有之，是山头主义、宗派主义的代名词。从历史上唐朝的牛李党争、北宋的新旧党争，到明末的东林党争、清末的帝后党争，尽管圈子成因不同，但最终都加剧了统治危机，留下了“朋党兴、政事乱”的历史箴言。“山头主义”“圈子文化”不仅涣散组织，而且滋生腐败，造成“窝案”“串案”“系统性塌方式腐败”。

三是裙带文化。“裙带现象”是指由亲缘、姻缘等关系而形成的利益共同体。中国文化中家族观念根深蒂固，所谓“天下之人各怀其家，各私其子，其常情也”。费孝通先生曾用“差序格局”解释中国的社会结构，认为中国的社会结构就像把一块石子丢在水面，一圈一圈的波纹从中间扩散出去，形成以自己为中心的同心圆圈，越是与自己关系亲近的，越是在贴近中心的小圆圈内。由此，亲情之外延伸出种种人情，构成立足社会的资源。亲情、人情本来是正常社会现象，但以“人情至上”为准则，“一人得道、鸡犬升天”，依照感情厚薄和关系亲疏进行利益切割和分配，就必然走向腐败。

四是面子文化。“面子”普遍存在于人类之中，但成为文化却是中国特产，或在中国表现最为突出。其特征是对自己的行为方式完全以别人的评价和接纳态度为标准，以表面是否好看为原则，把自己的喜好和是否与实际相符放在次要地位，吃喝玩乐、婚丧嫁娶等，都要塑造出某种特定形象，在他人心目中形成体面、争脸、高人一筹的印象，“爱面子”“给面子”“丢面子”是其常用语。“面子”文化反映到政治生活中，就是有的干部作风不实，好大喜功，甚至弄虚作假；有的沉迷于政绩冲动，相互攀比指标，重显绩、轻实干；有的宗旨意识淡薄，借为民办事搞个人政绩，侵害群众利益。

图1-5 孔府“过獍门”

孔府内宅门里的这幅彩色壁画，“獍”通“贪”，亦称“戒贪图”。画中貌似麒麟的动物，实为传说中的“贪”，即天界中的神兽，是龙的第九个儿子。从这幅壁画可以看出，“贪”占有了“八仙过海”中八位神仙赖以漂洋过海的宝贝，并藏于周身彩云中，但仍然欲壑难填，妄图将太阳吞入腹中，最终落得葬身大海的可悲下场。衍圣公（孔子嫡长子孙世袭封号）画此图于宅门内壁，不仅提醒自己和家人，更告诫后世为官者应当清廉自守。

（四）以文化自信破解治理腐败难题

在庆祝中国共产党成立95周年大会上，习近平总书记指出，全党要坚定道路自信、理论自信、制度自信、文化自信。文化自信是更基础、更广泛、更深厚的自信，也是当代中国重要的政治性问题。在十八届中央纪委七次全会上的重要讲话中，习近平总书记进一步指出，要依靠文化自信坚定理想信念。领导干部要不忘初心、坚守正道，必须坚定文化自信。文化自信说到底就是对中华优秀传统文化蕴含的历史智慧的自信。中华民族源远流长的传统智慧，不但承载着丰富的修身治国、兴业惠民之道，还传承着仁、义、礼、智、信的传统道德观。

《周易·贲卦》中说："观乎天文，以察时变，观乎人文，以化成天下。"文化的本质是以人为本、以文化人、以文化物。文明以止，化成天下。[①] 虽然是人文化成，但其背后不能脱离对天文和自然现象的认识和理解。因为人文的根源在于天文，即社会规律的根源在于自然规律，天文和人文之间有着深远的关联，不过由于"天道远，人道迩"[②]，所以更多使用和谈及的是人文。不管是对天文还是人文的观察和总结，都肇端于中华文明的始祖伏羲氏，伏羲氏"仰则观象于天，俯则观法于地，观鸟兽之文与地之宜，近取诸身，远取诸物，于是始作八卦，以通神明之德，以类万物之情"[③]。在对天地万物以及自身有了全面完整的观察和认识之后，伏羲氏才创立了中华文明的基础，使得中华文明从一开始就体现出整体关联的特性。这种对天地万物和自身心性完整的明了，就被叫作"明德"。为了保存和延续伏羲氏所奠定的文明始基，后世教育最核心的一点就是要"明明德"，因为明德有所缺失，则心性有所不明；心性有所不明，则治道有所不通；治道有所不通，则民众必受其殃。明德之明，包含了"清明"和"浊明"两方

① 任彦申：《后知后觉》，江苏人民出版社2010年版，第134页。
② 阮元校刻：《十三经注疏·春秋左传正义》，中华书局1980年版，第2085页。
③ 阮元校刻：《十三经注疏·周易正义》，中华书局1980年版，第86页。

面，“清明内景”而“浊明外景”①，“清明”和“浊明”就像水和火一样：水内在透明清亮，却不能照耀外物；火光芒外耀，内在却不甚明亮。所以完整的明德既要有对内在心性的体察，又要有对外物的烛照，二者不可偏废，故而在中国古代传统中，文化的根基在于培养出“和顺积中而英华发外”② 的明德君子，以成为治理天下的中坚力量。

在人文教化和治理的具体措施上，中国古代在漫长的历史经验中总结出四个最主要方面，即“礼乐刑政”。《礼记·乐记》中说：“礼以道其志，乐以和其声，政以一其行，刑以防其奸。”因为人心容易受外物牵扰而迷失本性，进而为非作歹。因此，凡是能影响人民感受的东西，都要十分慎重地对待，这就需要从礼、乐、政、刑四个方面加以引导和治理。礼是进行种种仪式礼节的规定，通过对人身体视、听、言、动的训练来引导人们的志向；乐是通过诗歌、音乐、舞蹈的教育使得人们知道如何表达心声，并且在乐教影响下，各种心声都能有规范地得以表达、受到尊重并和谐共存；政是通过政令法规让人们齐心协力来完成共同的目标；刑是用刑罚去惩治那些恶意破坏秩序或侵害他人的奸邪之徒。礼和乐是从内在心性上引导人们自觉提升自我和完善人格，而刑和政是通过外在强制达成最基本的社会秩序和规范。四种方式虽然各不相同，但最终目标一致。此后，中国传统文化对四者又有进一步认识，即一个良好的社会应该以礼乐教化为主导，以刑政治理为辅助。因此，孔子说：“道之以政，齐之以刑，民免而无耻。道之以德，齐之以礼，有耻且格。”对此，辜鸿铭在《中国人的精神》一书中说：“欧洲人是害怕上帝和恐惧法律而保持着秩序……为了保持对上帝的恐惧，欧洲人首先就得养一大批花费昂贵的闲人，也就是所谓的牧师……为了保持对法律的恐惧，欧洲人需要养另一个花费更

---

① 王先谦：《荀子集解》，中华书局 1997 年版，第 403 页。

② 阮元校刻：《十三经注疏·礼记正义》，中华书局 1980 年版，第 1536 页。

为昂贵的闲人阶层，那就是警察和军队。如今，欧洲人开始发现通过养护警察和军队来维持秩序，甚至比养护牧师更需要灾难性的开支”，“在中国只有最无知的阶级才需要牧师，只有最糟糕的犯罪分子阶层才需要警察或军队使他们维持秩序……真正的中国人是无价的文明财富，因为他是一个无须花费世界多少成本就能使自己保持秩序的人”。[①] 马一浮说：“今日所名为头等国者，在文化上实是疑问。”[②] 并且作出断言：“天地一日不毁、人心一日不灭，则六艺之道炳然常存。世界人类一切文化的最后之归宿，必归于六艺。而资格为此文化之领导者，则中国也。今人舍弃自己无上之家珍，而拾人之土苴绪余以为宝，自居于下劣，而奉西洋人为神圣，岂非至愚而可哀?”[③]

按照中国传统文化精神，申明政令和法律制裁是治理金融腐败所必要的，但也要建立新时代的“礼乐”文化，特别是要坚定理想信念，以党性教育修好共产党人的“心”学。习近平总书记深刻指出，党性教育是共产党人修身养性的必修课，是共产党人的“心”学。坚定文化自信，要以“心”性滋养党性，通过修养党性提升政治觉悟，在立心、正心、修心上下功夫。

第一，立心要加强理想信念。立心就是要以公心奉国理家，牢固树立理想信念。古人十分注重立心弘志，孔子讲的“志于道，据于德，依于仁，游于艺”，也可称为四句教。张载曾提出：“欲事立，须是心立。”特别是他提出的“为天地立心，为生民立命，为往圣继绝学，为万世开太平”四句教，是儒家理想的最高境界。王阳明提出“心即理”“知行合一”和“致良知”等心学三大支柱，晚年王阳明又提出“无善无恶是心之体，有善有恶是意之动，知善知恶是良知，为

---

① 辜鸿铭：《中国人的精神》（中英对照版），陕西师范大学出版社 2006 年版，第 8－11 页。

② 刘梦溪：《中国现代学术经典·马一浮卷》，河北教育出版社 1996 年版，第 22 页。

③ 同上书，第 21－22 页。

善去恶是格物”四句教。可以说，中华民族最深层的精神追求积淀于“四句教”文化之中。《吕氏春秋》中说：“石可破也，而不可夺志；丹可磨也，而不可夺赤。”清人觉罗乌尔通阿在《居官日省录》中提出“居官七要”，其中第一要讲的就是“立心”。“破山中贼易，破心中贼难。”共产党人“立心”，必须把对马克思主义的信仰、对共产主义的信念作为毕生追求，用坚定的理想信念筑牢拒腐防变的思想防线。

第二，正心要加强修身培德。全面从严治党，既要注重规范惩戒、严明纪律底线，更要引导人向善向上，发挥理想信念和道德情操引领作用。王阳明说：“种树者必培其根，种德者必养其心。”“正心”是立德之本，“修身”是为政之基。儒家强调修齐治平的根本在于诚意正心。魏晋南北朝时期的傅玄在《正心篇》中提出，“修身治人，先正其心”，“心正而后身正，身正而后左右正”。立品正心，吏不可墨。明朝思想家吕坤说：“士君子只求四真：真心、真口、真耳、真眼。真心，无妄念；真口，无杂语；真耳，无邪闻；真眼，无错识。”1943年，周恩来在《我的修养要则》中指出，共产党员特别是领导干部要过好“五关”：思想关、政治关、社会关、亲属关、生活关。共产党人“正心”要求“四淡”：淡名、淡利、淡心、淡欲。淡名，贵潜绩；淡利，贵民生；淡心，贵敬畏；淡欲，贵正气。要明大德、守公德、严私德，自觉锤炼道德品质，始终坚守共产党人的精神高地。

第三，修心要加强党性觉悟。觉悟不是自然而然产生的，必须在党性修养和党内生活锻炼中不断提高，在工作实践和斗争磨砺中不断坚定。中国传统文化特别强调“修”与“养”，“修”即修剪、修正，“养”是养心、养性、养浩然之气。“修其心治其身，而后可以为政于天下。”① “自

① 语出王安石《洪范传》，转引自习近平：《之江新语》，浙江人民出版社 2007 年版，第 258 页。

修之道，莫难于养心”[①]，而“养心莫善于寡欲”[②]，最重要的是要清心寡欲，端正思想。孙中山先生曾说：“事功者一时之荣，志节者万世之业。”共产党人“修心”，要严格党内政治生活，严守党的政治纪律和政治规矩，增强党性原则，提高政治觉悟，自觉在思想上政治上行动上同以习近平同志为核心的党中央保持高度一致。

《尚书》中说：“人心惟危，道心惟微，惟精惟一，允持厥中。”意思是说，人心很危险，道心很微妙，所以得事事上心，持拿精准，就像中医治病讲的“扶正祛邪”，只有“正气存内”，才能“邪不可干”。钱穆在《中国历代政治得失》中说：“整个西方人在政治经验上都比较短浅，能讲这句话的只有中国人。”[③] 只有心性的教化才能持续长久，而外在的治理只能维持一时。礼乐文化依据对心性和天地万物的全面体察而制定，汇聚了中国政治的宝贵经验，并且贯穿在中华优秀传统文化之中，孔子称为“承天之道，以治人之情，故失之者死，得之者生”。金融业的出现，目的是为了经济活动便利，然而也滋生了腐败问题。除完善金融监管和加强法律制裁之外，还要树立起金融业内部行业道德自律标准，通过加强金融从业人员文化修养，营造良好文化氛围，倡导良好从业精神，扶持行业正气。文化学者余秋雨说：“经济能给一个民族带来富裕，但只有文化才能给一个民族带来尊严。”有着悠久历史文化传统的中国，在“清明内景”的心性之学上积累了大量经验，只要对中华优秀传统文化有足够自信，通过系统深入学习把握其精髓，并充分吸收世界各国有益文化，就完全能够借助文化的力量进一步解决金融领域存在的腐败问题。

---

① 于洁：《曾国藩家书精选》，中央编译出版社 2008 年版，第 183 页。

② 王刚：《孟子译注》，上海三联书店 2013 年版，第 404 页。

③ 钱穆：《中国历代政治得失》，三联书店 2001 年版，第 177 页。

第二章
金融腐败的定义和表现形式

日月欲明，浮云盖之；河水欲清，沙石秽之；人性欲平，嗜欲害之。

——《淮南子·齐俗训》

本章提要

- 金融是国家重要的核心竞争力，金融安全是国家安全的重要组成部分，金融制度是经济社会发展中重要的基础性制度。金融具有地位的重要性、经营的特许性、领域的专业性和市场的创新性等重要特征。

- 本书从制度设计的道德风险角度将金融腐败界定为金融监管者和金融机构在现行不完善的金融监管体制机制下的道德风险行为，即金融监管者和金融机构以掌握某种垄断权（行政权或资源配置权）为基础，基于其自由裁量权，不按行政规则或交易规则办事，以损害公共利益或相关主体正当利益为代价，以实现自我利益或关联主体利益为目的的行为。

- 本书对金融腐败的定义突破了一般腐败定义基于事后判定的局限性，突出了公共利益与个人利益冲突的道德风险属性。

- 金融腐败有着其他行业腐败行为所不具备的特殊性。金融行业的跨期交易性使金融腐败租金支付更具隐蔽性。金融行业的“三高”特征决定了金融腐败行为发生的冒险性。金融行业的资源配置功能决定了金融腐败问题影响的外溢性。

金融是现代经济的核心，是国家总体安全的重要基石。相较于其他行业，金融在一国经济社会中具有极其重要的地位，涉及国民经济的方方面面。金融腐败的特殊性主要体现在：一是金融业是处理资金活动的中介，与财富的转移和保值增值密切相关，很多腐败行为往往借助金融活动完成，也会在金融系统留下印记。二是金融业是高风险行业，其杠杆率远高于其他行业，一旦出现问题，不仅金融机构自有资本会遭受损失，还会波及大量投资者和金融消费者，危及经济社会稳定。三是金融是否安全固然与金融政策和经济背景密切相关，但由于金融天然具有衍生性质，一旦金融领域发生腐败问题，不仅会对金融造成巨大冲击，而且会对国民经济健康发展造成严重影响。本章从分析金融行业特征入手，结合金融行业的特殊性，对金融腐败定义进行阐释，进而探讨金融腐败的表现形式。

一、金融业的行业特征

金融业是经营金融商品的特殊行业，具体包括银行业、证券业、保险业、信托业和租赁业等，具有指标性、垄断性、高风险性、高依赖性和高负债性经营等特点。具体可概括为以下几个特征。

（一）地位的重要性

金融作为现代经济的核心与现代经济密不可分。习近平总书记指出，金融是实体经济的血脉，为实体经济服务是金融的天职，是金融的宗旨，也是防范金融风险的根本举措。“几乎所有的实体经济在一定程度上都依赖于金融市场，而且特别依赖于信用程度。”① 一方面，金融能够起到配置资源的作用，促进实体经济发展；另一方面，相对于实体经济，金融具有一定的优势地位，实体经济对金融具有较强的依赖性。没有金融，实体企业不能发展；没有实体企业，金融就是泡沫。“美国诗人罗伯特·佛罗斯特经常被引用的一句话是：‘银行是一个在晴天借给你雨伞，但却要求在雨天收回去的地方。’经济学家曾达成一个广泛的共识，即金融体系的发展对运转良好的现代经济来说是必不可少的。然而，在其具体作用和因果方向上，他们的意见却极不统一。”② 金融可以泛指一切信用货币的发行、保管、兑换、结算及融通等有关的经济活动。马昀等研究指出，所谓核心，是中心和主要组成部分，在关联事物体系中，起到决定性或主导性作用。现代经济一般是指市场运作体制发展相对成熟的经济体，具有科学技术先进、市场竞争和宏观调控机制有效、政府职能规范、法制基础完备、社会保障体系健全等显著特点。金融因为其重要功能，成为现代经济体系运行的核心，在生产要素配置中发挥着难以取代的作用。现代经济是一种高度发达的市场经济，本质上是一种发达的货币信用经济，或者说金融经济，其运行表现为价值流、资金流导向实物流，货币资金运动导向实体经济。金融在现代市场经济中的核心地位是由其重要而独特的作用决定的，主要体现在金融的本质属性、在市场资源配置中的核心作用和宏观经济调控的杠杆作用等三个方面。

一是金融的重要性体现在金融的本质属性上。从现代社会的运作体制来看，一切经济活动都要产生价值，而价值则需要货币来计量，货币构成了现代社会和金融运作的基础。在经济活动中，生产要素需

---

① ［美］诺顿·雷默、杰西·唐宁：《投资：一部历史》，张田、舒林译，中信出版集团 2017 年版，第 245 页。

② 林毅夫：《繁荣的求索——发展中经济如何崛起》，张建华译，北京大学出版社 2012 年版，第 157 页。

要通过货币资金手段才能结合在一起。货币资金成为沟通全社会经济生活的命脉和关键媒介，现代经济的一切活动都不能离开货币资金的运动，货币资金成为现代经济运行的“血液”，作为“血液循环系统”的金融体系由此获得了核心地位。随着现代经济的发展，金融形态从普通货币变为更加复杂多样的证券。在很多发达国家，金融结构从商业银行间接融资为主走向直接融资逐步占据主导地位。尤其是20世纪八九十年代以来，大量证券化产品问世，更使得几乎所有生产要素都可以证券化，也使得金融触角更加深入现代经济的每一个角落。只有金融体系正常有效运行，才能够保证金融资源正常筹集、融通和充分使用，从而合理配置社会资源，最终引导国民经济走向良性循环。同时，现代经济已经发展到全球贸易和国际分工协作的新阶段，只有金融才能够跨越时空，实现资本和生产要素的全球流动。现代社会财富也在很大程度上表现为金融资产形式，金融贯穿于现代经济储蓄、投资、消费、进出口等所有宏观经济环节。金融问题处理不好，如果爆发金融危机，不但会使过去的经济成就毁于一旦，也会使未来经济复苏困难重重。

二是在资源配置中，金融作为一种特殊资源，能够引导其他资源配置。金融是“信用中介”，调节资金运动，以资金融通方式连通资金需求方与供给方，通过信贷、资本市场等方式实现资金转移。由于资金转移以增值为目标，实质上在有选择的金融活动中实现了资金配置作用。同时，“物随钱走”，得益于以货币配置形式提供的社会信息，其他生产要素也因此实现跨部门、跨行业转移，从而实现社会资源整合优化。

三是在宏观经济调控中，金融起到“杠杆”和“抓手”作用。宏观经济调控的基本目的是实现社会总供给与总需求基本平衡，促进国民经济稳定增长。金融在宏观经济调控中，一方面，由于货币供应量可以调节总需求，借此实现供求平衡、物价稳定；另一方面，金融业与国民经济各部门联系密切，能够全面深入反映经济活动信息，并通过利率、汇率、信贷、结算等金融手段直接影响微观经济主体。国家根据需要，通过货币政策与财政政策工具，以金融为“杠杆”和“抓手”，调节经济发展规模、速度和结构，实现在稳定物价的基础上，促进经济平稳发展与高效运行。有学者研究指出，金融实现了资源在不同时间和不同空间的配置，为此提高了消费和总需求，带来了经济的繁荣。

此外，在经济全球化时代，金融安全成为国家经济安全的核心。保持金融业和金融市场稳定成为实现国家经济总体安全稳定发展的必要前提。在现代经济体系中，金融业本身有着举足轻重的地位。一些发达国家金融业甚至超越传统制造工业，成为国民经济主导产业之一，对国内生产总值（GDP）增长等有着重要贡献。金融业不仅具有资金融通流转功能，甚至成为维系社会信用和保持社会秩序的重要力量，这些进一步体现了金融的核心作用。

在理解金融是现代经济的核心上，有学者研究指出，需要强调金融在生产要素中的核心配置功能，而不是追求金融产业本身在国民经济体系中的核心地位。① 在某些领域，不要非理性地过分发展金融产业，金融体系和实体经济要紧密联系。只有支持实体经济发展，金融业的发展壮大才不会成为无源之水。

（二）经营的特许性

金融行业具有风险外溢性。因此，政府往往会对金融业实行牌照准入或特许经营，对其资质提出一定要求。这就使金融行业客观上具备了一定的垄断性。在我国，金融机构经营许可证由中国人民银行、中国银行业监督管理委员会（以下简称中国银监会）、中国证监会、

① 国际金融论坛课题组、王元龙：《中国经济发展中金融与经济关系问题研究》，《经济研究参考》，2012 年第 1 期，第 3－11 页。

中国保险监督管理委员会（以下简称中国保监会）等部门分别颁发，需要审批的金融牌照包括银行、信托、保险、券商、金融租赁、基金、基金子公司、基金销售、期货、第三方支付牌照等，其中最典型的是大型商业银行。以我国大型商业银行为例，其垄断地位的形成主要有三个方面原因：

一是政府偏好。大型商业银行作为重要的金融企业，是市场经济中的微观主体和被调控对象。长期以来，我国大型商业银行还具有宏观调控职能，承担了政府部分政策性功能，并代替政府行使对企业资金的监管权，造成政府与商业银行职能错位，也导致银行与企业关系不顺。在我国不断深化改革过程中，资金始终是十分短缺的一种资源，政府要主导改革，达到自己的目标，必须牢牢抓住资金运用权，这是造成大型商业银行垄断的重要原因之一。

二是大型商业银行对其垄断地位主动强化或被动接受。改革开放之初，政府让大型商业银行承担政策性业务功能，使得地方各级政府能够合理介入银行经营行为之中。这种被动接受状况使商业银行有了巨大的道德风险，并成为银行被动形成垄断地位的一个原因。与此同时，垄断利益的存在也使银行本身改革动力不足。①

三是“大而不能倒”助推了现有银行的垄断地位。银行业风险高度集中，且具有多米诺骨牌效应，一家银行倒闭往往会引起连锁反应，导致多家银行或企业倒闭。在经历了 20 世纪 30 年代的“大萧条”和银行倒闭风潮后，世界各国都加强了银行监管。以美国为例，根据 1933 年《格拉斯—斯蒂格尔法案》，1934 年美国成立联邦保险公司，用以保护存款人利益，防止银行发生流动性危机，但联邦保险公司面临着严重的道德风险。存款人在获得存款保险后，对银行风险缺乏足够的关心，导致银行追求高风险收益问题突出。中华人民共和国成立

① 参见吕青：《我国的银行垄断及其效果》，《理论导刊》，2000 年第 12 期，第 15 页。

以来，我国鲜有银行倒闭事情发生。大型商业银行的“金字招牌”和国家信用无疑相当于隐性的存款保险，人们相信，即使银行有什么问题，政府也不会坐视不管。“因为企业越大，才越有可能得到政府关注，也才越有可能获得由政府提供的刚性兑付和隐性担保。”① 而银行庞大的资金资产规模使得国家不敢对此稍有闪失，这在客观上强化了大型商业银行的垄断地位。

（三）领域的专业性

金融行业不仅有诸多细分行业，每个细分行业也有独特的业务模式与众多金融产品，且金融市场瞬息万变，从全球宏观经济，到微观企业经营情况，到市场情绪气氛，都会令其产生波动。金融领域无论金融业务还是从业人员都有很强的专业性要求。

一是金融体系是一个复杂性系统，具有很强的专业性。通常来说，以规模巨大、耦合度高、透明度低、动态而且开放为一般性特征的复杂系统同时具有两个最本质的特征，即组分之间相互作用的非线性以及系统的自适应性。一方面，由于各组分之间的非线性作用，系统呈现出貌似随机的不稳定状态；另一方面，由于系统自组织作用，其内部结构会产生一定的有序性与稳定性。② 现代金融业经过漫长的历史演变，从过去较为简单的形式，逐步发展成规模庞大、错综复杂的动态变化系统。动态变化的金融市场是一个开放型系统，不仅其内部相互关联、相互影响的层次多，且受人类决策行为这一重大不确定性因素影响。

二是金融体系的演变进一步提高了其专业化和复杂性。金融体系从市场结构、参与主体，到金融产品都在不断丰富和演变。以资本市场为例，全球资本市场均朝着多层次方向发展。就市场结构而言，过去资本市场一般分为场内市场和场外市场两个层次。随着信息技术发

---

① 朱宁：《刚性泡沫》，中信出版集团 2016 年版，第 117 页。

② 参见吕辉献：《复杂金融系统工程与风险管理研究分析》，《企业导报》，2012 年第 7 期，第 131 页。

展，衍生出一些中间形态的交易市场，如美国的另类交易系统和欧洲的多边交易平台等，市场结构变得复杂多样。而每个层次内部又可进一步细分，如场内市场可分主板和创业板，等等。此外，金融中介呈现多样化，券商、公募基金、私募股权基金、并购基金，以及近年来依托互联网技术新兴的众筹融资平台等相继诞生。传统金融中介发挥着资本聚合、做市交易、风险管理和交易信息结算等基本的金融功能。“已有研究发现最早的银行机构可以追溯到公元前516年。世界上最早的证券交易与1600年代在阿姆斯特丹成立的荷兰东印度公司有关。成立于1817年的世界著名的纽约证券交易所，在1792年签署的梧桐树协议中找到了它的根源。”① 同时，金融产品也日渐丰富，除了股票、债券等基础性产品外，还有兼具股票和债券特性的优先股和可转债等产品，以及包括期货、期权在内的形态万千的衍生品，等等。

三是金融从业人员的专业性。金融从业人员通常需要经过专业培训才能胜任，有些金融业职位必须持有CPA②、CFA③等行业高级证书。在我国香港地区，任何人士开展证券交易、期货合约交易、就证券提供意见、资产管理等十类受规管活动，都要获得香港证监会颁发的牌照。只有持牌的专业人士才能从事相关金融活动。就当前金融行业经营环境而言，人员晋升比较市场化，专业能力成为一些竞争激烈、技术严格、业务创新的核心前台部门和岗位从业人员获得晋升的主要评判标准。

① ［美］汤姆 C. W. 林：《无限的金融中介》，《财经法学》，2016年第6期，第90页。

② CPA：Certified Public Accountant，简称CPA，注册会计师，指的是从事独立审计、中介审计、社会审计的专业人士，是唯一获得中国官方认可的会计师资格，也是唯一拥有签字权的执业资质。由财政部设立的注册会计师考试委员会办公室组织实施全国性统一考试，共涉及六个科目，每年全国考生通过率在10%左右。

③ CFA：Chartered Financial Analyst，简称CFA，特许注册金融分析师，是业内公认的含金量最高的资格认证。全球性投资专业人士组成的CFA协会是该证书的考试举办方，在职业操守、知识储备和专业水平等方面对从业人员进行严格考核，被誉为金融第一考。

（四）市场的创新性

金融创新是以信息与科技为基础，以创新活动为手段，以实现稳定发展、增强竞争力、获取最大化利益为目的，对金融领域多种要素进行新的开发变革。金融创新有效率性、时滞性、非均衡性、高风险性、虚拟性五个基本特征。[①] 创新是金融可持续发展的灵魂，对金融业发展影响广泛而深刻。没有金融创新，金融可持续发展就难以落到实处。当前，金融市场，包括各类金融机构以及金融产品和业务创新层出不穷，互联网理财、P2P[②] 网贷、众筹等金融业态快速发展，呈现出关系复杂化、业务混合化、利益多样化特点，主要表现在三个方面：

一是金融产品种类和数量不断增加。首先，在操作和管理方式等方面，传统的金融业务发生了根本性变革，导致资本周转速度大大加快，金融效率大幅提高。其次，为适应不同阶层、不同投资者需求，金融工具不断创新，不断推出的新型金融工具具有品种多样化、特性灵活化、标准通用化等特点。金融产品创新既催生了新型金融市场，又推动了金融市场国际化发展，涌现出大量新交易和新业务。[③]

二是金融组织结构不断创新。首先是各类新型金融机构不断产生。比如，以计算机网络为主体而无物理营业网点的网络银行大量涌现。其次是金融机构业务逐渐趋同。不断创新的金融业务在打破金融机构传统职能分工界限的同时，也加剧了各类金融机构之间的交叉渗透和业务竞争。再次是金融机构组织形式不断创新，不仅新推出了控股公司制、连锁制银行，打破过去单一制与总分行制，而且推广创新了百货店式分支点、全自动化分支点、金融广场式分支点等，扩充了分支

---

① 参见刘光辉：《对金融创新内涵界定的思考》，《湖北财税》，2003 年第 12 期，第 20－21 页。

② P2P：英文全称 person-to-person 或 peer-to-peer，指个人对个人或伙伴对伙伴。在融资领域，该模式体现为将分散的小额资金聚集起来，有偿提供给资金需求方使用。

③ 参见毛克：《金融创新与金融可持续发展的关系研究》，中国海洋大学 2009 年硕士学位论文，第 19－20 页。

机构的形式。最后是金融机构经营目标和管理方法日益创新。通过金融组织机构创新，金融管理日益贴近产品、贴近市场、贴近消费者，金融资源流动与配置越发合理。

三是金融制度创新加快了金融全球化进程。具体表现为国际货币体系和金融监管制度创新。国际货币体系创新，即在现行的多元化货币储备体系下，建立以浮动汇率制为核心的新型国际货币体系，大大加快了金融国际化进程。通过各国监管当局联手监管和专门机构跨国监管的不断创新，国际金融监管制度正力争创造一个集早期预警、风险防范、事后救援三大系统为一体的新型国际化金融监管体系。金融制度创新适应了金融持续发展中全球一体化需要，有三方面助益：一是优化金融资源在世界范围内的配置；二是控制金融风险在国际扩散；三是在世界经济发展中发挥资产避险、产业结构调整和消费引导等新型功能。①

二、金融腐败的定义

尽管对金融腐败这个名词人们耳熟能详，但从目前看，无论理论界还是实践中都缺乏统一定义。与其他领域的腐败相比，金融腐败有其特殊性，基于一般腐败概念直接界定金融腐败的传统定义难以全面准确反映金融腐败特点。为从体制机制角度检视金融腐败产生的原因并给出金融反腐建议，我们借鉴信息经济学研究范式，从制度设计的道德风险角度对金融腐败进行界定。

（一）基于一般腐败概念的金融腐败传统定义

金融腐败的传统研究一般是将腐败的定义简单直接移植至金融领域来界定金融腐败。国际货币基金组织认为：“金融腐败是指金融行

---

① 参见赵何敏：《金融创新、金融工程与金融可持续发展》，《中南财经大学学报》，2000年第3期，第65－66页。

业的人员利用经营金融业的权力进行谋取私利或小集体（小团队）利益的违法犯罪行为。”世界银行认为，金融腐败主要包括三种情况：一是公共部门的官员接受或索取贿赂；二是私人部门积极行贿，以规避公共政策和程序，从而获取竞争优势和利润；三是公权力的滥用可能没有明显的贿赂体现，而是由赞助或裙带关系、盗取国家资产或转移国家财政收入而产生的腐败。① 这个定义涵盖了世界银行所碰到的绝大部分腐败问题，为学术界广泛采纳。国内有学者认为，金融腐败的内涵极为广泛，包括银行业、证券业、保险业和监管当局相关方面的非规范行为。②《世界银行关于预防和打击国际复兴开发银行贷款和国际开发协会信贷及赠款资助项目中腐败行为的指导方针》中还对金融腐败行为进行了定义，即是指“直接或间接地提供、给予、接受或要求任何有价值物品，来不正当地影响另一方的行为”。

国内较有代表性的研究认为，金融腐败是指“一切利用某种垄断权（包括行政权与资源配置权）所进行的不按交易规则或行政权力规则办事，为自身谋取私利的行为”，“无论是金融监管还是金融机构的涉及私利的违规行为都可以归之为金融腐败”。③ 还有研究认为：“金融腐败是指金融机构及其从业人员在经营管理及其他活动中，为谋取私利，利用掌握的资金资源及其他相关资源，违反国家法律及金融政策、规定，侵害国家、公众及本组织利益的行为或现象。”④

腐败的根源在于对权力的滥用，权力过度干预经济是腐败之源，“寻租的本质在于‘权力揽买卖’”⑤。从改革开放初期的商品差价寻

① 参见 http：//www1. worldbank. org/publicsector/anticorrupt/corruptn/cor02. html。

② 中国人民银行海口中心支行纪委课题组：《金融腐败的机理分析与防治策略》，《海南金融》，2006 年第 11 期（总第 216 期），第 57 页。

③ 谢平、陆磊：《金融腐败、金融业不良资产与居民资产配置之谜》，《经济导刊》，2005 年第 5 期，第 57 页。

④ 田湘波：《国际金融危机背景下如何防范金融腐败》，《中国监察》，2009 年第 12 期，第 36 页。

⑤ 吴敬琏：《腐败溯源与清源》，《党的建设》，2005 年第 4 期，第 36 页。

租，到近年来的要素寻租，包括土地批租和公司上市过程中出现的腐败等，均存在权力腐败的踪迹。金融腐败的根源在于对货币资金这一稀缺资源垄断性配置权的滥用。由于资金在一国经济发展过程中的重要性，金融腐败对经济增长的影响更加直接。金融机构通过寻租制造稀缺，提高融资成本，从而扭曲资源价格，导致资源错误配置，由此造成金融资源使用效率低下。[①] 因此，金融腐败本质上是由于金融资源的垄断性所带来的权力寻租行为及其现象。在我国社会主义市场经济体制转轨过程中，金融资源一直是市场稀缺资源，这使得金融领域相对于其他领域发生腐败的可能性增大。

传统的金融腐败定义是从一般腐败定义衍生出来的，虽然对金融腐败问题进行了较为完整的界定，但从金融监管体制机制角度审视时，还应从其中所包含的道德风险来定义金融腐败。

（二）金融腐败的特殊性

由于金融行业的独特性，相对于其他领域的腐败行为，金融腐败有其不容忽视的特殊性。

一是金融行业的跨期交易特点决定了金融腐败租金支付的隐蔽性。金融的基本含义是经济主体跨期进行资源优化配置，跨期交易是金融活动的基本特点，而跨期交易方式使得金融腐败行为具有不同于其他腐败行为的复杂特点，具体表现为腐败租金的支付与非规范金融交易时间上的不一致性。一方面，金融腐败交易呈现长期性，如干股受贿、期权腐败等腐败形式，往往时间跨度较长；另一方面，金融腐败行为更加隐蔽，延长了腐败证据链条，加大了腐败行为因果关系判定难度，进而也加强了反腐败工作难度。随着经济全球化加深，金融业信息化程度提高，犯罪分子借助计算机网络跨国境划转资金，使犯罪行为越

---

① 参见南旭光：《两类信贷腐败比较研究：审批腐败与支付腐败》，《广东商学院学报》，2008 年第 4 期，第 46 页。

来越难以察觉；而有的犯罪分子在达到犯罪目的或罪行即将败露时携款外逃，躲避法律制裁。在这一背景下，腐败现象“高智能化”“国际化”特征愈来愈明显。特别是随着金融电子化、信息化迅猛发展，金融腐败隐蔽性越来越强，更趋智能化和复杂化，有不少是作案潜逃后才被发现，有的甚至作案后长达十几年才被发现。

二是金融行业的“三高”特征决定了金融腐败行为的冒险性。金融行业具有“三高”特征，即金融资产价格的高波动性、金融资产的高流动性、金融体系的高信息不对称性，使其容易成为产生腐败活动的温床。第一，金融资产价格波动幅度较大。金融腐败行为正是利用了这一特点，通过滥用监管权、泄露内幕信息等方式在资产价格波动中谋取利益，从而加大了金融行业发生腐败的风险。由于腐败收益率高，无形中对腐败行为产生一定的“激励”作用。特别是金融交易涉及的大多是“别人的钱”，容易引发金融机构及其从业人员触碰道德底线。追求高风险有可能带来高利润，一旦冒险成功，代理人就能从中得到更多好处；而即使失败，绝大部分损失也会由委托人承担。这就造成代理人有意从事高风险投资活动，利用信息不对称优势蒙蔽委托人，以欺诈、操纵、违约、不公平交易等方式实现其欲望。在东南亚金融危机中，一些国家的商业银行为了追求私利，放弃稳健经营原则，把大量的储户资金投入短期房地产市场、资本市场和外汇市场等高风险领域进行投机活动，置风险于不顾，导致大量不良资产积累，严重侵害了储蓄者和投资者的利益。① 早在1977年，诺贝尔经济学奖得主默顿·米勒就提出投机会使金融资产价格有偏离其基本面估值的风险。第二，由于金融市场工具丰富多样、金融创新层出不穷，银行、保险、信托、证券、基金等机构推出越来越多的金融创新产品，使得金融资产流动性不断提升，为腐败行为及其非法所得提供了快速、隐

① 参见袁赞礼：《金融道德风险防范研究》，北京交通大学2014年博士论文，第36页。

蔽变现渠道，使腐败获利得以迅速转移、洗白。第三，金融体系所特有的专业性和复杂性，导致局外人很难准确理解金融业务与工具属性，产品风险与收益不对称，投资信息披露不健全和不透明，外部监督者和金融机构之间存在着严重信息不对称。

三是金融行业的资源配置功能决定了金融腐败影响的外溢性。金融行业具有调节和调度社会资金资源配置职能，直接影响宏观经济运行和发展。一方面，如果金融监管人员利用监管权进行寻租，个人私利与监管目标出现偏离，就会导致金融政策和监管措施失灵，破坏金融市场交易规则，扰乱金融市场正常秩序，引发严重的金融和经济后果。另一方面，掌握金融资金配置权的从业人员出现腐败问题，很有可能错误引导有限的金融资源流向，导致金融机构出现经营问题，陷入困境甚至倒闭。在更严重的情况下，还可能发生系统性金融风险乃至经济危机，使宏观经济运行出现偏差。历史上，这方面案例比比皆是。第二次世界大战后，一些新独立的发展中国家普遍建立了政策性金融机构，并开展政策补贴性金融业务。由于缺乏透明度和有效监督，这些机构及其活动中出现了很多寻租和腐败问题，大量公共资源遭到浪费，对经济发展也未起到应有的作用。

（三）从制度设计的道德风险角度认识金融腐败

借鉴有关理论文献，结合我国反腐和司法实践，我们将金融腐败界定为：金融监管和金融机构行为主体在现行不完善的金融体制机制下的道德风险行为，即金融监管和金融机构行为主体以掌握某种垄断权（行政权或资源配置权）为基础，不按行政规则或交易规则办事，以损害公共利益或其他主体正当利益为代价，以实现自我利益或关联主体利益为目的的行为。从道德风险角度界定金融腐败，可将金融腐败命题转换为现行金融监管体制机制的道德风险（腐败空间）命题，从而将有关理论和实证研究与监管体制机制设计的合理性连接起来。

1. 从道德风险角度界定金融腐败概念的内涵

在信息经济学研究中，道德风险是审视制度设计合理性的重要理论工具。与一般金融腐败定义不同，从道德风险角度定义金融腐败，避免了一般腐败定义中关于“谋取私利”“违法犯罪”等事后认定范围的内容，突出了金融腐败中公共利益与个人利益冲突的道德风险属性。不仅包括已明确界定的腐败行为，也包括隐藏的或潜在的腐败问题。具体来说，有两个优点。

一是从目标导向出发，有利于透视腐败的体制性根源。一般金融腐败定义以“违法犯罪”等行为属性为基础，局限于已诉诸党纪国法的腐败案件。以此为研究，更多的是对过去问题的归纳和总结，而金融腐败收益的长期隐蔽性则决定了以案例归纳法研究金融腐败可能存在“以偏概全”、不能准确反映发展趋势的局限性，尤其是难以全面深入审视金融腐败的体制性和制度性根源。将金融腐败界定为道德风险，将对金融腐败的讨论转换为对现行监管体制和机制是否存在道德风险的讨论，有助于突出腐败现象背后的委托代理关系，全面审视导致腐败发生的体制机制原因，通过应用激励理论、机制设计等经济学工具，从制度层面研究解决腐败问题产生的根源，标本兼治推进金融反腐工作。

二是从问题导向出发，有利于构建涵盖各类腐败行为的分析框架。金融腐败既包括监管者滥用公权力的行为，也涵盖金融机构滥用资源配置权的行为；既包括以金融从业人员为主体的腐败行为，也包括以金融交易为媒介和工具而不在金融领域人员的腐败行为。尽管上述腐败行为在权力基础、行为模式和客观影响上有着差异，但本质上都可以界定为道德风险，都是委托代理关系在政府治理、公司治理、市场设计等领域的不同表现。就是说，以道德风险界定金融腐败，不仅可以使我们以同一方法论对各种腐败现象进行全面分析，也可以使我们进一步认识到不同腐败行为间的关联性，特别是金融监管人员与金融从业人员上下游“联动腐败”效应。

2. 从道德风险角度认识金融腐败概念的外延

从本质上说，金融腐败行为源于道德风险失控，基于道德风险主体不同，可将金融腐败分为三类。

一是滥用公共权力是金融监管机构的道德风险。金融监管机构是监管权力主体，对金融监管资源尤其是资金配置拥有直接或间接主导权。滥用金融监管权以及由此导致的非规范性资源配置，必然造成金融资源配置低效，并可能引发金融机构风险和市场动荡。近年来，屡屡发生的金融监管干部腐败问题，就是监管干部利用手中的监管权与他人共谋，实现权力寻租，内外勾结，谋取私利，对金融市场产生了很大冲击。

二是滥用资源配置权是金融机构的道德风险。在我国社会主义市场经济体制转型过程中，特别是在国有金融机构占金融体系主导地位的现实情况下，金融机构尤其是国有金融机构掌握着大部分金融资源市场配置权，尽管《中华人民共和国商业银行法》（以下简称《商业银行法》）、《中华人民共和国证券法》（以下简称《证券法》）、《中华人民共和国保险法》（以下简称《保险法》）等现行法律法规对金融机构和从业人员行为有明确规定，但仍有部分金融从业者在巨大利益诱惑面前利令智昏、铤而走险，运用其手中的资源配置权，借助创新性金融工具的监管漏洞，想方设法钻空子，最终走上腐败之路。

三是金融体系沦为其他腐败行为的工具。除了金融监管部门和金融机构的腐败问题，政治腐败、司法腐败甚至学术腐败等都企图利用金融工具转移或增值腐败获利，使金融体系沦为其他腐败行为的下游工具和实现渠道，成为其他腐败活动的温床。

三、金融腐败的表现形式

我国金融行业腐败现象较为突出，中央纪委连续多年将金融行业列为腐败问题易发高发的重点行业，并将查处金融腐败案件作为反腐败重点工作来抓。有学者提出，金融反腐要重点盯住金融腐败的三种形式：一是把公共权力当作私有资本；二是把公共资本变成权贵资本；三是把中国资本变成外国资本。从我国已经发生的金融腐败案件看，金融腐败有着不同的表现形式，包括滥用权力、利用职务便利、泄露敏感信息等谋取私利，以及参与洗钱等金融犯罪活动。主要可分为以下三类。

（一）利用审批权力谋取腐败租金

从本质上说，垄断与腐败是一对“孪生兄弟”，腐败与相对稀缺资源的垄断权密不可分。垄断容易产生特权，特权必然难以受到约束，从而成为腐败现象滋生蔓延的土壤。胡鞍钢指出：“行政垄断已是目前中国最严重的腐败形式”①。当前，大量的贪污贿赂问题之所以频频发生在权力比较集中、资金比较密集、资源比较短缺的行业和部门，垄断是其中一个十分重要的原因。在金融市场中，金融腐败的一种具体表现是利用审批权进行设租寻租。在社会主义市场经济转轨时期，金融监管部门对金融市场准入和机构业务范围实行较为严格的管理和限制，有的监管人员借市场准入审批权，有意识通过拒绝批准、提高准入门槛或提出不合理要求，以及故意拖延审批时间等方式进行“设租”，谋求“腐败租金”。

（二）利用敏感信息攫取非法利益

在市场经济活动中，不同的人掌握的信息是存在差异的，拥有更

---

① 胡鞍钢：《行政垄断已成转型经济中最严重的腐败》，《领导决策信息》，2002 年第 47 期，第 26 页。

多信息的人往往处于优势地位。反之，就会处于劣势地位。而处于优势地位的人如果把信息传递给劣势地位的人，就能够在市场中获利。金融行业信息优势明显，信息不对称现象较为突出。有时一条看似不起眼的信息，在市场交易中却有可能赢得巨额利益，资本市场内幕交易问题就是这方面的最好例证。内幕信息交易型腐败的交易内容既可以是公司经营方针和经营范围等经营性信息，也可以是政策性信息；交易主体既可以是企业或行业主管部门领导及其相关人员，也可以是立法机构和政策制定部门；交易方式既可以是官员自己或其亲属介入市场获利，也可以是向他人泄露信息而寻租或受贿。有的金融监管部门和金融机构工作人员利用工作之便，将所掌握的敏感信息通过不正常方式泄露出去，从而攫取巨额非法利益。

（三）利用职务便利换取腐败期权

一些金融监管部门或金融机构工作人员利用职务之便和手中权力，为企业违规放贷或逃避债务等提供便利。腐败分子往往不急于直接向企业或个人索取回报，而是与对方暗通款曲，达成“君子协议”，在辞职下海或退休后，通过高薪任职、分给股权等方式换取回报，对腐败期权进行变现。从本质上说，腐败期权化是权力寻租现象在时间和空间上的一种延伸。有研究指出，相对于一般腐败行为，期权化腐败有三个特点：第一，性质模糊。由于期权交易不直接涉及金钱而是交易一种权力，形式比较隐蔽；兑现往往又是间接的，内容比较隐蔽；腐败分子以“扶持企业”为借口进行权力操作，过程比较隐蔽。此外，交易方也比较隐蔽，因为可以不是在职人员，甚至可能不是其本人。第二，成本较低。期权往往难以举证，一方面缺乏有形证据；另一方面由于时间长，往往证据毁损、证人缺失。第三，收益灵活。权力改变了腐败获利的时间和方式，既可以享受权力回报，如为便于离职后遥控权力，可以在离职前安插亲信或选定接班人；也可以享受资本回报，如为了辞职或退休后到企业高薪打工，在位时即为企业谋取足够的留存收益。[①] 当然，腐败期权还可以利用资本享受权力回报，如通过在位时积累活动能量，在离职后换取企业股权或创业资本。

① 参见曹儒国：《提高反腐能力 有效遏制权力“期权化”》，《领导科学》，2006 年第 12 期，第 8 页。

第三章
中国金融腐败的历史分析

以铜为鉴，可以正衣冠；以史为鉴，可以知兴替。

——《旧唐书·魏徵传》

本章提要

- 中国封建社会金融体系和金融机构相对较为简单，主要集中在货币供给流通和信用借贷两个方面，金融腐败的根本原因在于君主专制皇权独大的政治体制。

- 中国近代社会是半殖民地半封建形态，战火频仍，社会动荡，金融业在发展中存在官商勾结等腐败现象，权力和资源集中导致大量腐败。

- 中国现代社会开启了计划经济向市场经济的转型。在计划经济体制下，垄断的金融资源有寻租空间。转轨时期，金融监管体系尚不完善，容易滋生腐败。

- 纵观历史，金融腐败的发生总体上遵循一定规律，即金融腐败案件易发多发于业务发展速度快、制度机制不健全、监管力度薄弱的领域；发案重心始终朝着资金需求旺盛和资本集中度高的方向转移；发案率与宏观经济环境、法律法规制度完善程度密切相关。

腐败作为人类社会的普遍现象古已有之，自货币开始使用，金融腐败也随之出现。由于文化传统、政治体制、经济发展阶段和金融市场形态不同，金融腐败的形式和滋生腐败的原因也不尽相同。回溯历史可以发现，我国从周王朝到民国，从中华人民共和国成立再到改革开放新时期，金融腐败的滋生虽总体上遵循一定规律，但不同历史阶段有其特殊性。“历史是我们的根，给予我们启发；历史是一条我们来时的路；历史是唯一可以明辨当下的光，带领我们走向未来。”[①] 总结历史经验，有助于制定针对性较强的金融反腐之策。“我们要收新果，必须努力造新因。”[②] 党的十八大以来，党中央开启了管党治党新征程，通过打虎拍蝇、建章立制，腐败蔓延势头明显得到遏制。以史为鉴，对于铲除金融腐败滋生蔓延的土壤和条件，进一步完善体制机制、法律法规和监管措施，具有十分重要的现实意义。本章从中国古代的金融腐败问题切入，沿着历史脉络，分析不同历史阶段金融腐败产生的原因，进而从历史的镜鉴中探索金融腐败一般规律，找到适合我国国情的金融反腐之路。

一、中国古代的金融腐败

中国古代早有“墨罪”“贪罪”“赃罪”等关于贪污受贿之罪的判

---

① ［美］威尔·杜兰特：《落叶》，刘勇军译，重庆出版社 2016 年版，第 191 页。

② 胡适：《中国文化的反省》，华东师范大学出版社 2013 年版，第 11 页。

定。《说文解字》中说：“贪，物欲也。”在《辞源》中，“贪”字则解释为“爱财”。《晋书·鲁褒传》载《钱神论》：“有钱可使鬼，而况于人乎！”中国古代金融形式相对简单，但在君主专制和金钱利益诱惑下，金融领域也不乏腐败问题。

（一）中国古代金融腐败的主要表现形式

中国古代金融体系和形式较为简单，主要集中在货币供给流通和信用借贷两个方面。自周代起，信贷活动就开始萌芽，具体包括货币借贷和实物借贷（指以谷物、畜产等实物形式的借贷）两种形式。《墨子》中有关于“牧、粟、米、布、钱、金，出内畜产，皆为平直其贾，与主人券书之。事已，各以其贾倍偿之”的描述，记载了可供借贷的财产形式及利息。休谟在1752年出版的《货币论》中说：“货币并不是一种商品，而只是一种工具，大家都一致同意使用它来便利商品在人们之间的交换。”①

我国金融活动历史非常悠久，创造了很多世界第一，包括最早的纸币、最早的汇票和期票，以及最早的货币理论和实践。最初作为货币的物品有牲畜、布帛、贝壳等，《尚书·盘庚》载有：“贝者，水虫，古人取其甲以为货，如今之用钱然。”由此可见，商周之时，海贝是主要的货币。但贝产于海中，不敷流通，随着商品交换的日益扩大，于是出现了贝类仿制品，如蚌制贝、骨贝、石贝、陶贝等。中国是世界上最早使用铸币的国家，到商代晚期，出现了象形的铜贝，在距今3000年前殷商晚期墓葬中出土的“无文铜贝”是最原始的金属货币。这不仅是我国，也是人类最早使用的金融货币。春秋战国时期，商品经济的持续飞速发展，促使各诸侯国纷纷铸造金属钱币。当时有金、银、铜三种金属货币，通常流通的是铜质的蚁鼻钱、银质的铲状布币、金质的郢爰等金属钱币（见图3-1）。战国时期称钱为“泉”，

① 转引自李弘：《图说金融史》，中信出版集团2015年版，第33页。

钱成为“泉”，主要是从古钱外形演绎而来，泉泛指外圆内方的方孔钱。秦统一六国后，秦始皇制定了中国历史上统一的货币，主要分为两种：一种是黄金，为上币，单位为镒；一种是铜钱，为下币，每枚半两，重如其文。钱钟书在《管锥编》中说：“财币欲其行如流水。”《太平御览》卷八三六引《风俗通》云：“‘钱刀’、俗说害中有利。‘利’旁有‘刀’，言人治生率多得钱财者，必有刀剑之祸也。”陈继儒《岩栖幽事》云：“李之彦尝玩‘钱’字旁，上着一‘戈’字，下着一‘戈’字，真杀人之物而不悟也。”

图 3－1 郢爰[①]

从历史上看，中国古代金融腐败形式主要表现在以下几个方面：

1. 私铸货币牟取暴利

汉朝初年，货币流通领域出现了豪强贵族私铸货币牟利的现象。“因铸造劣币利厚，以致犯法者多。”[②] 由于缺乏统一监管，民间自铸铜钱减重现象越来越明显，导致物价飞涨，石米万钱，马匹以黄金才能计价，致使“交币通施，民事不及”。就是说，各种货币流通使用，

---

① 图片摄自荆州博物馆。郢爰是古代黄金货币，又名印子金，或称金钣、龟币。我国古代的黄金主要产于楚国。楚国有一种带铭文的金钣（版），这种金钣大多呈方形，少数呈圆形，上面用铜印印为若干个小方块，看似乌龟壳。完整的重约一市斤，含金量一般在90%以上。金钣上的铭文有郢爰、陈爰、专爰、颖、覃金、隔爰及卢金等。这些带“爰”字的金钣，习惯上被称为“爰金”或“印子金”。“爰金”有形制、铭文、重量，是楚国的一种称量货币。“爰金”在今湖北、安徽、陕西、河南、江苏、山东等地均有发现，尤其以“郢爰”为多。“郢”为楚都城名，“爰”为货币重量单位。

② 侯家驹：《中国经济史》（上册），新星出版社 2008 年版，第 189 页。

老百姓需要不能满足。据《史记·平准书第八》记载，吴王刘濞“以即山铸钱，富埒天子”，大夫邓通“以铸钱财过王者”，当时有“吴、邓氏钱布天下”之说。之后，汉武帝刘彻对钱币制度进行整顿，统一铸币权于上林三官，并规定非三官的五铢钱不能使用。从当时的标准来看，由于这种五铢钱的铸造技术要求较高，盗铸之风得到有效遏制，并经此后700多年而不衰，成为中国的主要货币。尽管期间也出现过变动，例如王莽改制后，在十多年内对钱币作了数次改革，但基本上是以小易大，以轻换重。由于种类繁多、混乱不堪，使得百姓对钱币失去信任。王莽死后，五铢钱开始复行。据《资治通鉴》记载：“隋末钱币滥薄，至裁皮糊纸为之，民间不胜其弊。至是，初行开元通宝钱，径八分，重二铢四参，积十钱重一两，轻重大小最为折中，远近便之。”就是说，隋朝末年，钱币的弊端是质量低劣分量不足，甚至有裁皮革或糊纸做钱的，老百姓无法承受这种弊害。到唐高祖时，才开始使用“开元通宝”钱，一枚重二铢四参，十枚钱重一两，轻重大小很合适，各地使用方便。

明朝后期，私铸货币又开始盛行，钱币急剧贬值，最终导致明末恶性通货膨胀。明朝中后期，政府财政状况进一步恶化，变本加厉利用铸钱手段牟利。嘉靖朝时，官铸铜币质量低劣。至隆庆中期，明政府规定，凡商税在银三两以下者才收钱，而民间交易在一钱以下者用钱。此后，钱币贬值越加严重，钱币管理越加混乱。万历年间，明政府大量增加铜钱铸炉数量，为了牟利，连户部、常平仓①这样的国家机构也私自设炉铸钱，钱币流通数量激增，铜价暴涨，钱值大跌，政府通过铸钱牟利的空间越来越小。此后开始压缩铸炉数量，导致失业的铸币官员和工匠转而从事私铸。天启年间，明政府为了牟利，进一步偷工减料压低铸钱质量，钱币掷地便碎，导致民间拒绝使用官方钱

① 明政府为调节粮价、储粮备荒而设置的粮仓。

币。同时，明政府屡次随意改换银钱兑换比价，并且征收税赋全部用银。明政府的货币政策行为完全置经济规律于不顾，对其后的覆灭产生了推波助澜作用。

2. 滥发货币掠夺财富

中国的经济规模在唐代开始就已经发展到了金属货币无法满足的局面，铸钱经常跟不上，一旦没有足够的货币供应就会造成通缩。宋、元、明、清四个朝代均发行纸币，实际目的是弥补朝廷赤字开支。

北宋初年，在四川地区出现了为不便携带巨款的商人经营现金保管业务的“交子铺户”，存款人将现金交给铺户，铺户则将存款数额填写在用楮纸制作的纸卷上，交还存款人，并收取一定保管费。这种临时填写存款金额的楮纸券就称为“交子”（见图3－2），也叫“楮币”。

图3－2　中国最早的纸币——北宋“交子”①

① 原件收藏于日本银行货币博物馆。

对于交子与铁钱的研究，不仅是宋代经济史，也是中国古代货币史的重大课题，《楮币谱》和《钱币谱》则是研究交子和铁钱的文献资料中颇为重要的两部。此时，“交子”尚未取得政府认可，还是民间发行的“私交子”。之后，发行“交子”的商户逐渐失去信用，对其进行规范化管理的需求日益突出。益州知州张咏对交子铺户进行了整顿，剔除不法之徒，由16户富商经营。由此，“交子”发行得到政府认可。宋仁宗天圣元年（1023年），政府设“益州交子务”，以本钱36万贯为准备金，首届发行“官交子”126万贯。至宋徽宗大观元年（1107年），政府改“交子”为“钱引”（也有称为“关子”或“关会”[①]），改“交子务”为“钱引务”。“交子”是中国最早由政府正式发行的纸币，也被认为是世界上最早使用的纸币。1661年，当欧洲最早的纸币在瑞典发行时，距北宋王朝1023年发行的纸币“交子”600余年。公元1160年，临安府知府钱端礼率先统一由政府出面发行“会子”。随后，“会子”在全国范围内发行。相比金属货币，纸钞在对通胀的控制方面管理难度更大。官交子发行规则早期执行较为严格，每三年为一届，每届到期后，政府在收回旧交子的基础上筹备发行新交子，每届的发行额度都有规定，并有相应的铸钱作为发行准备。南宋后期，交子随意增发，且不许兑换，纸券价值大跌，且没有铸钱作为发行准备，物价不断上涨，直至南宋灭亡。

元代先后发行了4种纸币：太宗八年（1236年）交钞，中统元年（1260年）中统元宝钞（见图3－3），至元四年（1267年）至元宝钞和至正十年（1350年）至正交钞。每年印行纸币在3700万张以上。[②]元朝纸币实行银本位制度，这是中国货币制度最基本的变革。元顺帝

① 参见（明）胡我琨：《钱通》，余全有译注，重庆出版社2009年版，第31页。

② 田建平：《元代出版史》，河北人民出版社2003年版，第146页。

即位后，朝政失修，加之连年水灾，纸币发行开始泛滥，且越来越不值钱，最终导致钞法全毁。

图3-3　元朝“中统元宝交钞”①

明朝政府起初以铜钱为法定货币，后因铸钱不足以满足流通需求，便采用宋元做法印造纸钞——“大明通行宝钞”（见图3-4）。当时的货币制度存在两个主要问题：一是发行量不设限额，完全由政府根据民间金银数量和财政需求而定。洪武年间，宝钞一年印数最高达700万锭，带来了严重的通货膨胀，使得宝钞大幅贬值，民众财富缩水。二是明政府强行利用政府信用推动民间使用，规定“大明宝钞”不能

① 原件收藏于中国钱币博物馆。“中统元宝交钞”是中国现存最早由官方正式印刷发行的纸币实物。刻版印制时间为公元1260年。这种纸币与现代钞票并无二致。“中统元宝交钞”用树皮纸印造，钞纸长26.4厘米、宽18.2厘米。

自由兑换金银，实行只投放不回笼、多投放少回笼的货币政策，政府向民间采购物资财货及支付俸给军饷可以采用发钞形式，但征收租税却拒绝收钞，或仅仅搭收少量新钞。这实际上是明王朝对百姓进行剥削、搜刮财富的手段。

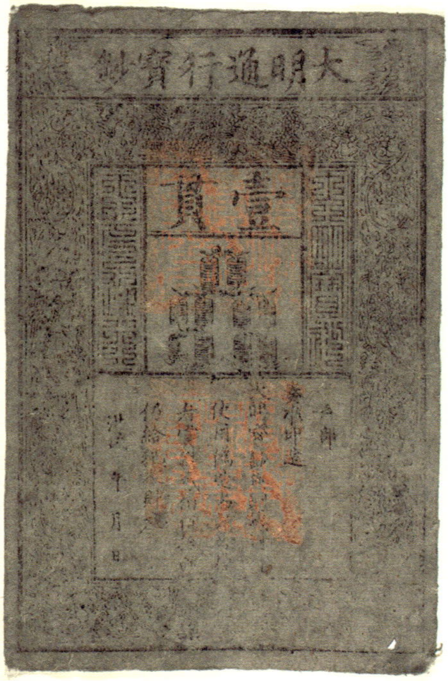

图 3－4　大明通行宝钞一贯①

清政府对纸币发行的态度一开始是谨慎的，康雍乾三代近 200 年的繁荣，从未发行过纸币。嘉庆、道光皇帝的朝臣吵嚷了很多年，还

① 原件收藏于中国钱币博物馆。大明通行宝钞是世界上迄今票据面积最大的纸币，达 34 厘米 ×22 厘米。始发行于大明洪武八年（1375 年），面额自壹百文至壹贯，共六种。一贯等于铜钱一千文或白银一两，四贯合黄金一两。钞面四周有龙纹花栏，上面横题“大明通行宝钞”六字。花纹栏内两边各有四字一行的篆书“大明宝钞，天下通行”；中间有钱贯的图样。下面为“户部奏准印造，与铜钱通行使用，伪造者斩，告捕者赏银二百五十两，仍给犯人财产”；文末有洪武年月日。明代两百多年间，只发行一种钞票，这种统一是前代所没有的，而且面额以壹贯为最高，即便后来通货膨胀，也没有再发行大钞。如今，大明通行宝钞存世稀少。

是不敢把纸币大计付诸实施。但由于清末围剿太平军，军费支出浩繁，且黄河连年决堤不得不大兴水利，财政窘迫，筹划艰难。于是，咸丰三年（1853 年），朝廷下了决心，由左都御史会同户部堂官，在机构上设置了官票所、宝钞局，正式发行“大清宝钞”（见图 3 –5）。真有不少大员相信，纸币发行会帮助朝廷广开财路，甚至解决一切社会问题。可惜，大清宝钞一出笼反而引起市场货币流通的混乱，没几个月，就贬值百分之二三十。①

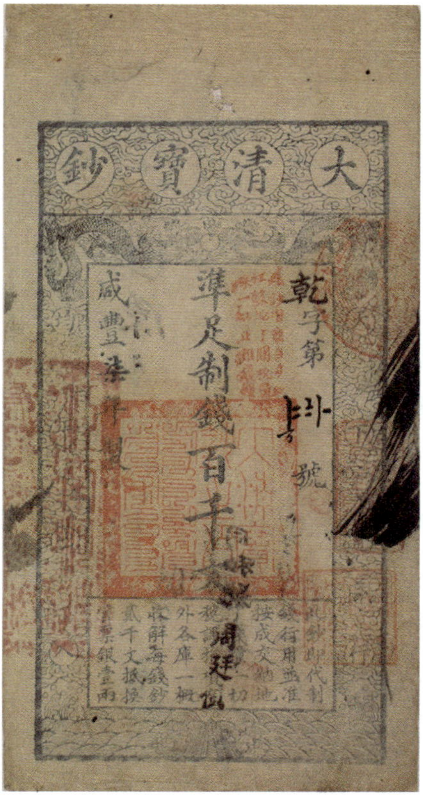

图 3 –5　大清宝钞②

① 李弘：《图说金融史》，中信出版集团 2015 年版，第 108 页。

② 原件收藏于中国钱币博物馆。大清宝钞又称“钱票”“钱钞”，始印于咸丰三年，以制钱作比价，面额多种。票面上端有“大清宝钞”四个汉字，两旁分印“天下通行，均平出入”字样。大清宝钞形式上仿明代“大明宝钞”，四周饰以龙纹，下为波浪纹图案。以皮纸用蓝色印刷。自咸丰三年到九年均有发行。

3. 高利放贷盘剥百姓

秦汉统一之后，农业和手工业有了很大发展，商业也随之繁荣，推动了信贷活动发展。据对史料研究发现，当时的信贷活动主要包括国家贷款和私人贷款两类。国家贷款主要属于政府救济性贷款，不追求盈利，旨在改善民生。汉武帝曾下派官员访问各地民情，向一些生计困难的底层百姓提供低息或无息贷款，用于购置农具及种子等生产资料。私人借贷利率非常高，通常达 100%。债权人大多为掌握社会财富资源的有权有势之人，他们通过发放高利贷款，盘剥普通百姓。据《汉书·食货志》记载："当具有者半贾而卖，亡者取倍称之息。"还有一个值得关注的现象，是信贷活动中也有不少债权人社会地位低于债务人的情况，保存至今的两汉债务文书中就有"官吏"向"啬夫"①"里民"② 借钱的记载，即官吏向官位较低的人或平民借钱。有观点认为，这其中不排除官僚贵族依仗权势借贷款之名行掠夺之实。

南北朝时期，佛教盛行，寺庙信贷兴起。寺庙享有免税免役的特殊优待，依靠贵族及百姓施舍，积累了大量土地和钱财，在供给寺内日常开支后，剩余的钱财便用于发放高利贷，还出现了最早的典当机构"长生库"。据记载，南齐的招提寺和南梁的长沙寺均存在过"典质"部门，专门负责放款。当时的达官显贵还将私人储蓄委托寺庙放贷，从中获取高额利润。

隋唐时期，政府也会拨付各府县一些钱用于放贷获利，名为公廨钱。之后，虽然公廨钱在高宗和玄宗时曾几次停摆，但不久即恢复，并在唐朝前期一直作为百官俸禄的主要来源之一。然而，这种"公务员收入"的来源给官吏徇私舞弊创造了机会，这一制度发展到后来，便产生了官商勾结现象，商贾富户投身要司，依托官本以公谋私。

---

① 汉帝国郡县级以下的官员。

② 汉代划分了"亭""乡""里"不同层级的行政系统。

南宋时，政府严格禁止官员任职期间在所辖内借贷。《庆元条法事类》规定："诸命官举债而约于任所偿者，计本过五十贯，徒二年。"宋朝政府加大了对出借人和担保人惩罚力度，"财主、保引人知情，计已分过数者，各杖一百"。这些制度的出发点在于避免官员通过借贷渠道贪污受贿，或通过贷款筹措行贿资金，或因受制于出贷方而行事不公。

（二）中国古代金融腐败滋生的原因分析

1．君主专制皇权独大是中国古代腐败的根源

腐败与专制王朝相伴始终，其根源在于君主专制皇权独大的政治体制。中国古代专制王朝逃脱不了"其兴也勃焉，其亡也忽焉"的历史周期律，各王朝建立之初，往往政治比较清明，君臣相对廉洁，但经过几代人，官场变得昏暗，腐败层出不穷，继而愈演愈烈。正如鲁迅先生在《狂人日记》中所说："古来时常吃人，我也还记得，可是不甚清楚。我翻开历史一查，这历史没有年代，歪歪斜斜的每页上都写着'仁义道德'几个字。我横竖睡不着，仔细看了半夜，才从字缝里看出字来，满本都写着两个字是'吃人'！"到王朝末期，官场腐败常态化，苛捐杂税、卖官鬻爵泛滥，百姓苦不堪言、人心尽失，王朝末日也就来临了。明朝开国皇帝朱元璋出身底层，他对平民百姓的疾苦感同身受，对贪官污吏恨之入骨。对于犯下贪污罪行的官员，朱元璋严厉惩处绝不手软。洪武二十五年（1392 年）八月，他还颁布了一份名为"醒贪简要录"的反腐教材，详细计算官员所得的俸米如果折合成稻谷是多少、按照亩产折算需要多少亩地、农民耕种这些地需要花费多少劳力等，希望以此唤醒官吏们的良心。[①] 反腐教材的算法让人触目惊心，但似乎也没起到多少作用。这一规律说明，在大一统的封建专制体制下，由皇权控制的各级官僚管理着整个社会，政治权力

---

① 洪振快：《亚财政——制度性腐败与中国历史弈局》，中信出版社 2014 年版，第 18 – 19 页。

高度集中于个人，缺乏有效约束，不受约束的权力必然导致腐败。

2. 金融资源集中在权贵手中导致腐败猖獗

在封建社会，皇权世袭，资源按身份贵贱分配，社会财富会越来越集中到一小部分权贵手中。信贷资源这一中国古代主要的金融资源具有垄断性。而腐败的产生就是利用包括资源配置权在内的垄断权所进行的不按交易规则或行政权力规则办事而谋取私利的行为。封建社会金融资源高度集中，必然滋生腐败。

3. 金融萌芽期的混沌和反腐败技术的局限给腐败提供了空间

封建王朝时期金融刚刚萌芽，统治者对金融运行规律、风险防范以及行为监管认知程度低。同时，由于金融行业技术应用水平不高，甚至对基础货币的铸造都无法有效管控，腐败的制约机制不到位，客观上助长了腐败的滋生。

二、中国近代的金融腐败

中国传统信用机构包括钱庄、银行、票号和典当等。钱庄是明末产生的一种信用机构，至清末已具相当规模。业务初为货币兑换，后发展至存、放款及汇兑等。银号与钱庄只是名称上的不同。票号是专营汇兑的金融机构。票号因汇兑需要，实行总分号制。第一次鸦片战争后，外国银号陆续来到中国设立分支机构。第一家进入中国的外资银号是英商丽如银行。中国通商银行是中国人自办的第一家银行，由盛宣怀于 1897 年在上海成立。1905 年，中国最早的国家银行大清户部银行在北京成立。官商合办的交通银行则在 1908 年开业。在帝国主义列强侵略之下，中国由封建社会逐渐沦为半殖民地半封建社会，国家秩序混乱，虽然经济规模名义上仍超英国，但金融发展远远落后于西方，金融腐败也具有半殖民半封建社会特征。

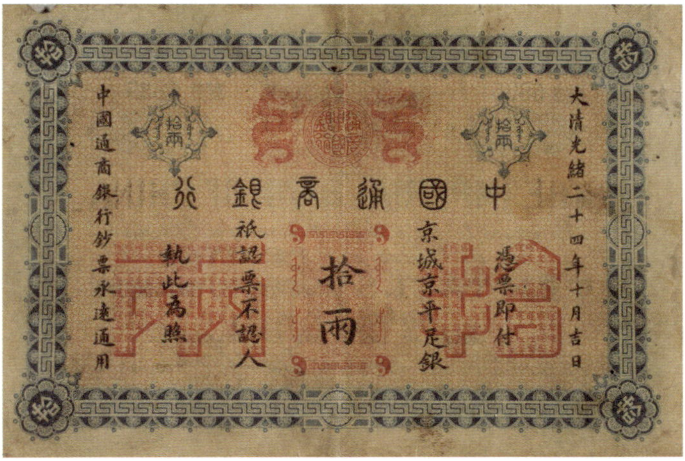

图 3-6 中国通商银行光绪二十四年（1898 年）发行的银行券①

（一）中国近代金融腐败的主要表现形式

1. 票号与钱庄官商勾结

票号与钱庄是我国封建金融机构的形态。从全国范围看，较成气候的主要有山西票号、上海钱庄和北京四大恒钱庄等。山西票号又称汇兑庄或票庄，是一种金融信用机构。刚开始主要承揽汇兑业务，后来也开展存放款等业务。最著名的山西票号是票号界鼻祖日升昌②，创始人是雷履泰。自日升昌票号成立以后，众皆效尤，山西票号如雨后春笋般迅猛发展，成为金融界的重要力量。山西票号几乎垄断了国内埠际所有汇兑业务，票号的发展也因此进入鼎盛时期。上海钱庄早期的业务主要是从事银钱和制钱兑换，后来渐渐从银钱兑换发展成为信贷机构，从事存放款业务，并发行庄票。老北京最著名的是四大恒

① 原件收藏于中国钱币博物馆。

② 日升昌票号前身是总庄设在平遥的西裕成颜料庄，在北京崇文门外设有分庄。清嘉庆末年，社会商品货币经济发展，埠际间货币流通量大增。由于过去的起标运银很不安全，不能适应形势发展需要，西裕成颜料庄首先在京、晋间试行汇兑办法，效果很好。于是，西裕成颜料庄开始兼营汇兑业。道光初年，西裕成颜料庄正式更名为日升昌票号，专营汇兑山西平遥日升昌票。

钱庄。老北京有一句顺口溜："头戴马聚源，身披瑞蚨祥，脚踏内联升，腰缠四大恒。"意思是头戴马聚源帽店的帽子，身穿瑞蚨祥绸缎庄的料子做的衣服，脚蹬内联升鞋店的靴鞋，腰带里装着四大恒钱庄的银票。"四大恒"①，是指位于东四牌楼附近的恒利、恒和、恒兴、恒源四家钱庄，是京城著名的连锁钱庄。四家钱庄由祖籍浙江慈溪的董姓人氏于清朝乾隆年间在东四牌楼摆设钱摊，兑换银两铜钱，逐步发展起来。恒利是主店，位于东四牌楼东大街，恒和位于东四牌楼北路西，恒兴居于其北的隆福寺胡同东口，恒源位于东四牌楼东路北。恒和专司各大官宦富户存放款业务，恒利、恒源专放当商款，恒利号在天津估衣街附设有首饰局，后改称为恒利金店，清末永安堂药店亦为恒利号的产业。恒兴的主要业务是服务于各大商号，由于资金殷厚，为了适应市场需要而发行了"银票"在市场上流通，解决了银两携带不便和安全问题，极大方便了消费。因此"四大恒"声誉大振，风靡全城。光绪初年，"四大恒"发展到了顶峰。东四这块商业宝地，金融业务繁荣如现在美国的"华尔街"。此外，北京最窄的胡同——钱市胡同是老北京当之无愧的金融中心。在清末废两改元之前，北京全城的钱庄、粮栈及各行各业较大的商号，每天早晨都要到钱市参加交易将钱两换成制钱，或将制钱换成银两，于是钱市变成当时重要的金融市场。

在封建金融机构运作过程中，官商勾结、垄断经营和特权现象层出不穷。太平天国运动爆发后，山西票号商人与官府开始接触，代清

① "四大恒"的经营理念体现在四个字号中的"和""利""兴""源""恒"五个字中，其中蕴含着"和为贵、利为基、兴旺发达、源远流长、永恒于市"的深刻内涵。其经营目的就是要图利、谋利、取利以蓄实力，以利为基方能谋求兴旺发达，但必须以义取利，以信取利，以诚取利，以和取利，绝不能有任何欺诈之心与行为才可称是"生财有道"。利源于和，和源于诚信，兴盛源于和与利，和不是一时之和，利不是一地之利，而是眼界宽阔放眼未来，使利源源而至即"源远流长"。"恒"即持之以恒，不能有半点儿懈怠。

政府筹措汇解京饷、军饷、筹还外债，起过代理国库和省库的作用。据史料记载，山西票号先从经济上帮助穷儒寒士参加应试，其一旦考中，则成为与票号有特殊关系的官员。山西票号还为他人代办代垫捐纳官职，从而得到官员的信任和庇护。

2. 操纵股票市场获利

股份制和股票是舶来品，一经引进即被迅速消化吸收，并彻底本土化。在一些金融腐败案件中，股票沦为获取及放大收益的工具。1909 年上海股市橡胶投机中，无论官办（国有）、公私合营（官督商办）企业还是外资企业，无人关注企业管理、财务状况等基本面，他们所关注的只是如何上市融资和做庄套现，将企业变成赌具和筹码。受利益驱使，一些华资钱庄还降低贷款门槛，不仅为投机者提供信用贷款，而且还接受股票质押贷款间接参与炒股。更有甚者，有的钱庄利用信贷优势大发庄票，直接参与橡胶股票炒作，其本质就是自己印钞。1910 年年中，伦敦股市暴跌。为抽取资金回流本国，外资银行和券商在上海高位甩抛股票，导致上海橡胶股票全线崩溃，那些贷款给投机者并参与炒作的钱庄随即倒闭。尽管政府采取补救性的惩处措施，但依然无济于事。多数与官场有瓜葛的钱庄破产倒闭，风波蔓延了大半个中国。

3. 官僚资本操控金融资源

民国时期，国民党政府实行官僚资本主义政策，蒋介石、宋子文、孔祥熙、陈果夫和陈立夫“四大家族”依靠政治强权，垄断金融资本，通过掌控国家货币发行和公债发行等货币财政政策核心权力，操纵金融市场。

国民党政府用其印发的金融公债入股中国银行和交通银行，把中、交两行变成国家银行，完全听命于国民党政府。宋子文当上了中国银行董事长，随后又陆续控制中国农民银行、邮政储金汇业总局和中央信托局。此外，国民党政府还向私营银行渗透。1929 年，中国国货银行成立，官股占2/5，孔祥熙任董事长，宋子文的弟弟宋子良任总经理。1936年，收买改组停业的广东银行，由宋子文任董事长。1937年，加入官股后的中国通商银行变成官商合办，与国民党政府关系密切的杜月笙出任董事长。

官僚资本控制下的金融机构极其腐朽。在抗日战争时期，依靠英国贷款，国民党政府于1939年3月成立1000万英镑的外汇平准基金，1941年4月再次向美、英借款成立11000万美元的中英美平准基金。当时，由于对黑市出售外汇没有限制性规定，官僚资产阶级利用管制外汇的有利条件在黑市抢购外汇，疯狂进行投机。太平洋战争爆发后，国民党政府完全依赖美国，获得大量美元贷款，法币外汇汇率的挂牌也以美元为准，官僚资本企业长期以20元法币兑1美元的低价，获取官价外汇。由于黄金在通货膨胀过程中带头上涨，官僚资产阶级便将其作为攫取与投机的对象。抗战后期，国民党政府以所谓的“黄金政策”为掩饰，实行通货膨胀政策，“黄金案”由此层出不穷。解放战争后期，国民党政府为支撑其崩溃局面，于1948年8月19日开始发行金圆券取代法币，强制将黄金、白银和外币兑换为金圆券。由于滥发造成恶性通货膨胀，致使大量城市中产阶级因此破产，导致政府民心大失，成为国民党内战迅速失败的原因之一。

4. 政局动荡下的外债舞弊

清代官僚在举借外债时“从中渔利，自肥私囊，形成官僚资本”。左宗棠赴新疆平定叛乱时，委托胡雪岩在上海筹借资金，先后6次向洋人借款，利息金额超过贷款总额的一半，他个人从中谋取高额的“中间”收入；在协助晚清政府借外债的过程中，和外国人联手将利息抬高，平分利益，骗取晚清政府的钱。胡雪岩、盛宣怀被人们称为“红顶商人”，“红顶商人”通俗的表述就是在政府就职的官员同时又具有商人身份，这种双重身份容易模糊权力界限，滋生腐败。

1941年12月8日，日本策划偷袭珍珠港事件，太平洋战争爆发，美国对日本宣战。为稳住中国战场局势，美国政府同意向中国政府发放 5 亿美元贷款。时任行政院副院长、财政部部长兼中央银行总裁孔祥熙，集财政大权于一身，和财政部、中央银行等相关部门负责人共同协商制定贷款资金投向。1943 年 10 月，还剩 5000 多万美元公债额度尚未发售。孔祥熙先致函蒋介石，以国家信誉等理由，要求停止发售美元公债。同时，孔祥熙授意中央银行业务局局长郭锦坤以业务局名义将 5000 多万美元公债全部吃进并上缴国库，实际上则通过做假账、假名、假地址等方法，分批购买美元公债，将其落入孔祥熙个人腰包，5000 万美元公债被鲸吞。

（二）中国近代金融腐败滋生的原因分析

1. 半殖民地半封建社会官僚资本主义必然导致腐败

官僚资本具有天然的垄断性，由此获得的超额利润具有原罪性。晚清洋务派所办各类“官督商办公司”号称“仿西国公司之例”，但同时又强调“官督”，成为滋生腐败的温床。十年内战期间，帝国主义列强特别是英美等国协助“四大家族”控制财政金融，从而为帝国主义列强全面控制中国打下了基础。借官僚特权积累起官僚资本，借官僚资本捍卫官僚特权，循环往复构成了助长腐败的生态链。

2. 政府的纵容助长了金融腐败

清朝末年，政治腐败、经济衰退、外患频仍，清政府处于内外交困境地，清王朝面临土崩瓦解。在惩治腐败方面，清政府也没有及时采取强而有力的措施，腐败之势日渐，最终彻底失控。民国时期，在蒋介石政权下，全国整个买办官僚金融系统都被卷入“四大家族”金融财政组织中。国民党政府对这种裙带关系贪腐问题只能睁一只眼闭一只眼。据蒋介石日记等史料记载，蒋介石在得知孔祥熙鲸吞美元公债后，内心冲突激烈，然而为了维护“党国”形象和家族名誉，最终选择了大事化小、小事化了处理此案的方式，并在公开场合多次维护孔祥熙。正因为政府的放任和纵容，加重了体制积弊，使得国民政府的治理越发堕落，最终走向崩溃。

3. 政府的金融监管能力弱导致金融腐败

民国时期，政府没有起到引导金融业健康发展的作用，金融监管重任落在了金融同业组织身上。然而，由于战乱，政府力量孱弱，中央政府法令成为空文，同业组织章程更是缺乏约束力。从国际上看，即便是具有较好市场秩序的国家，同业组织也只能作为监管的补充，难以作为监管主体承担监管金融的重任。

近代商业性金融机构的存在与发展，基本不受政府干预，而由市场所决定。有的甚至没有在政府注册，政府对很多商业性金融机构的设立、组织形式、业务范围、经营业绩、总分行所在地等情况往往一无所知，无力实施有效监管。1920 年前后，上海突设的证券交易所、物品交易所和信托公司达到 150 多家，其中只有 10 家在北京政府农商部登记立案，近 40 家绕过中国政府在外国领署立案，其他大多数交易所和信托公司则属于擅自设立，根本没有办理立案，政府的金融监管能力之弱可见一斑。①

这段时期，金融腐败危害之大已被历史所证实，其对国家经济和政治的破坏性影响十分严重。曾经亲历过辛亥革命的革命家吴玉章回忆说："辛亥革命的直接导因和前奏是四川保路运动。"保路运动的起因则是重创了民间金融力量的一系列上海金融市场危机。金融危机直接加剧了中国商办铁路的困境，并激化了政府利用出让铁路权套取外资的矛盾。金融危机是晚清灭亡的重要原因之一，而金融腐败是危机背后的一大推手。

① 参见易棉阳：《民国时期金融监管演进的新比较经济学分析》，《云南财经大学学报》，2012 年第 5 期（总第 157 期），第 105 页。

三、中国现代的金融腐败

自20世纪80年代以来，中国开始了由计划经济体制向社会主义市场经济体制转轨的探索。在此过程中，垄断的金融资源有了交易市场。由于金融监管体制不完善，金融体系经历了一系列震荡和蜕变，逐步规范发展，金融腐败问题呈现出特定历史时期的特有形态。

（一）中国现代金融腐败的主要表现形式

1. 国有银行靠垄断信贷资源设租纳贿

20世纪80年代，我国经济开始进入转轨阶段，形成计划与市场共存局面。1992年1月18日至2月21日，邓小平视察武昌、深圳、珠海、上海等地时指出，改革开放胆子要大一些，大胆地闯。1992年10月，党的十四大确定中国经济体制改革的目标是建立社会主义市场经济体制，我国改革开放步伐进一步加快。计划经济体制下的权力开始走向“市场化”，这意味着奇货可居的贷款作为一种垄断性资源，存在通过市场交易牟利的可能和渠道。特别是改革开放初期，中国金融市场尚不发达，国有独资商业银行几乎垄断了企业所需的资金供给，其他可替代的融资渠道匮乏。资本逐利而权力缺少约束，“签字生财”让很多控制金融行业要害部门和审批关键节点人员，成为市场各方重点“公关”对象，不少企业依靠各大银行分支机构设置了账外账周转贷款。1996年后，大量民营企业进入这条权钱交易链条，形成民营经济、银行、政府三角关系。这一时期出现了资金越紧张，不正当追求资金的现象就越发严重，形成恶性循环。

2. 国有金融机构在内部人控制下产生腐败

国有金融机构内部人控制造成了企业权力失衡，使公司成为经理人员的独立王国。有学者指出：“在所有者缺位的情况下，企业内部的财务控制必然变得松弛。”[①] 国有金融机构内部人控制下产生腐败主要有两种表现形式：一是不顾公司利益追求货币和非货币收入，不考虑业绩等因素而提高工资、奖金和福利；设立“小金库”；管理人员提高行政费用，公款吃喝娱乐，侵蚀企业利润等。二是利用职务之便非法挪用、盗取金融机构资金，中国现代金融领域的贪腐案有不少都是这种形式，且涉案金额较大。金融领域资金往来频密、规模巨大，在缺乏有效监督的情况下，容易被少数“有心人”所利用，中饱私囊。

3. 价格双轨制下“倒卖”金融资源

20 世纪 80 年代至 90 年代初，“官倒”现象盛行，主要是在当时存在的计划分配渠道和市场流通渠道之间倒腾商品，赚取利润。在计划经济时期，所有重要物资都由国家按计划价格（调拨价）统一调拨。改革开放以后，企业有了一定自主权，企业超计划之外的产品可按市场协议价格而不按计划价格自行出售。同一种产品市场价格往往比计划调拨价格高很多，这就带来了“价格双轨”问题。到 1985 年，“价格双轨”变成了一种正式制度。除物资分配和定价双轨制之外，外汇买卖也分官价和市场价，银行贷款也有官定利率和市场利率之分。[②] 然而，一般人是拿不到调拨物资或金融资源指标的，能够从事这种倒卖活动赚大钱的人多数都是“官倒”，从而形成了巨大的寻租空间。罗尔斯在《正义论》一书中阐述了正义的两个原则：“第一个原则：每个人对与其他人所拥有的最广泛的基本自由体系相容的类似自由体系都有一种平等的权利。”“第二个原则：社会的和经济的不平等应这样安排，使它们①被合理地期望适合于每一个人的利益；并且②依系于地位和职务向所有人开放。”[③] 概括起来，正义的原则就是：

---

① 吴敬琏：《腐败与反腐败的经济学研究》，《中国监察》，2002 年第 17 期，第 13 页。

② 参见吴敬琏：《中国的腐败治理》，《战略与管理》，2003 年第 2 期，第 1 页。

③ ［美］约翰·罗尔斯：《正义论》，何怀宏、何包钢、廖申白译，中国社会科学出版社 1988 年版，第 56 页。

一要权利平等，二要机会均等。价格双轨制下的“官倒”，既没有体现权利平等，也没有体现机会均等。

4. 在监管“真空”或监管不完善下的腐败

20 世纪 80 年代至 90 年代初，由于信托投资公司的建立，政府可以为快速增长的经济部门方便快捷地筹集和融通资金。具有设立信托投资公司资格的机构众多，不仅国有银行总行及其分支机构具备资格，各省、市政府及各部委也具备资格，导致信托投资公司遍地开花，1988 年最多时达到 745 家。由于通过这种准入方式设立的信托投资公司一般规模较小，不具备充足的资本金，因此，其抵御风险的能力较弱①。20 世纪 90 年代中期，中央政府开始意识到信托投资公司的不良发展。此时，由于管理不善、腐败蔓延以及对房地产过度投资，这些机构累积了巨额债务。信托投资公司出现经营问题的原因之一在于，其证券活动与其他业务活动间没有设立防火墙，导致大量股票及相关问题扩展至其他业务领域。例如，当信托投资公司总部因一项资产投资失败而需要资金来“填窟窿”时，就出现挪用客户资金现象。如此一来，必然导致风险在各个不同业务板块之间迅速蔓延和传染，且信托投资公司资本金往往不足以抵御相应风险，于是埋下巨大的系统性风险隐患。

广东省采取“砍树救林”措施，成功化解支付危机是当时的经典案例。20 世纪 80 年代后期至 90 年代上半期，广东省经济高速增长，高度依赖外资和出口，极易遭受亚洲金融危机冲击。80 年代中期之后，随着中国金融体制改革步伐日益加快，来自国际金融市场和中国其他地区的两股“热钱”分别涌入广东。为寻求高额回报，各地有大量资金配置于利率和贷款受政府管制的国有银行系统之外。例如，广

① 参见熊伟:《我国金融制度变迁过程中的信托投资公司》,《经济研究》, 1998 年第 8 期，第 56 页。

东省国际信托投资公司以及各省市的信托投资公司将广东高速发展的现实编造成诱人的造富神话，吸引全国各地的存款人投资广东，实际上是为追求高额回报而进行投机。比较典型的是恩平，其号称兴建水泥厂这样朴实的项目可以获得30%以上的高额贴水，先后通过农村信用社、建设银行支行从全国各地吸引上百亿元资金。受无数神话故事直接或间接推动，广东省逐渐形成了内外债高筑的投机泡沫。在亚洲金融危机中，受一连串事件影响，投机泡沫最终破灭。首先是香港贸易和出口加工订单减少，接着是内外债债权人担心投资血本无归要求立刻还钱。之后，在很多机构和项目上频繁发生挤提，一些机构支付出现困难，这又造成更大范围的信用动摇，使市场环境日趋恶化。

为坚决落实中央关于“防范金融风险”部署，广东省委成立“化解金融危机五人领导小组”，采取“三步走”措施应对严峻复杂形势。第一步，关闭广东省国际信托投资公司，以示政府任由企业自负盈亏，不再直接对企业经营负责的态度；第二步，重组粤海企业集团（简称粤海），以给予香港股市信心；第三步，关闭800多家中小金融机构，对整个行业实施整顿。广东省采取的“砍树救林”措施，不仅化解了金融危机，同时发现了诸多违法违规犯罪问题。

（二）中国现代金融腐败滋生的原因分析

1. 计划经济向市场经济转变阶段的腐败租金总体较高

从世界历史发展进程看，腐败现象往往高发于一个国家处在经济结构转型、经济快速增长的变革阶段。吴敬琏对转型阶段社会的腐败租金进行了研究，他指出，我国在转轨时期的经济生活中存在着两种主要的经济机制：一是市场机制，二是权力机制。渐进转轨的特点在于，在两种机制相互缠绕影响下，存在利用干预市场的权力谋取私人利益的巨大寻租空间①。从成本收益角度考虑，寻租者愿意付出的贿

① 参见吴敬琏：《腐败与反腐败的经济学思考》，《中国监察》，2002年第17期，第10页。

赂金额即寻租成本的上限是租金总额。在一定程度上，一个国家用于贿赂的金额上限越高，这个国家腐败程度越严重。[①] 因此，租金总额占国民经济的比重可以作为衡量一国腐败程度的指标。经济学家胡和立 1989 年仿效克鲁格的研究方法，计算了中国的租金总量。测算结果显示，1987 年至 1988 年全国租金总额为国民收入的 20% ~40% 。[②] 如此庞大的租金总额，对具有金融资源配置权的人有着极大的诱惑，必然产生利用价格差异套利，攫取高额利润的动机。

2. 利用转轨时期财产关系调整将公共财产据为己有

在经济社会转轨时期，所有制结构往往会发生大的变动。与此相适应，利益关系也会出现很大调整。在原先的计划经济条件下，全社会财产归国家所有，公共财产产权缺乏明晰界定。改革开放以后，在政府领导下对产权重新进行界定的过程中，如果对权力运行缺乏有效监督，容易发生利用权力谋取不当利益的现象。尤其是企业经理人员有可能通过与职工共谋，获取企业资产控制权，使外部力量难以对其监督和制约。一旦企业由内部人控制，且其行为目标是个人而非企业价值最大化，就容易发生国有资产流失。

3. 不完善、不规范的金融监管体制给腐败行为创造了空间

金融乱象的产生与监管滞后以及缺乏法治化市场经济有关，而在监管“真空”或监管不完善阶段，腐败成本往往较低，加大了腐败动机。以 1979 年中国国际信托投资公司成立为标志，中国金融信托业揭开了发展序幕。但随后便经历了从繁荣到陷入资金匮乏、业务停滞的痛苦过程。直到 2001 年《信托投资公司管理办法》《中华人民共和国信托法》（以下简称《信托法》）相继颁布，才第一次从法律层面对信托投资机构业务范围作了较为明确的定位。

---

① 参见吴敬琏：《中国的腐败治理》，《战略与管理》，2003 年第 2 期，第 3 页。

② 吴敬琏、黄少卿：《创新还是寻租：中国转型制度环境与企业家才能配置》，引自上海市大学生科技创业基金会：《创业思想力》，中信出版社 2009 年版，第 22 页。

证券业也经历了由于制度不完善而滋生腐败的过程。我国证券市场起步较晚、经验不足，1984 年 11 月 18 日创立的上海飞乐音响股份有限公司是新中国第一家股份制上市公司。公司曾受托中国工商银行上海分行证券部公开向社会发行股票 1 万股，每股 50 元。这是改革开放以来中国金融机构第一次发行的股票（图 3 –7）。1990 年和 1991 年分别成立上海证券交易所和深圳证券交易所，与发达国家两三百年的发展历史相比，在制度建设上还存在不少欠缺。特别是资本市场“新兴加转轨”的特点和市场初创阶段各类要素、机制不健全，证券公司在积极推动市场创立、扩大规模和自身快速发展的过程中积累了不少问题和风险。主要表现为证券市场监督体系不完善，监管不到位；证

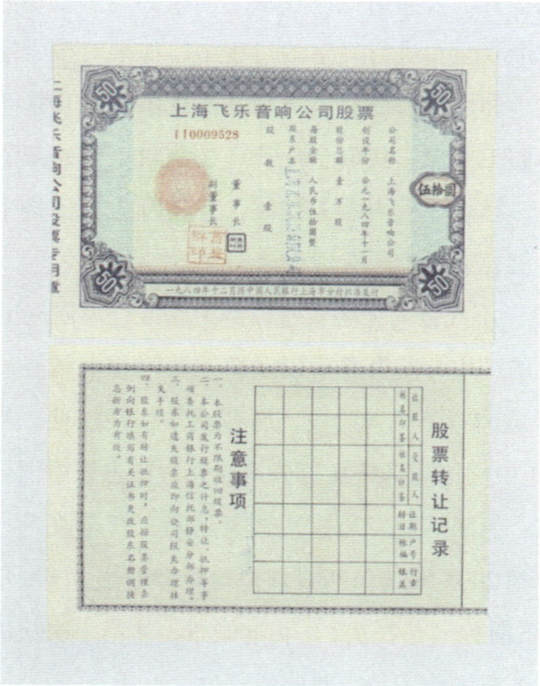

图 3 –7　新中国第一股——飞乐音响①

① 1986 年 11 月 14 日，邓小平将飞乐音响股票赠送给来访的时任美国纽约证券交易所主席约翰·范尔霖先生，飞乐音响由此载入了中国股份制改革史册。

券监督法规出台缺乏一套科学严格的程序，缺乏必要的论证和实施保障措施。[①] 实践中，由于市场过于看重股市的筹资功能，而忽视了资源优化配置功能，导致市场功能异化。尽管有关部门希望借助市场力量，实现国有企业改制转轨，但由于过于注重筹资，忽视改制，导致上市公司股份制改组不彻底，政府部门政策目标难以实现。一些运作不规范的公司在证券市场兴风作浪，使市场筹资功能异化为疯狂的圈钱功能，甚至出现部分公司圈钱后不知如何使用或用于挥霍、效益不增反降的不正常现象。正是由于股市功能定位的偏差，导致部分企业上市或再融资完全以圈钱为目的，在这个过程中滋生了大量的腐败问题。一部分人员偷钻证券市场不规范的漏洞，通过腐败寻租，并利用手中获取的金融资本，进一步从事腐败活动，以保持和扩大既得利益。个别证券从业人员在证券市场通过收买新闻媒体，勾兑内幕消息，联手操纵市场。

1993 年前，中国金融业也曾经进行过混业经营试点，但由于缺少完善的监管制度，管理水平有限，金融秩序混乱，银行业、信托业、证券业混业经营产生了大量违规操作，道德风险甚至金融腐败问题频发，非常规化的委托代理关系、未经实践验证的监管制度、第三方监控经验欠缺和信息的高度不对称，成为滋生腐败的温床。之后，国家层面开始逐步明确监管思路，完善监管框架和制度。1993 年，国务院颁布《关于金融体制改革的决定》，明确对银行业、证券业、信托业实行“分业经营、分业管理”。按照这一原则，从 1994 年开始，银行所属证券、信托、保险等非银机构开始与银行脱钩。1995 年颁布的《中华人民共和国商业银行法》（以下简称《商业银行法》）第 43 条明确规定：“商业银行在中华人民共和国境内不得从事信托投资和证券

① 参见杨润生、黄春梅：《论证券市场腐败及其治理》，《南昌大学学报》（人文社会科学版），2001 年第 3 期，第 64 页。

经营业务，不得向非自用不动产投资或者向非银行金融机构和企业投资，但国家另有规定的除外。”1998 年颁布的《中华人民共和国证券法》（2014 年 8 月 31 日修正，以下简称《证券法》）第 6 条规定：“证券业和银行业、信托业、保险业实行分业经营、分业管理，证券公司与银行、信托、保险业务机构分别设立。国家另有规定的除外。”《保险法》亦有类似规定。

4. 政府部门和金融行业间不完善的双向流动机制隐含金融腐败风险

金融从业人员在政府部门和金融行业间双向流动（俗称旋转门，以下简称双向流动）机制不完善，容易导致彼此角色和预期混淆，进而产生腐败。在当代社会尤其是发达国家，监管人员与从业人员的双向流动是常态。在发达国家，市场机制比较健全完善，规则比较清晰透明，社会民众接受程度普遍较高。以美国为例，政府部门和金融机构人才双向流动十分普遍。美国首任财政部长汉密尔顿既是政治家，也是法律家和金融家。1784 年，汉密尔顿亲手创建美国历史最久的银行——纽约银行，而纽交所的雏形 8 年后才诞生。目前，特朗普政府内阁成员中，有不少是金融机构或大型企业高管，财政部部长史蒂芬·姆钦曾在高盛工作 17 年，国务卿雷克斯·蒂勒森曾是石油巨头埃克森美孚公司首席执行官，国家经济委员会主席加里·科恩曾是高盛总裁兼首席运营官，商务部部长威尔伯·罗斯曾是私募股权基金 W. L. 罗斯公司董事长兼首席战略师。对于双向流动，美国社会的主流意见并不是说一棒子打死，真正的诉求是希望有更严格的规定、更高的透明度来防范利益冲突发生。

我国金融监管部门和机构双向流动也已成为常态。近年来，我国金融监管部门和券商、基金等机构投资者的政商双向流动频繁出现。大量曾在金融监管部门和证券交易所任职的官员“下海”奔赴券商、基金等金融机构任职。由于当前我国金融监管部门行政审批权限仍然较大，市场化机制不健全，双向流动规则不清晰不透明，隐含着较大的腐败风险。

不规范的双向流动极易导致监管俘获和监管腐败。从根本上说，监管部门承担着规范金融市场运行、打击违法违规行为的职责，而金融机构则以实现自身最大利润为目标，两者之间存在着天然的对立性，在职能运行上也应当保持独立性。形象地讲，金融机构与金融监管部门分别作为金融市场参与者和金融市场监管者，担任着“运动员”和“裁判员”角色。为了保障市场公正性，两者之间应当有着清晰的边界，避免产生过多利益交集，即“运动员”不能干涉市场规则的制定和执行，“裁判员”不能干涉市场微观运作。金融机构与政府间的双向流动互动关系永远不会结束，双向流动为金融监管部门和金融机构建立了利益关联，两者之间可能借此建立信息联系和利益输送渠道。如果机制不完善、不健全，容易导致利益合谋和监管俘获，引发监管腐败，造成监管失灵，损害监管公信力，陷入“塔西佗陷阱”。

金融机构与政府或监管部门之间建立规范的双向流动机制具有积极意义。随着市场经济和现代金融市场不断发展，与一些发达国家已经发生和正在发生的情况一样，我国金融机构和政府部门包括监管机构之间的双向流动将是常态。建立规范透明的“旋转门”机制，有利于推动经济金融健康发展。这方面，可以借鉴发达国家的成熟做法，结合我国金融领域具体情况，制定政府或监管部门与金融市场或机构规范的“旋转门”制度，并在实践中不断加以改进。2016 年 4 月 19 日，习近平总书记在网络安全和信息化工作座谈会上明确指出：“在人才流动上要打破体制界限，让人才能够在政府、企业、智库间实现有序顺畅流动。国外那种‘旋转门’制度的优点，我们也可以借鉴。”现阶段，应当有序推进这一实践。

第四章

中国金融业持牌机构与金融市场廉洁风险分析

有过则改之，未萌则戒之。

——明·冯梦龙《警世通言》

本章提要

- 目前“一行三会”颁发的金融业机构牌照有22类，其中涉及中国银监会8类、中国证监会3类、中国保监会8类、中国人民银行3类。各持牌机构处于不同发展阶段，有着不同业务，这使金融反腐变得更加复杂。
- 商业银行掌握的资源多、权力大，廉洁风险高。城市商业银行、民营银行、农村商业银行、村镇银行等是防治腐败的重点领域。
- 金融资产管理公司资金往来和权益交易复杂，廉洁风险较高。
- 信托业务种类繁多、方式灵活，腐败行为隐蔽性强。
- 企业集团财务公司腐败多以内部窝案形式出现，重点是防范廉洁风险扩散。
- 证券公司腐败案件往往涉及金额巨大。由于金融创新加快、法规缺失等因素，廉洁风险加大。
- 基金公司主要的廉洁风险点是基金经理“老鼠仓”。
- 财产保险公司廉洁风险往往发生在销售和理赔两个环节。
- 第三方支付公司支付结算业务有可能成为“洗钱”途径。
- 证券交易市场、期货交易市场、外汇交易市场、银行间债券市场、机构间市场、银行间同业拆借市场、黄金交易市场与各持牌机构关系密切，防控廉洁风险意义重大。

金融业是一个高度专业化的行业，既有持牌机构，又有持牌业务，机构牌照是一类牌照，业务牌照是附属牌照。从目前看，“一行三会”颁发的机构牌照有22类，并将其业务资格作为附属牌照。其中，涉及中国银监会的有8类，包括商业银行、金融资产管理公司、信托公司、企业集团财务公司、金融租赁公司、货币经纪公司、汽车金融公司、消费金融公司；涉及中国证监会的有3类，包括证券公司、基金公司、期货公司；涉及中国保监会的有8类，包括财产保险公司、人身保险公司、再保险公司、保险资产管理公司、相互保险组织、保险代理公司、保险经纪公司和保险公估公司；涉及中国人民银行的有3类，包括银行卡清算机构、第三方支付公司、征信公司。当前，各金融持牌机构处于不同发展阶段，其业务有不同特征，隐藏着不同类型的廉洁风险。与此同时，各持牌机构主要业务及其重点环节与金融市场存在关联，一定程度上加大了廉洁风险，需要金融监管部门和反腐败机构对持牌机构及其业务和金融市场存在的廉洁风险有较为清醒的认识。只有这样，才能有的放矢防范风险。

一、中国银监会颁发的机构牌照

截至2016年底，我国银行业金融机构包括1家国家开发银行、2家政策性银行、5家大型商业银行、12家股份制商业银行、134家城市商业银行、8家民营银行、1114家农村商业银行、40家农村合作银行、1125家农村信用社、1家邮政储蓄银行、4家金融资产管理公司、

39 家外资法人金融机构、1 家中德住房储蓄银行、68 家信托公司、236 家企业集团财务公司、56 家金融租赁公司、5 家货币经纪公司、25 家汽车金融公司、18 家消费金融公司、1443 家村镇银行、13 家贷款公司以及 48 家农村资金互助社。共有法人机构 4399 家，从业人员 409 万人。其中，商业银行是我国银行业及金融业的主要部分。银监会 8 类金融牌照机构业务见图 4－1、图 4－2、图 4－3、图 4－4。

（一）商业银行

商业银行是指依照《商业银行法》和《中华人民共和国公司法》（以下简称《公司法》）设立的吸收公众存款、发放贷款、办理结算等业务的企业法人。商业银行由中国银监会颁发牌照。

商业银行可以经营下列部分或者全部业务：（一）吸收公众存款；（二）发放短期、中期和长期贷款；（三）办理国内外结算；（四）办理票据承兑与贴现；（五）发行金融债券；（六）代理发行、代理兑付、承销政府债券；（七）买卖政府债券、金融债券；（八）从事同业拆借；（九）买卖、代理买卖外汇；（十）从事银行卡业务；（十一）提供信用证服务及担保；（十二）代理收付款项及代理保险业务；（十三）提供保管箱服务；（十四）经国务院银行业监督管理机构批准的其他业务。商业银行经中国人民银行批准，可以经营结汇、售汇业务。

商业银行可分为以下类别：（一）大型商业银行。其业务范围不受限制，可经营全部商业银行业务；经营地域不受限制。（二）股份制商业银行。其业务范围不受限制，可经营全部商业银行业务；经营地域不受限制。（三）城市商业银行。其业务范围不受限制，可经营全部商业银行业务；经营地域受到限制，一般不得跨省经营。（四）民营银行。其业务范围受到限制，成立初期业务范围限于传统的存、贷、汇等基本业务。经营地域受到限制，不得跨省经营。（五）农村商业银行。其业务范围不受限制，可经营全部商业银行业务；经营地域受到限制，一般不得跨省经营。（六）村镇银行。其业务范围受到限

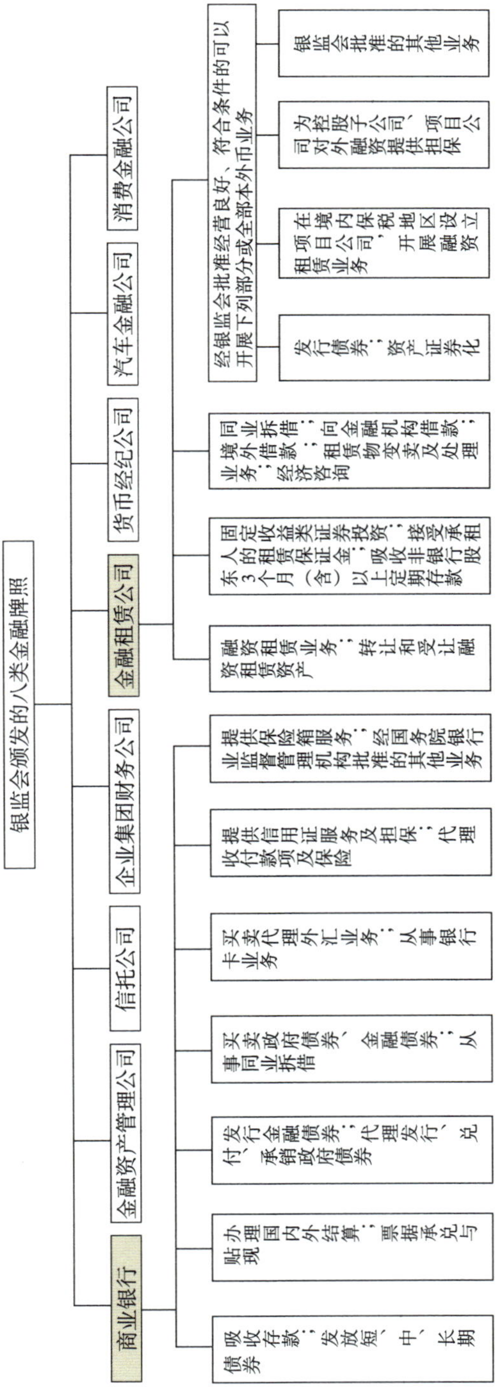

图4-1 银监会八类金融牌照机构——商业银行、金融租赁公司

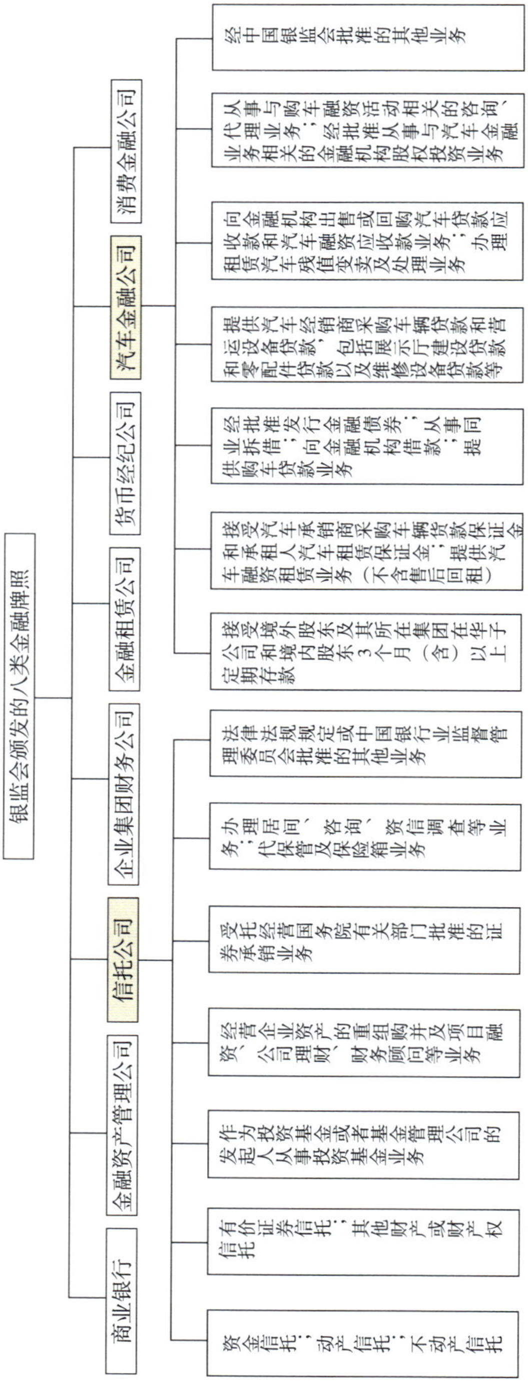

图4-2 银监会八类金融牌照机构——信托公司、汽车金融公司

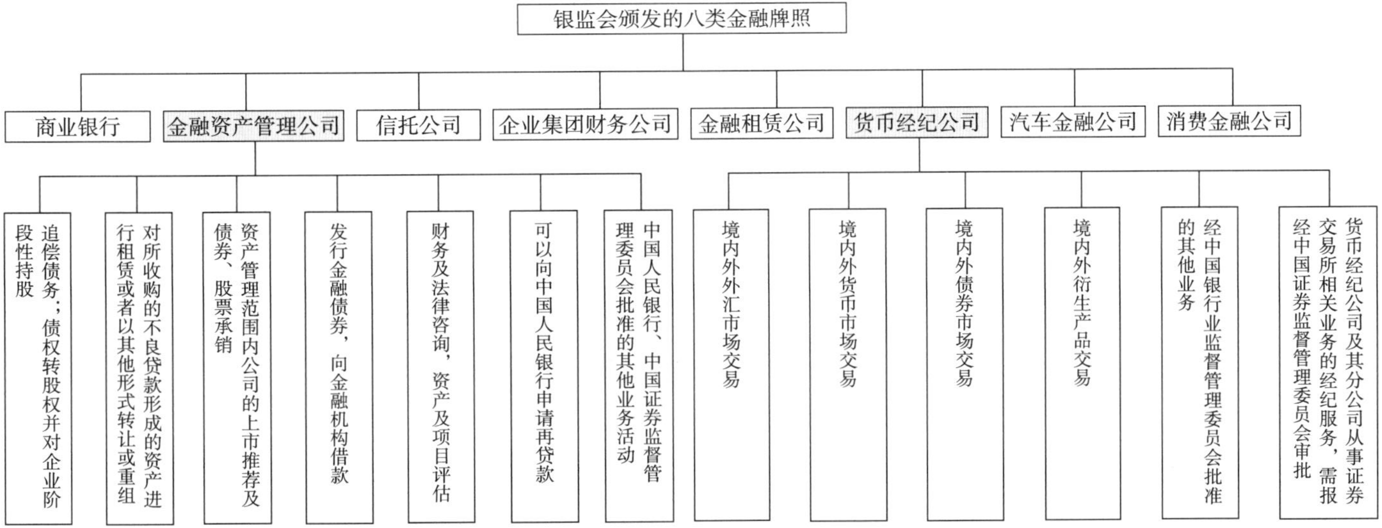

图4–3 银监会八类金融牌照机构——金融资产管理公司、货币经纪公司

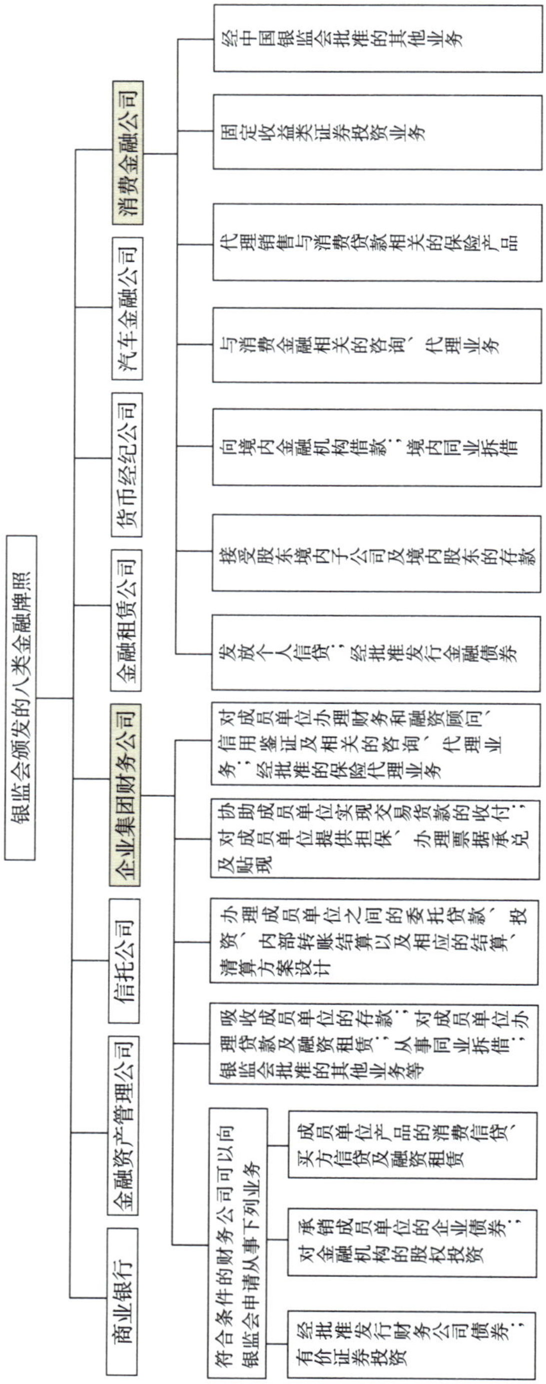

图 4-4 银监会八类金融牌照机构——企业集团财务公司、消费金融公司

制，一般不能发行金融债券；不能买卖政府债券、金融债券；不能从事同业拆借；买卖、代理买卖外汇；不能提供信用证服务及担保。经营地域受到限制，不得跨县（区）经营。

商业银行作为经济社会活动的信用中介，主要通过支付和结算等手段实现信用创造，提供金融服务。其独特的社会功能定位使得商业银行表现出一定的“垄断”特质：规模大，业务全，几乎能够渗透社会经济的每一个层面。[①] 因此，商业银行是金融腐败高发、大案要案集中的行业。从已破获的案件看，商业银行廉洁风险范围较广。首先，从基层员工到银行行长以及商业银行监管高层都发生过腐败问题。其次，腐败可能覆盖商业银行整个业务流程，既涉及前台营销管理、业务经营板块、业务支持部门，也涵盖风险管理、授信审批、合规管理等中台风险管理板块。此外，科技信息、预算财务乃至人力资源、安全保卫等后台支持板块、保障服务板块也都存在廉洁风险。就商业银行而言，目前管理机制尤其是内控机制尚不成熟的城市商业银行、民营银行、农村商业银行、村镇银行等是重灾区。主要有四个方面原因：

一是商业银行的行业特性。商业银行主要经营公众的金融资源，内部制度约束不严、外部监控不到位，容易产生道德风险。之所以世界各国金融监管界高度关注商业银行运作，原因就在于此。

二是商业银行的金融稀缺性。社会资源越稀缺，腐败分子就越有可能利用它设租寻租。在我国社会主义市场经济转轨过程中，商业银行一直处于金融行业主导地位，掌握着稀缺的金融资源，增大了其腐败的可能性。作为国内市场配置资金资本的核心部门，商业银行的腐败不仅会破坏金融秩序，扭曲资源配置机制，而且会影响社会经济稳定。

三是部分商业银行内控机制欠缺。一些中小股份制银行上下级利

① 姚文平：《互联网金融——即将到来的新金融时代》，中信出版社 2014 年版，第 155 页。

益关系过度紧密，监督主体缺位。有的股东责任意识淡化，董事会、监事会作用未充分发挥。有的金融机构对内控机制认识不明确，内控制度执行不力。还有的机构未能及时处理所发现的问题，弱化了处罚机制和内控执行机制，且不能够严格执纪执法，这些导致对腐败分子缺乏足够威慑力。

四是各级政府对商业银行的干预。干预手段主要包括指令性贷款、强制贷款、关系贷款、强制担保等。一些地方甚至通过所谓“现场办公”，帮助一些项目取得银行贷款。商业银行作为市场经济中枢地位的金融机构，如被赋予过多行政色彩，就会导致政企不分，就很难建立良好的公司治理机制和内控机制，容易产生官商勾结套取贷款等问题。

具体来说，商业银行廉洁风险主要集中在以下业务环节：

一是存款业务环节。存款业务包括活期存款业务、定期存款业务、通知存款业务，是商业银行基础负债业务，也是最基本的资金来源，决定着银行各种业务规模上限。商业银行对存款业务高度重视，一般都会给予存款业务较高的激励，由此产生的廉洁风险主要表现形式有：违规揽储、违规开户销户、洗钱等。具有存款决定权的人员更容易产生腐败，且不容易暴露。操作手法一般是由商业银行向客户主管人员行贿，尤其是向国有大中型企业主要财务负责人行贿。因为他们掌管着本单位财务资金存放权，是商业银行客户经理的主要公关对象。

二是贷款业务环节。贷款业务包括流动性资金贷款业务、项目贷款业务、资产处置业务、贴现业务，是商业银行最核心和最大资源，也是腐败高发领域。由于民间融资成本非常高，银行贷款相对便宜，市场各方对银行贷款需求量大。大型国企一般都是银行重点营销客户，获取贷款相对容易。但对民营和中小企业来说，如果不在重点客户之列，获得贷款非常困难，往往容易在贷款审批过程中产生廉洁风险，违规放贷是其主要表现。从商业银行贷款管理看，由于审批、放贷到贷后管理的层级多、链条长、涉及人员广，根据贷款规模和审批权限，从支行客户经理、信贷部门、支行行长，到分行信贷部门、分行行长甚至总行信贷部门及分管信贷的行长，都可能卷入，有贷款审批权的银行领导有可能利用权力索贿受贿，而贷款审批及放贷环节的信贷员、信贷部门负责人可能是知情人甚至受贿人。

违规行为最容易发生在住房按揭贷款、汽车消费贷款和企业流动资金贷款业务。在申请环节，一般通过伪造身份证件、伪造变造营业执照和财务报告，采用订立虚假合同的方法骗取贷款，转移资金，主要是银行工作人员和骗贷者内外勾结、联手作案。在审批环节，有决策权的审批人员收受贿赂，对不合规的信贷申请予以放行。在办理环节，信贷员与贷款人内外勾结，通过对审贷材料造假进行骗贷。在资产认定环节，有资产认定权的银行工作人员，对不利于银行的信息予以隐瞒，人为调高资产等级。在不良资产处置和资产评估环节，对中介机构招投标时，将不符合标准的中介机构准入。在定价环节，蓄意将银行资产打折，进行利益输送。

三是支付结算业务环节。主要的廉洁风险在于：为了业务发展需要，少数营业网点负责人授意经办人员为一些不符合开户条件或开户资料不齐全的单位开立银行结算账户。同时，对账工作不落实，导致银行内部人员或企业财务人员利用银企之间长期不对账的漏洞，挪用或盗取客户资金；内部人员通过各种手段和方式弄虚作假制造银企对账相符的假象，掩盖违规违纪事实。

四是信用卡业务环节。近年来，信用卡业务领域不良资产增长很快，其中可能隐藏着一些腐败问题。其主要表现是：大额信用卡不需要烦琐手续和较长周期，即可获得几十万元短期周转资金，成为一些中小企业重要资金来源。有的银行工作人员利用审批权，违规办理信用卡授信业务，为资信不合格的企业给予较大授信，从中牟利。由于信用卡贷款总额较大，单个客户余额一般较小，即使有腐败问题，也不容易暴露。

五是代理类中间业务环节。这几年，中间业务飞速发展，成为商业银行重要的利润来源。银行代理销售业务主要包括代理证券业务、基金业务和保险业务。代理证券业务主要指银行利用自己的网点和客户资源，接受证券公司委托，为证券公司提供客户业务，在证券公司准入环节和基层销售环节容易发生收受合作方好处等腐败问题。代理基金业务主要指代销各类基金，在准入和代销过程中收受合作方贿赂。代理保险业务主要指银行接受保险公司委托代其销售保险业务，在保险公司准入环节和基层销售环节，也比较容易发生收受贿赂行为。

六是投行业务环节。投行业务主要包括短期融资券、中期票据发行和承销业务。在承揽过程中，由于业务同质化严重，行业竞争相对激烈，容易发生向客户行贿获得项目的廉洁风险。在发行过程中，短期融资券、中期票据由交易商协会审核，审核环节廉洁风险较大。在票据销售环节，由于一、二级市场存在差价，容易发生将好的票据销售给关联公司，由关联公司赚取无风险差价，相关人员再收受关联公司好处的情况。

七是担保类中间业务环节。担保类中间业务主要包括银行承兑汇票、备用信用证、各类保函等。银行承兑汇票，是由承兑申请人向开户银行申请并签发的经受请银行审查并同意承兑的商业汇票。备用信用证，是开证行应借款人要求开具的保证收益人在借款人不能及时履行义务或破产时能够及时获得本利的特殊信用证。各类保函业务，包括投标保函、承包保函、借款保函等。担保类中间业务一定程度上相当于贷款，在开票和开证环节容易出现腐败问题，为不符合规定的企业出具承兑汇票、信用证或者保函，廉洁风险的主要表现是收受贿赂。

八是理财业务环节。主要包括参与股票配资、银信理财合作、分级理财产品、资产管理业务等。理财产品监管较为宽松，资金运用范围广，自主决策权力大，极有可能产生廉洁风险。在投资过程中，利益输送、索贿受贿现象往往发生在选择投资标的、合作机构、交易对手等环节。

（二）金融资产管理公司

金融资产管理公司，是指经国务院决定设立的收购国有银行不良贷款，管理和处置因收购国有银行不良贷款形成的资产的国有独资非银行金融机构。[①] 金融资产管理公司由中国银监会颁发牌照。

金融资产管理公司在其收购的国有银行不良贷款范围内，管理和处置因收购国有银行不良贷款形成的资产时，可以从事下列业务活动：（一）追偿债务；（二）对所收购的不良贷款形成的资产进行租赁或者以其他形式转让、重组；（三）债权转股权，并对企业阶段性持股；（四）资产管理范围内公司的上市推荐及债券、股票承销；（五）发行金融债券，向金融机构借款；（六）财务及法律咨询，资产及项目评估；（七）中国人民银行、中国证券监督管理委员会批准的其他业务活动。金融资产管理公司可以向中国人民银行申请再贷款。[②] 在这些业务环节，有着复杂的资金往来、权益交易，作为受托方的金融资产管理公司人员，存在腐败可能性。加之金融资产管理公司内部管理不成熟，也为腐败问题产生提供了条件。具体存在以下三个廉洁风险点：

一是对不良资产收购把关不严，造成部分金融债权难以落实。个别银行为甩掉包袱、逃避责任，借剥离贷款掩盖以往违规经营造成的损失，其中金融资产管理公司人员存在收受贿赂帮助银行逃避责任的可能。

二是以弄虚作假、暗箱操作等方式，低价处置债权，造成国有资产流失。

三是一些金融资产管理公司财务管理松弛，存在虚报、挪用回收

① 《金融资产管理公司条例》，第二条。
② 《金融资产管理公司条例》，第十条。

资金的情况。有的甚至采取虚报冒领、截留收入、虚列费用方式，将资金违规用于发放高额工资及奖金补贴。

（三）信托公司

信托公司是指依照《公司法》《中华人民共和国银行业监督管理法》（以下简称《银行业监督管理法》）和《信托公司管理办法》设立的主要经营信托业务的金融机构。信托公司由中国银监会颁发牌照。

信托公司可以申请经营下列部分或者全部本外币业务：（一）资金信托；（二）动产信托；（三）不动产信托；（四）有价证券信托；（五）其他财产或财产权信托；（六）作为投资基金或者基金管理公司的发起人从事投资基金业务；（七）经营企业资产的重组、购并及项目融资、公司理财、财务顾问等业务；（八）受托经营国务院有关部门批准的证券承销业务；（九）办理居间、咨询、资信调查等业务；（十）代保管及保管箱业务；（十一）法律法规规定或中国银监会批准的其他业务。①

信托公司可依据《信托法》等法律法规的有关规定开展公益信托活动，根据市场需要，按照信托目的、信托财产的种类或者对信托财产管理方式的不同设置信托业务品种。信托公司管理运用或处分信托财产时，可依照信托文件约定，采取投资、出售、存放同业、买入返售、租赁、贷款等方式进行。中国银监会另有规定的，从其规定。信托公司不得以卖出回购方式管理运用信托财产。信托公司固有业务项下可以开展存放同业、拆放同业、贷款、租赁、投资等业务。投资业务限定为金融类公司股权投资、金融产品投资和自用固定资产投资。信托公司不得以固有财产进行实业投资，但中国银监会另有规定的除外。信托公司不得开展除同业拆入业务以外的其他负债业务，且同业拆入余额不得超过其净资产的20%。中国银监会另有规定的除外。信

① 《信托公司管理办法》，第十六条。

托公司可以开展对外担保业务，但对外担保余额不得超过其净资产的50%。[①]

信托业务种类繁多、方式多变，主要涵盖信托业务类、委托业务类、代理业务类、租赁业务类、咨询业务类五大板块，各业务板块都曾发生过腐败案件，其中涉及委托投资、委托贷款的委托类业务板块廉洁风险高发。信托腐败案件中的利益输送常常披着金融业务咨询、投资咨询等外衣。具体表现在以下几个方面：

一是行业潜规则较多，隐蔽性较强。一些信托业务人员利用职务之便，以财务顾问费形式收取融资方额外费用是信托行业的潜规则。从本质上讲，信托公司是连接投资者和融资者的“中介”，从业人员充当“掮客”，额外赚取财务顾问费是一种寻租行为。但这种行为很难被发现，除非项目出现问题或被举报。

二是一些信托公司内控机制不完善，合规环节流于形式。目前，信托公司内部控制、合规管理等改革进展迟缓，一定程度上加大了信托行业廉洁风险。从已发生的问题看，有的是依靠委托代理人办理债券结算代理业务的金融机构和非金融机构（即丙类账户），通过信托公司交易平台进行违规交易，向自己实际控制的公司输送利益。此外，在信托项目开展过程中，银行与信托公司之间责任认定不清，也会导致尽职调查、合规环节流于形式，为腐败行为创造机会。

三是产品同质化，市场恶性竞争。信托业务多以通道业务为主，信托公司收取通道费的盈利模式大同小异。为争夺客户资源，前台销售业务环节容易滋生腐败。此外，高额销售提成也为其他行业掌握资源分配权的腐败分子提供了腐败变现途径，进一步加剧了信托行业廉洁风险。

（四）企业集团财务公司

财务公司是指以加强企业集团资金集中管理和提高企业集团资金使用

---

① 《信托公司管理办法》，第十七、十八、十九、二十、二十一、二十二条。

效率为目的，为企业集团成员单位（以下简称成员单位）提供财务管理服务的非银行金融机构。[①] 企业集团财务公司由中国银监会颁发牌照。

企业集团财务公司可以经营下列部分或者全部业务：（一）对成员单位办理财务和融资顾问、信用鉴证及相关的咨询、代理业务；（二）协助成员单位实现交易款项的收付；（三）经批准的保险代理业务；（四）对成员单位提供担保；（五）办理成员单位之间的委托贷款及委托投资；（六）对成员单位办理票据承兑与贴现；（七）办理成员单位之间的内部转账结算及相应的结算、清算方案设计；（八）吸收成员单位的存款；（九）对成员单位办理贷款及融资租赁；（十）从事同业拆借；（十一）中国银监会批准的其他业务。[②]

符合条件的财务公司，可以向银监会申请从事下列业务：（一）经批准发行财务公司债券；（二）承销成员单位的企业债券；（三）对金融机构的股权投资；（四）有价证券投资；（五）成员单位产品的消费信贷、买方信贷及融资租赁。[③]

我国财务公司分为两类：一是由传统问题遗留下来的非金融机构类型的财务公司；二是金融机构类型的财务公司，正式称谓是企业集团财务公司。设立企业集团财务公司，旨在通过增强企业集团融资能力，盘活企业内部资金，促进产品结构和产业结构调整，从而实现支持企业集团发展的目的。实践中，我们将借助金融财务公司所从事业务并有金融财务公司人员参与的金融腐败行为称为财务公司金融腐败。这里主要讨论的是企业集团财务公司金融腐败问题。

企业集团财务公司业务广泛，但由于是企业集团内部的金融机构，其经营范围往往受限于集团，主要为成员提供金融服务。企业集团财务公司一般被视为企业的“内部银行”，以母公司、股东单位为服务

---

① 《企业集团财务公司管理办法》，第二条。

② 《企业集团财务公司管理办法》，第二十八条。

③ 《企业集团财务公司管理办法》，第二十九条。

重点。与商业银行腐败不同，企业集团财务公司腐败范围相对有限，主要集中于资金调配环节与对外投资环节，并多以内部窝案形式出现，但因其隐蔽性而值得高度关注。随着企业集团财务公司自身业务范围扩大及其服务对象增多，廉洁风险进一步加大。

首先，企业集团财务公司相对缺乏独立性，是集团内部廉洁风险高发地。企业集团财务公司资金主要来自两个方面：一是集团公司成员企业在财务公司的存款，二是由集团公司成员和集团公司投入的资本金。企业集团财务公司资金主要服务于集团公司成员需要，少量用于与本集团公司主导产业无关的证券投资方面。因资金来源和运用相对集中在集团内部，财务公司对集团的依附性强，为集团内部人员违纪违法活动提供了便利。

其次，企业集团财务公司监控力度相对不足，为腐败提供了土壤。企业集团财务公司隶属于集团内部，在成立之初往往缺少充分的外部监控。财务公司成立后，资金都集中到集团，所有资金由集团高层调拨，在内部监督机制不成熟的情况下，很难起到实质性约束作用。此外，集团公司贷款和自有资金一般都会集中在财务公司，由于资金进出口汇集在一起，外部监管机构往往很难判断企业在进行投资时用的是贷款还是自有资金，无形中给监管增加了不少难度，为企业舞弊腐败提供了一条隐蔽渠道。

最后，企业集团财务公司风险集中，防控不力有可能滋生腐败。从外部看，主要存在财务公司放贷不能按时收回、对外投资失败等风险。从内部看，主要存在企业管理不善、工作效率低下、对成员企业不诚信以及廉洁风险。集团将资金集中于财务公司后，可以开展原来单一成员企业无法开展的项目，增强对外投资能力与规模，但也为财务公司业务人员在对外投资过程中收受商业回扣提供了可能。

（五）金融租赁公司

金融租赁公司是指经中国银监会批准，以经营融资租赁业务为主的非银行金融机构。金融租赁公司由中国银监会颁发牌照。①

经中国银监会批准，金融租赁公司可以经营下列部分或全部本外币业务：（一）融资租赁业务；（二）转让和受让融资租赁资产；（三）固定收益类证券投资业务；（四）接受承租人的租赁保证金；（五）吸收非银行股东3个月（含）以上定期存款；（六）同业拆借；（七）向金融机构借款；（八）境外借款；（九）租赁物变卖及处理业务；（十）经济咨询。②

经中国银监会批准，经营状况良好、符合条件的金融租赁公司可以开办下列部分或全部本外币业务：（一）发行债券；（二）在境内保税地区设立项目公司开展融资租赁业务；（三）资产证券化；（四）为控股子公司、项目公司对外融资提供担保；（五）银监会批准的其他业务。③

近年来，国内金融租赁行业资产和业务规模增长较快，在经济发展方式转变和结构调整大背景下，国家及地方政府扶持政策不断加码，支撑金融租赁行业的法律、监管、会计与税收四大支柱不断完善，融资租赁行业发展步入黄金期。伴随着行业总体规模飞速扩张，反腐败重要性也日益凸显。

金融租赁公司面向大众，服务对象包括个人、企事业单位、机关团体等的服务运营商、生产加工商、设备制造商及高科技中小企业，具体业务包括直接租赁、回租、转租赁、委托租赁等融资性租赁业务，经营性租赁业务，接受法人或机构委托租赁资金、有关租赁当事人的租赁保证金，向承租人提供租赁项目下的流动资金贷款，以及有价证券投资、金融机构股权投资、发行金融债券、借款、租赁物品残值变卖及处理业务、经济咨询和担保等。应当说，上述各环节都存在腐败可能性，其中融资性租赁、经营性租赁、租赁担保、残值处理等环节是廉洁风险高发区。

一是金融租赁交易结构复杂，容易滋生腐败。金融租赁业务形式复

---

① 《金融租赁公司管理办法》，第二条。

② 《金融租赁公司管理办法》，第二十六条。

③ 《金融租赁公司管理办法》，第二十七条。

杂，具有融资融物双重功能，资金运动与物资运动相结合；业务构成复杂，一般涉及三方当事人，并同时具备两个或两个以上合约；产权关系复杂，租赁期间租赁物所有权归出租方，但承租方享有使用权；资金流复杂，出租方在一个较长租赁期内，通过租金分期归流方式收回投资等。

二是金融租赁非标产品较多，存在寻租空间。大型设备的多样性往往会增加金融租赁业务非标性，非标业务占比增多，尤其是涉及净值判断等科目时，会增加从业人员寻租、设租可能。

三是交易双方地位不对等，也容易滋生腐败。与资质较优的大型国企相比，民营企业尤其是小微企业与金融租赁公司合作时议价能力较弱。此外，我国金融租赁市场起步较晚，市场竞争相对不充分，无形中加剧了承租人与租赁人市场地位分化。这种不对等地位，为金融腐败提供了温床。

（六）货币经纪公司

货币经纪公司是指经批准在中国境内设立的，通过电子技术或其他手段，专门从事促进金融机构间资金融通和外汇交易等经纪服务，并从中收取佣金的非银行金融机构。货币经纪公司由中国银监会颁发牌照。①

货币经纪公司及其分公司仅限于向境内外金融机构提供经纪服务，不得从事任何金融产品自营业务。按照中国银监会批准经营的业务范围，可以经营下列全部或部分经纪业务：（一）境内外外汇市场交易；（二）境内外货币市场交易；（三）境内外债券市场交易；（四）境内外衍生产品交易；（五）经中国银监会批准的其他业务。货币经纪公司及其分公司从事证券交易所相关业务的经纪服务，需报经中国证监会审批。②

货币经纪公司的廉洁风险主要是为获得市场竞争优势地位而产生的寻租风险、渎职风险、违规交易风险等。

---

① 《货币经纪公司试点管理办法》，第二条。

② 《货币经纪公司试点管理办法》，第三十二、三十三条。

一是盈利模式加大了金融腐败隐蔽性。货币经纪公司是撮合交易的第三方服务平台，佣金收入是行业得以生存的重要来源。但是佣金比率、收取节点等存在不确定性，业务人员有较大操作空间，加大了廉洁风险。而佣金收入则为腐败行为提供了合法外衣，难以辨别灰色收入，加大了执法难度。

二是市场竞争与市场地位加大了腐败的可能性。货币经纪公司业务范围有限，产品极度同质化，所处市场竞争激烈，属于买方市场，货币经纪公司为争取与大型机构合作、攫取市场份额，具有较强的腐败动机。

三是运营模式增加腐败治理难度。首先，货币经纪公司融通的是一个无形市场，不易把控风险，对监管层提出较高专业要求。其次，同银行、证券以及保险公司同时开展业务合作，一定程度上实现了“混业经营”。在分业监管环境下，货币经纪公司容易处于监管空白区，加大了治理腐败难度。最后，就货币经纪公司内部而言，快速的资金流通以及全部电子化操作流程，增加了腐败的便利性。

（七）汽车金融公司

汽车金融公司是指经中国银监会批准设立的，为中国境内的汽车购买者及销售者提供金融服务的非银行金融机构。汽车金融公司由中国银监会颁发牌照。

经中国银监会批准，汽车金融公司可从事下列部分或全部人民币业务：（一）接受境外股东及其所在集团在华全资子公司和境内股东3个月（含）以上定期存款；（二）接受汽车经销商采购车辆贷款保证金和承租人汽车租赁保证金；（三）经批准，发行金融债券；（四）从事同业拆借；（五）向金融机构借款；（六）提供购车贷款业务；（七）提供汽车经销商采购车辆贷款和营运设备贷款，包括展示厅建设贷款和零配件贷款以及维修设备贷款等；（八）提供汽车融资租赁业务（售后回租业务除外）；（九）向金融机构出售或回购汽车贷款应收款和汽车融资租赁应收款业务；（十）办理租赁汽车残值变卖及处理业务；（十一）从事与购车融资活动相关的咨询、代理业务；（十二）经批准，从事与汽车金融业务相关的金融机构股权投资业务；（十三）经中国银监会批准的其他业务。

汽车金融公司获取资金的渠道众多，可接受境内外股东定期存款、汽车经销商采购车辆贷款保证金和承租人汽车租赁保证金，经批准可发行金融债券、从事同业拆借、向金融机构借贷等。同时，汽车金融公司拥有众多资金投资方向，包括提供购车贷款、汽车经销商采购贷款和营运设备贷款、汽车融资租赁业务、向金融机构出售贷款等。在这些业务环节，兼顾资金供需两端的汽车金融公司人员存在廉洁风险。

一是对经销商质量把关不严。在信息非对称条件下，汽车金融公司对经销商还款能力的判断可能存在主观倾向。尤其在二手车市场，因车况不同等原因未形成统一的市场标准，增加了识别风险难度，给相关人员谋取私利提供了空间。

二是贷款式金融服务扭曲汽车金融公司本质。个别汽车金融公司利用自身多样的融资渠道，结合其他企业大量的资金需求缺口，开展脱离汽车行业的信贷业务，有可能出现公司人员收取贿赂帮助其他企业逃避责任的情况。

三是一些汽车金融公司内部管理松弛。一方面，挪用借贷资金的情况时有发生；另一方面，部分从业人员缺乏职业操守，拿回扣等行业潜规则盛行。

（八）消费金融公司

消费金融公司是指经中国银监会批准，在中华人民共和国境内设立的，不吸收公众存款，以小额、分散为原则，为中国境内居民个人提供以消费为目的的贷款的非银行金融机构。消费金融公司由中国银监会颁发牌照。①

① 《消费金融公司试点管理办法》，第二条。

经中国银监会批准，消费金融公司可以经营下列部分或者全部人民币业务：消费金融公司可以经营下列部分或者全部人民币业务：（一）发放个人消费贷款；（二）接受股东境内子公司及境内股东的存款；（三）向境内金融机构借款；（四）经批准发行金融债券；（五）境内同业拆借；（六）与消费金融相关的咨询、代理业务；（七）代理销售与消费贷款相关的保险产品；（八）固定收益类证券投资业务；（九）经银监会批准的其他业务。[①]

消费金融公司的廉洁风险主要是凭借政策支持优势，违规使用资金谋求私利，集中体现在违规放贷方面，包括与不法分子合谋将一般用于个人消费贷款挪作他用或套现，或者违规将资金流入资本市场进行炒作，从中获取“好处费”等。由于消费金融公司还能接受股东境内存款、向境内金融机构借款、发行金融债券、同业拆借及相关咨询代理、保险业务、固收类证券投资业务等，这些业务也不同程度存在廉洁风险。具体有三个方面原因：

一是金融消费者保护不足，让腐败分子有机可乘。我国消费金融相关立法对消费者保护仍显不足。从业人员或不法分子为追求自身利益，不顾消费者合法权益，误导乃至欺骗消费者，以满足个人私欲。近几年也出现过一些机构与个别企业和单位合谋，在个人不知情的情况下，违规向其发放消费贷款、中饱私囊的案例。

二是放贷门槛相对较低，为高风险经营埋下廉洁隐患。消费金融公司发放的贷款无担保、无抵押。虽然中国银监会设立了严格的监管标准，但仍有从业人员在业务操作时将资金发放给高风险客户，并索取“返点”“回扣”等。消费金融审核不严是消费金融公司廉洁风险的重点隐患，需高度关注。

三是消费金融市场竞争白热化，打“擦边球”成为行业潜规则。

---

① 《消费金融公司试点管理办法》，第二十条。

目前，消费金融市场除了经银监会批准的消费金融公司外，还有 P2P 网贷平台、分期购物平台、互联网电商平台等。面对竞争白热化趋势，一些消费金融公司铤而走险、违反监管要求，为获取个人回报，在业务中不断打“擦边球”。

二、中国证监会颁发的机构牌照

中国证监会颁发的机构牌照主要有三类：一是证券公司，二是基金公司，三是期货公司。

（一）证券公司

证券公司是指依照《公司法》和《证券法》规定设立的经营证券业务的有限责任公司或者股份有限公司。证券公司由中国证监会颁发牌照，现阶段，除设立证券公司专业子公司、外资参股证券公司（包括 CEPA 补充协议十规定的港、澳资合资证券公司）外，暂不受理设立证券公司申请。

经国务院证券监督管理机构批准，证券公司可以经营下列部分或者全部业务：（一）证券经纪；（二）证券投资咨询；（三）与证券交易、证券投资活动有关的财务顾问；（四）证券承销与保荐；（五）证券自营；（六）证券资产管理；（七）其他证券业务。

根据相关规定：一是对新设公司核准的业务不超过 4 种；二是证券公司一次申请增加的业务不得超过 2 种，距前次申请获准超过 6 个月；三是证券公司可以按照规定申请公募基金管理、基金销售、基金托管业务资格，且不受上述时限和种类限制。（证券业务资格见图 4－5、图 4－6、图 4－7 和表 4－1）。

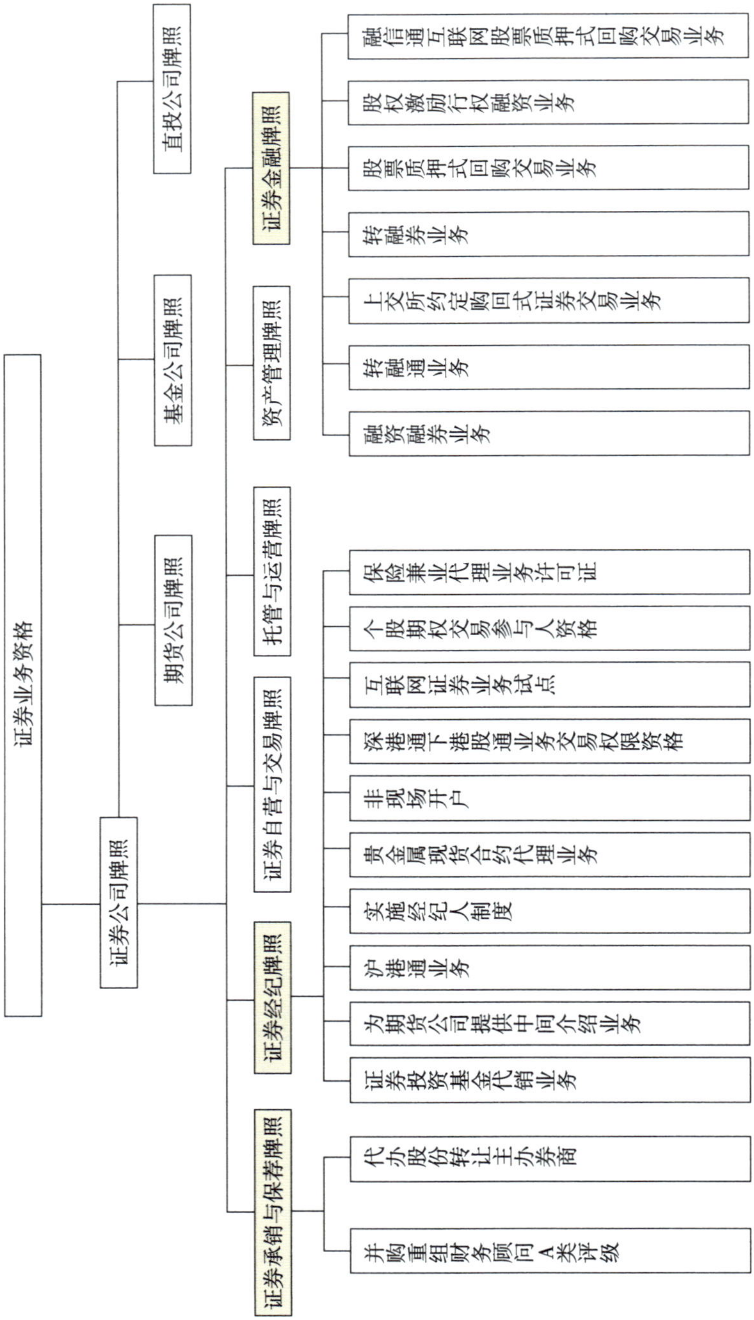

图4-5 证券业务资格——证券承销与保荐牌照、证券经纪牌照、证券金融牌照

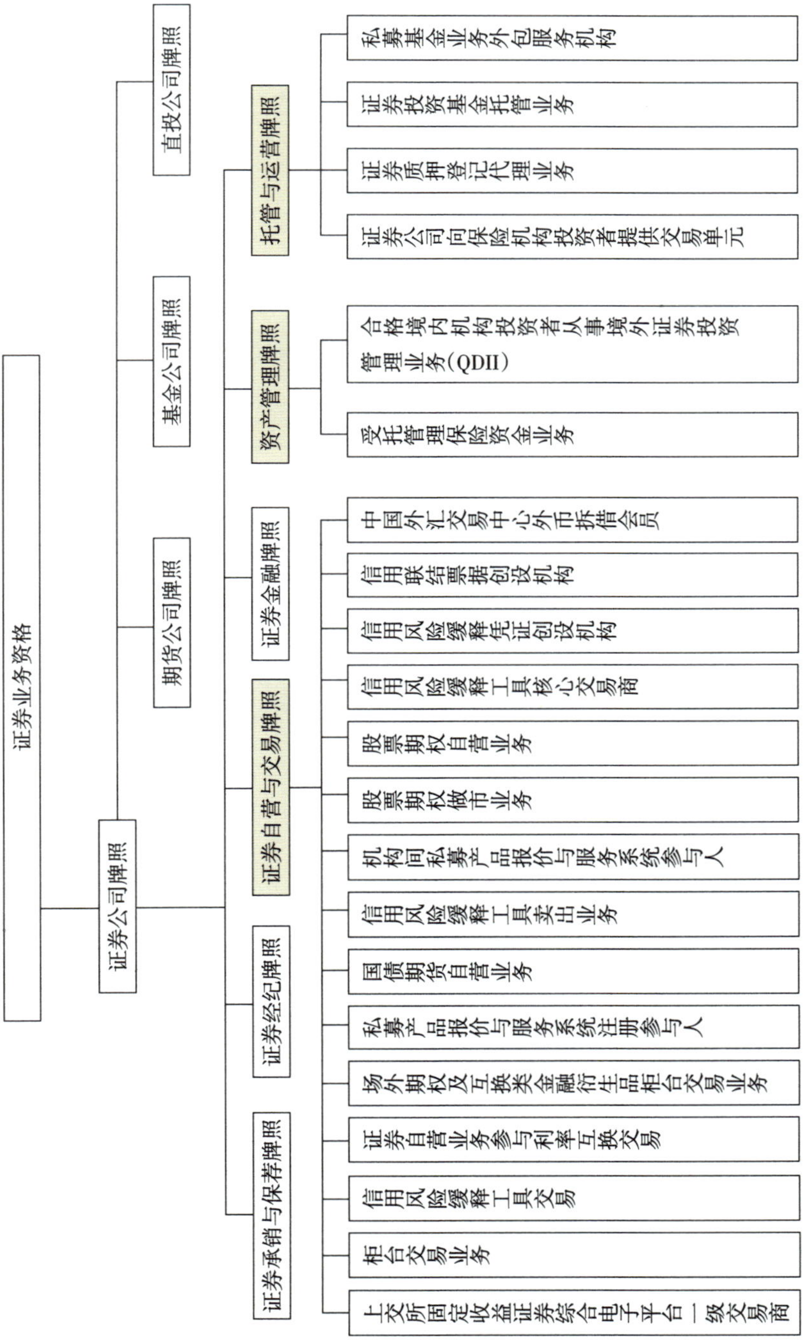

图4-6 证券业务资格——证券自营与交易牌照、资产管理牌照、托管与运营牌照

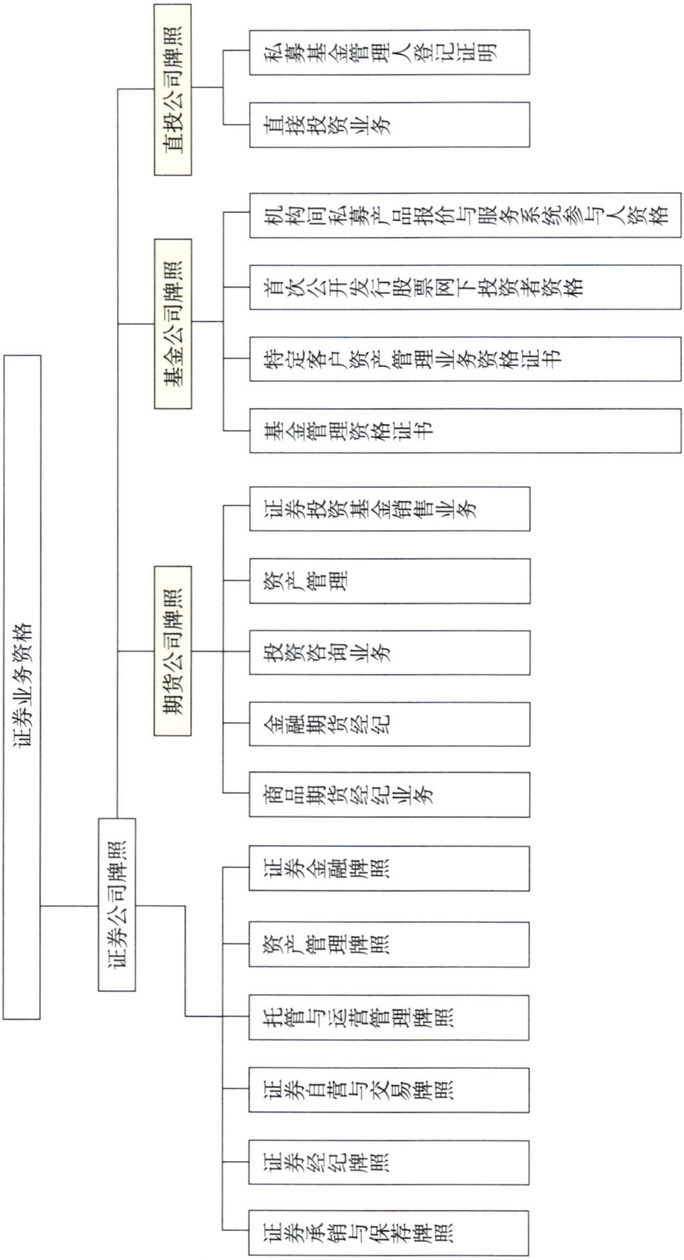

图4-7　证券业务资格——期货公司牌照、基金公司牌照、直投公司牌照

表4－1 其他机构批准的证券业务资格

序号	其他机构批准的证券业务资格	批准/备案机构
1	全国银行间同业市场成员	中国人民银行
2	上交所固定收益证券综合电子平台一级交易商	上海证券交易所
3	2012—2014年记账式国债承销团成员	财政部、中国人民银行、中国证监会
4	中国进出口银行金融债券承销团成员	中国进出口银行
5	中国农业发展银行金融债券承销团成员	中国农业发展银行
6	证券业务外汇经营许可证	国家外汇管理局
7	上海黄金交易所证券类会员	上海黄金交易所
8	银行间黄金询价业务	上海黄金交易所
9	A类国际会员	上海国际黄金交易中心有限公司

证券公司的廉洁风险有几个突出特点：一是金额巨大。一旦爆发腐败案件，动辄千万元，甚至上亿元。尤其是证券市场涉及大量投资者切身利益，是社会各界和媒体关注的焦点，一旦发生腐败问题，影响极坏。二是涉众广泛。参与证券公司腐败案件的人员可能分布在各个层级，非领导干部的腐败案件占较大比例。三是查处困难。一些腐败案件打着金融创新和制度创新旗号进行，腐败形式非常隐蔽，且介于违纪违规和违法之间的模糊地带，界定困难，有的甚至以集体决策形式出现，有的则以所谓市场化薪酬激励形式进行。一些腐败案件因为没有对应的法律法规依据，往往只能作道德层面的推论，并以经济处罚为主要手段，与动辄上千万元的获利相比，腐败成本较低。

具体来说，证券公司易发廉洁风险点突出表现在以下几个环节：

一是经纪业务环节。由于证券公司营业部提供的服务同质化严重，客户选择面比较广，为了留住客户，营业部往往会给客户一定比例佣金回扣。

二是承销业务环节。在承揽阶段，拟上市公司对选择券商有自主权，项目承揽人员有可能通过给予相关主管人员回扣或利用政府关系干涉企业自由选择等不正当手段承揽业务。在发行阶段，有些企业具有较大的上市瑕疵，有可能会采用贿赂监管部门的手段取得上市许可。同时，相关员工以自己控制的第三方中介名义与证券公司签订财务顾问合同，参与承销手续费分成，直接侵吞手续费，这种形式一般签订第三方合同，该项目有咨询费或者财务顾问费之类的大额费用发生。

三是自营业务环节。主要是交易人员和投资经理的"老鼠仓"，即交易人员和投资经理在公司买入某证券前，先于公司买入，待公司资金将股价拉高后再卖出，从中赚取差价。投资经理利用公司自营资金，在股票价格涨到很高位置时，帮其他私募投资机构接盘，锁定仓位，私下收受好处。由于表现得很隐蔽，有时候未必造成实际损失，界定和查处都比较困难。

四是做市业务环节。新三板挂牌企业数量众多，质量参差不齐，流动性低，各企业对做市商需求很大，容易发生廉洁风险。在企业选择环节，企业可能会通过给予关键审批人员干股的形式谋求做市。在做市环节，关联人员可能会通过交易价差获取不当利益。在底仓股取得环节，可能会人为定价过高、估值过高，使公司利益受损。

五是直接投资业务环节。证券公司直接投资业务子公司（以下简称直投子公司）和私募基金均从事直接投资业务。证券公司开展直投业务，须设立直投子公司，业务范围包括使用自有资金或设立直投基金，对企业进行股权投资或债权投资，或投资于与股权投资、债权投资相关的其他投资基金；为客户提供与股权投资、债权投资相关的财务顾问服务。私募投资基金（以下简称私募基金），是指以非公开方式向投资者募集资金设立的投资基金。私募基金投资包括买卖股票、股权、债券、期货、期权、基金份额及投资合同约定的其他投资标的。非公开募集资金是以投资活动为目的设立的公司或者合伙企业，资产由基金管理人或者普通合伙人管理的，其登记备案、资金募集和投资运作适用私募基金相关法律法规。

直接投资业务的廉洁风险主要是：（1）以商业贿赂形式获得投资机会；（2）没有经过严格审批，或出于个人利益，投资于不够标准的企业；（3）在投资过程中，收受被投资企业好处或股权；（4）利用内幕信息，自己或者关联人跟投。特别是上市前股权投资项目容易产生两种类型腐败：一种是以不正当手段拿到这些公司上市前的投资额度再高价转卖给别人获利，上市审批审核机构如对审核信息、上市时间表等信息把控不严，容易产生廉洁风险；另一种是联合财务顾问、律师事务所、会计师事务所等专业机构共同造假，通过将拟上市公司所有公开材料进行“完美打磨”，以获得证监会和发审委核准，并从中拿到投资份额，进而获取高额资本溢价。

（二）基金公司

证券投资基金管理公司（即基金公司）是指在中国境内设立，从事证券投资基金管理业务的企业法人。基金公司由中国证监会颁发牌照，其业务范围为：（一）公募基金管理；（二）基金销售；（三）资产管理〔包括 QDII（合格境内机构投资者）业务〕；（四）特定客户资产管理。根据相关规定，基金公司可结合业务需要申请上述业务资格。

基金公司的主要廉洁风险点在于基金经理建立“老鼠仓”，即基金经理等人用自有资金买入股票后，用基金里的客户资金（如自己控制的机构资金）拉高相应股票价格，通过出售个人事先购买的股票进行套利。这是一种以损害客户利益为手段而自肥的犯罪行为。

（三）期货公司

根据《期货交易管理条例》，期货公司是依照《中华人民共和国公司法》和《期货交易管理条例》规定设立的经营期货业务的金融机构。期货公司由中国证监会颁发牌照，现阶段，暂不受理期货公司设立审批。

期货公司业务实行许可制度，由国务院期货监督管理机构按照其商品期货、金融期货业务种类颁发许可证。期货公司除申请经营境内期货经纪业务外，还可以申请经营境外期货经纪、期货投资咨询以及国务院期货监督管理机构规定的其他期货业务。期货公司不得从事与期货业务无关的活动，法律、行政法规或者国务院期货监督管理机构另有规定的除外。期货公司不得从事或者变相从事期货自营业务。期货公司不得为其股东、实际控制人或者其他关联人提供融资，不得对外担保。根据相关规定：一是期货公司可结合业务需要申请上述业务资格；二是期货公司可按规定申请基金销售业务资格。

期货市场主要由监管机构、交易所、行业协会、中介与服务机构、投资者构成，在行政许可、“三重一大”、违法违规查处等方面，廉洁风险点与其他行业基本相同，不同之处主要体现在以下几个方面：

一是套保套利持仓额度审批。为防范投资者利用资金优势、持仓优势操纵市场价格，交易所明确规定了每个投资者在单一合约上最大持仓限额。同时，为满足企业套期保值交易需要，交易所对企业及机构投资者的套保套利交易提供了限仓豁免制度。部分投资者为增强对价格变动的影响力，获取超额收益，存在虚构套保套利方案、骗取套保套利持仓额度的可能。交易所在具体审批工作中，批与不批、批多批少、什么时候批，都会对市场价格运行及相关主体的利益产生影响。若交易所缺乏明确、规范的套保套利持仓额度审批工作流程，或违反规定流程审批，会为部分投资者逼仓、操纵市场价格提供条件，对市场公平性造成严重损害。首先，交易所要强化套保套利审核管理，进一步明确套保套利审核原则，细化套保套利行为认定标准，规范审核机构、审核程序、审核期限以及相关材料报送要求，切实发挥期货市场服务实体经济功能。其次，中国证监会期货部要对期货交易所进行现场检查或非现场检查，促进交易所此项工作规范化和透明度。最后，中国证监会期货部应要求交易所在每个合约交割完成后，报送该合约套保申请及批准情况，加强对相关问题的分析和管理。

二是内幕信息。期货市场是一个多空对峙的零和游戏市场，一些内幕信息可能导致市场不公平。期货交易内幕信息主要包括期货交易所、期货市场监控中心及期货公司掌握的期货交易、结算、交割和监察等重要数据或敏感信息，相关现货管理部门的现货市场政策变动信息，期货违法违规案件情况等。若投资者通过不正当手段获取尚未公开的内幕信息，获取不当利益，对市场公平性将产生严重影响。首先，要建立完善内幕信息及敏感信息保密管理机制，加强对员工保密合规教育，严格控制知悉范围。其次，要加强对宏观或产业政策重大变化前后投资者交易数据的挖掘分析，发现异常。最后，要对泄密行为严肃处理，强化违法案例警示作用。

三是对敲洗钱。期货市场由于有很多远期不活跃的合约，投资者可通过在不同账户之间相互对敲成交，将资金以一方亏损、另一方盈利的形式，从一方账户转移至另一方账户，从而达到洗钱或利益输送目的。交易所、监控中心要加大对市场异常交易行为监测监控，发现违法违规线索及时移交稽查部门立案查处。

三、中国保监会颁发的机构牌照

我国保险公司可以分为原保险和再保险两类。原保险根据保费类型，主要分寿险和财险；原保险根据保险业务形态，主要可分为财险、寿险、健康险等形式。保监会颁发的八类金融牌照见图 4－8、图 4－9、图 4－10。

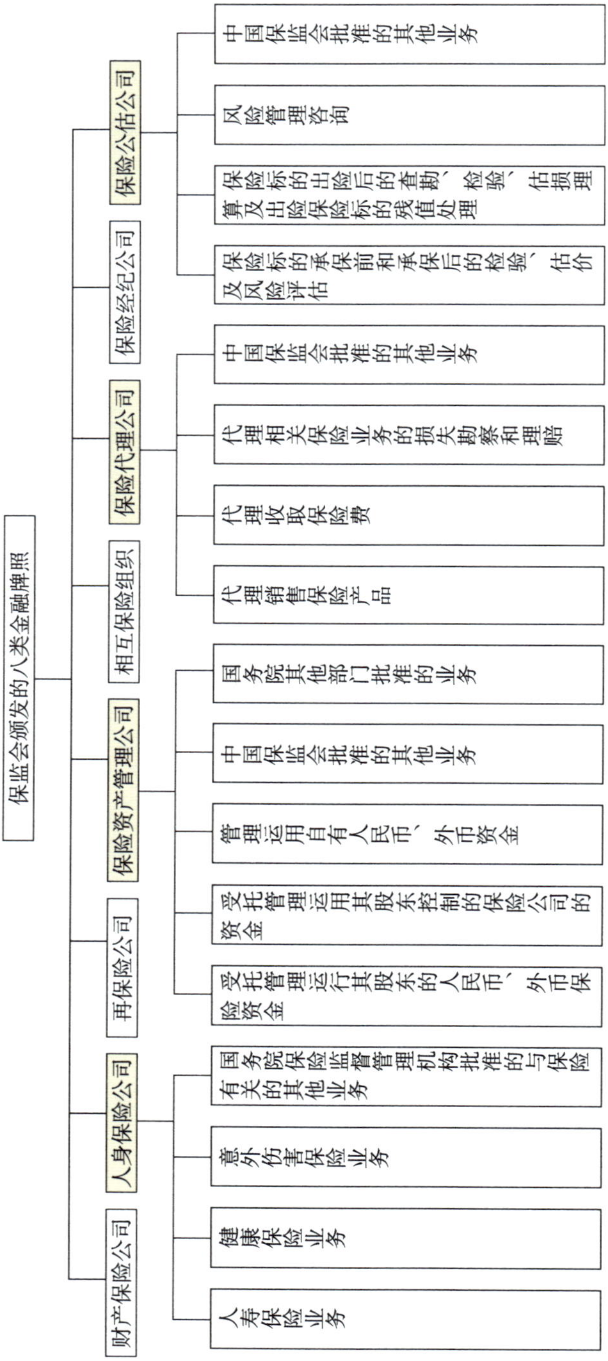

图4-8　保监会颁发的八类金融牌照——人身保险公司、保险资产管理公司、保险代理公司、保险公估公司

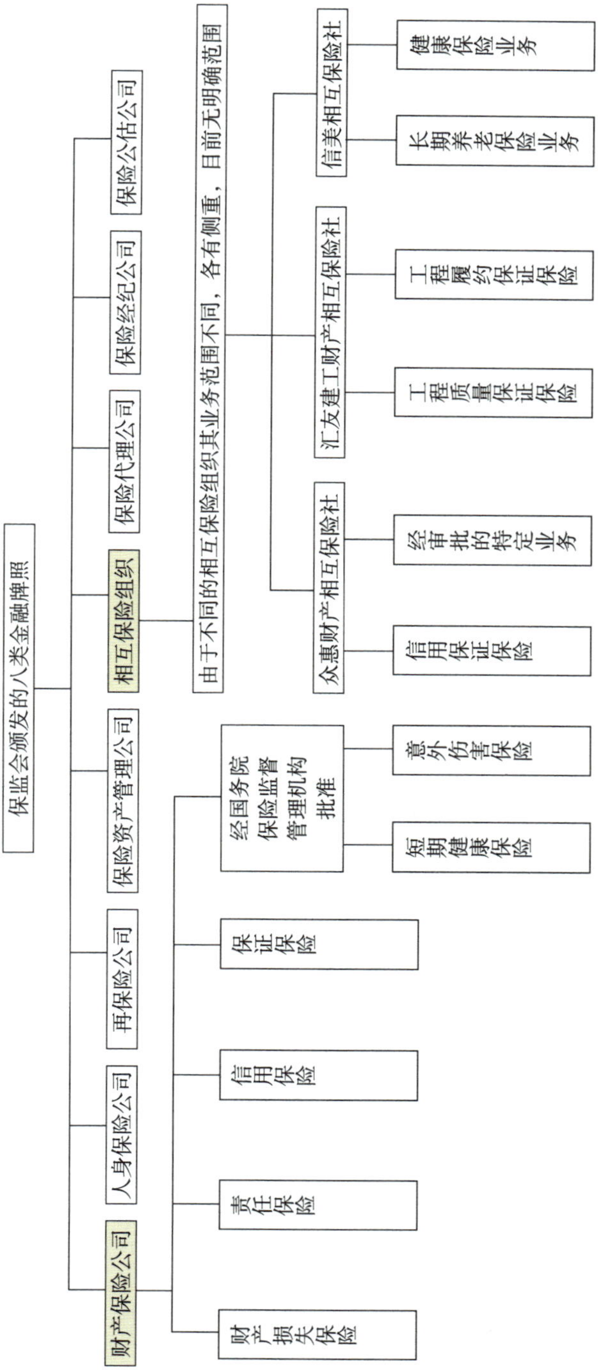

图 4-9 保监会颁发的八类金融牌照——财产保险公司、相互保险组织

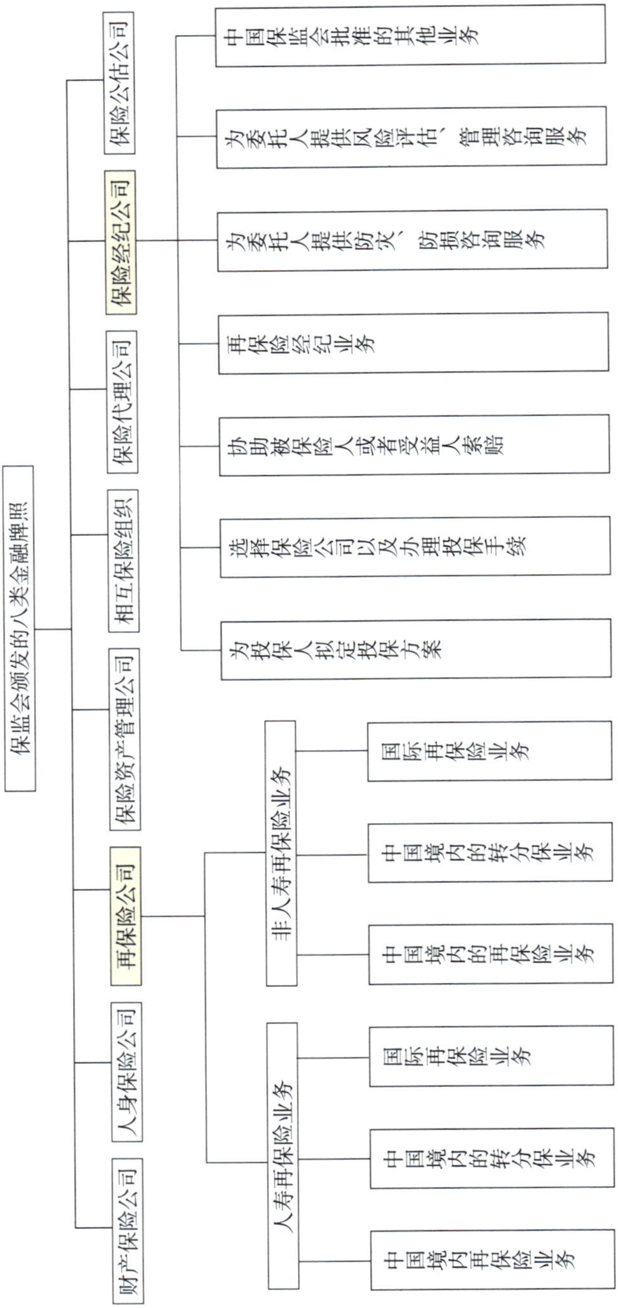

图4-10 保监会颁发的八类金融牌照——再保险公司、保险经纪公司

（一）财产保险公司

按照《保险法》，财产保险是以财产及其有关利益为保险标的的保险。财产保险业务是指保险公司按照保险合同的约定，收取投保人缴纳的保费，对所承保的财产及其有关利益因自然灾害或意外事故造成的损失承担赔偿责任的业务。经营财产保险业务的保险公司叫作财产保险公司，设立财产保险公司须由中国保监会批准并颁发牌照。财产保险公司的经营范围一般包括财产损失保险、责任保险、信用保险、保证保险等保险业务。此外，财产保险公司经国务院保险监督管理机构批准，也可以经营短期健康保险业务和意外伤害保险业务。

目前，全国共有 84 家财产险公司。按照股东国别划分，有中资财产险公司 62 家，外资财产险公司 22 家。按照主营业务划分，除一般性全牌照财产险公司外，有专业性财产险公司 19 家，包括农业保险公司 5 家、专业互联网保险公司 4 家、自保公司 3 家、汽车保险公司 2 家、信用保险公司 2 家、航运保险公司 1 家、科技保险公司 1 家、责任保险公司 1 家。

财产保险业务是指保险公司按照保险合同的约定，收取投保人缴纳的保费，对所承保的财产及其有关利益因自然灾害或意外事故造成的损失承担赔偿责任的业务。财产保险业务领域的廉洁风险往往会发生在销售和理赔两个环节：

一是销售环节。财产保险行业竞争激烈，客户目标比较明确，廉洁风险主要表现为保险公司向投保人或代理销售机构进行商业贿赂，以此来获取保费。在直销业务中，由于投保人的经办人员对于财产险定价和保险公司选择拥有决策权，一些保险公司为了承揽业务，会给予投保方人员巨额回扣。如向投保单位负责人或者其他中间人赠送高档礼品或红包、邀请投保单位负责人或者其他中间人出国（境）旅游、代为免除债务、解决子女上学费用、帮助就业等。在代理机构销售业务中，表现为向银行、中介公司等代理机构相关人员支付手续费回扣、请客送礼、给红包、组织旅游等商业贿赂行为。

二是理赔环节。财产险理赔是财产保险公司资金流出的主要项目，也是财产险业务贪污腐败的高发领域。保险理赔是指保险公司在保险标的发生风险事故后，对被保险人提出的索赔请求进行处理的行为，一般以财产为标的。廉洁风险表现为：（1）虚假理赔，业务人员与客户共谋，设立虚假赔案，骗取公司理赔资金。（2）相关人员自己开设与财产维修有关的企业，以不正当手段承揽自己公司的理赔业务，开展不正当竞争。（3）故意设定较高的理赔价，套取公司理赔资金。（4）理赔管理者利用手中权力对一些理赔案件进行无原则的通融赔付、人情赔付或关系赔付。

此外，由于制度、监督体系尚不完善，一些不法分子将目光转向政策性农业保险。该项业务是充分依靠保险公司的市场化运作，政府提供保费补贴支持措施，利农惠农，补贴因自然灾害或意外事故导致的农业经济损失。廉洁风险主要表现为保险公司工作人员与政府官员合谋，以虚假投保等手段套取国家政策性农业保险补贴。

（二）人身保险公司

根据《保险法》，人身保险是以人的寿命和身体为保险标的的保险。人身保险业务是以被保险人的生、死、残疾为保险标的，在被保险人因意外事故、意外灾害、疾病、衰老等原因导致死亡、残疾或丧失劳动能力，或年老退休，或在保险期限届满还生存时，保险人按照约定向被保险人或其受益人给付保险金或年金的保险。人身险保险公司是指经营人身保险的企业法人，设立人身保险公司须由中国保监会批准并颁发牌照。人身保险公司的业务范围一般包括：人寿保险、健康保险、意外伤害保险等保险业务以及国务院保险监督管理机构批准的与保险有关的其他业务。

目前，全国共有 87 家人身险公司。按照股东国别划分，有中资人身险公司 59 家，外资人身险公司 28 家。按照主营业务划分，除一般性全牌照人身险公司外，有专业性人身险公司 13 家，包括健康险公司 6 家、养老险公司 7 家。

一是人寿保险业务。人寿保险是以被保险人的寿命为保险标的，且以被保险人的生存或死亡为给付条件的人身保险。当被保险人的生命发生了保险事故时，由保险人支付保险金。其主要业务种类有：定期寿险、终身寿险、两全寿险、年金保险、投资联结保险、分红寿险和万能寿险等。人寿保险的初始设计目的是为了保障对不可预测的死亡造成的经济损失和风险提供补偿。后来人寿保险中引进了储蓄成分，对保险期满仍然生存的人，保险公司也会给付约定的保险金。在人寿保险业务开展过程中，销售和赔付环节以及资金运用领域可能发生廉洁风险。

在销售环节发生的廉洁风险集中在代理人和中介两个方面。一方面是代理人销售业务，指保险公司通过公司代理人销售保险产品的业务。保险代理人是指根据保险人的委托销售保险，并向公司收取代理手续费的单位或个人。代理人和公司签订的是代理协议，而非劳动合同。其廉洁风险主要表现形式为：相关主管虚增代理人数量，虚假招聘套取公司补贴费用；按照公司补贴方案，与代理人合谋制造不真实保单，套取不当利益。另一方面是其他代理机构销售业务，指保险公司通过银行、邮政、中介公司等各类代理机构，利用其网点和人员销售保险产品业务。保险公司按协议支付佣金给相关机构。廉洁风险主要表现为：在协议准入阶段向相关审批人员行贿；虚构营销项目套取公司业务费用据为己有；银保业务人员从保险公司领取业务费用后并未给到相应的合作机构销售人员手中而是据为己有；将本不属于中介销售的业务归于中介渠道，套取公司手续费。

在赔付环节发生的廉洁风险多表现为内外勾结骗取保费。保险公司内部人员与客户合谋，由客户提供虚假保险标的或将已出险标的进行投保，公司内部人员打通内部关节，为实现进一步骗保埋下伏笔。

该行为较为隐蔽，是较难预防的行业顽疾。

在资金管理环节发生的廉洁风险是由于寿险公司资金量较大、期限较长，在业务合作中常处于甲方地位，容易在选择合作银行、购买基金、债券交易、购买信托、股权投资、不动产投资等方面发生腐败问题。

二是健康保险业务。健康保险是以被保险人的身体为保险标的，使被保险人在疾病或意外事故所致伤害时发生的费用或损失获得补偿的一种人身保险业务。主要业务种类有：医疗保险、疾病保险和收入补偿保险、护理保险等。健康保险的保险标的是人的健康而非生命，更容易伪造保险事故，骗取保费，发生腐败。保险公司内部人员与不法分子相互勾结，通过带病投保、冒名顶替、编造虚假出险、夸大损失程度等手段非法牟利。近年来，甚至出现保险公司承保理赔人员、患者、医生、中介人员等组成的一整条腐败“产业链”，制造虚假高额诊疗案例，大量骗取保险公司赔款。

三是意外伤害保险业务。意外伤害保险是指以被保险人的身体为保险标的，以意外伤害而致被保险人身故或残疾为给付保险金条件的一种人身保险。主要业务种类有：普通意外伤害保险、特定意外伤害保险等，如短期意外保险、航空意外险等。意外伤害保险利润率较高，销售渠道较固定，如航空代理公司、票务公司、机场柜台等，在销售环节容易为争夺渠道而行贿、给予高额回扣。

四是养老保险业务。养老保险分为社会基本养老保险及商业养老保险两种。社会基本养老险是国家和社会为解决劳动者在达到国家规定的解除劳动义务的劳动年龄界限，或因年老丧失劳动能力退出劳动岗位后，保障基本生活而建立的一种社会保险制度，其目的是保障老年人基本生活需求。由于社会基本养老保险从设立之初就是社会统筹管理，各个环节都容易因权力不透明、缺少监督等而发生不廉洁问题。在购买环节存在虚报垫付，向个人输送利益；在领取环节存在冒领、截留等现象。另外，社会基本养老保险基数大，缺乏投资端的有效监管，也容易滋生腐败。

商业养老保险是社会基本养老保险的补充，由投保人自愿购买。由于养老保险领取时间较长、累计费用支出庞大，腐败问题多发生于领取环节。有的内部人员刻意隐瞒养老金领取者死亡事实，冒领养老金。

（三）再保险公司

根据《保险法》，保险人将其承担的保险业务，以分保形式部分转移给其他保险人的，为再保险。经营再保险业务的企业法人为再保险公司，设立再保险公司须由中国保监会批准并颁发牌照。在再保险交易中，分出业务的公司称为原保险人或分出公司，《保险法》称为再保险分出人；接受业务的公司称为再保险人或分入公司，《保险法》称为再保险接受人。再保险是一种独立的保险业务。再保险关系的建立是以原保险业务为基础，通过原保险人与再保险人签订再保险合同来实现的。在再保险合同中，原保险人的权利是在特定条件下，向再保险人分摊赔款，其义务是向再保险人缴纳分保保费；而再保险人的权利则是收取分保保费，义务是在特定条件下承担分保责任。再保险业务分为寿险再保险和非寿险再保险。保险人对寿险再保险和非寿险再保险单独列账、分别核算。

再保险公司是专门从事再保险业务，不直接面对投保人的保险公司，属于“保险的保险”。目前全国有再保险公司 11 家，按照股东国别划分，有中资再保险公司 5 家，外资再保险公司 6 家。另有再保险集团公司 1 家（已计入保险集团大类）。

在开展再保险业务过程中，由于风险转移，原保险公司要向再保险公司支付再保险费。同时，再保险公司会给原保险公司分保佣金或分保手续费。原保险公司相当于再保险公司的客户，正是基于双方合作关系，原保险公司工作人员容易成为再保险公司行贿对象。再保险公司通过请客吃饭、送礼、组织培训、行贿等方式给予原保险公司经办人员好处，便于获得分保业务。

（四）保险资产管理公司

保险资产管理公司是指经中国保监会会同有关部门批准，依法登记注册、受托管理保险资金的金融机构。保险资金是指保险公司的各项保险准备金、资本金、营运资金、公积金、未分配利润和其他负债，以及由上述资金形成的各种资产。根据《保险资产管理公司管理暂行规定》，保险资产管理公司经营范围包括以下全部或者部分业务：受托管理运用其股东的人民币、外币保险资金；受托管理运用其股东控制的保险公司的资金；管理运用自有人民币、外币资金；中国保监会批准的其他业务；国务院其他部门批准的业务。

保险资产管理公司由保险公司发起成立，专门管理保险资金。目前共有保险资产管理公司 23 家，其中中资保险资产管理公司 22 家，外资保险资产管理公司 1 家。

保险资产管理业务涉及的投资领域广泛、参与方式多样，容易发生类似银行贷款和证券投资的廉洁风险：

一是银行存款业务。保险公司保费规模较大，存款期限较长，多为三年或五年，是各家银行揽储业务对象，容易发生投资部门人员收受贿赂，将存款以低价或平价存放关联银行的问题。

二是标准化投资业务。该业务是将管理的保险资产投资于股票、基金、债券等标准化金融产品的业务。廉洁风险主要表现为：交易人员为交易对手高位接盘或者锁仓，收取不当利益；投资经理或交易人员建立“老鼠仓”；购买基金时收取基金管理公司回扣；收取交易席位租赁方的佣金返还；高价购买债券等金融产品。

三是另类投资业务。该业务是将管理的保险资产投资于信托产品、不动产、未上市企业股权等标准化常规投资以外的投资业务。廉洁风险主要表现为：在购买信托产品时收受信托销售人员回扣；在股权投资中故意隐瞒信息投资于不符合投资标准的企业；在股权投资中投资于关联人企业或自己跟投；在不动产投资中收受房地产企业佣金回扣，在定价上损害公司利益。

（五）相互保险组织

根据中国保监会制定的《相互保险组织监管试行办法》，相互保险是指具有同质风险保障需求的单位或个人，通过订立合同成为会员，并缴纳保费形成互助基金，由该基金对合同约定的事故发生所造成的损失承担赔偿责任，或者当被保险人死亡、伤残、疾病或者达到合同约定的年龄、期限等条件时承担给付保险金责任的保险活动。相互保险采用“自己投保自己承保”方式，将保险人与被保险人的身份合二为一。相互保险组织是指在平等自愿、民主管理的基础上，由全体会员持有并以互助合作方式为会员提供保险服务的组织，包括一般相互保险组织，专业性、区域性相互保险组织等组织形式。相互保险组织应当经中国保监会批准设立，并在工商行政管理部门依法登记注册。

根据《相互保险组织监管试行办法》，相互保险组织的业务范围由保险监督管理机构依法核定，但尚未给出明确范围，原因在于不同的相互保险组织其业务范围有所不同，各有侧重，决定及改变业务范围均需通过中国保监会批准。以已获批成立的三家相互保险组织为例，众惠财产相互保险社服务于我国国民经济中的中小微企业融资需求，开展信用保证保险等特定业务；汇友建工财产相互保险社则聚焦于建工领域的风险保障需求，开展工程履约保证保险、工程质量保证保险等新型业务；信美相互保险社，主要针对发起会员等特定群体的保障需求，专注发展长期养老保险和健康保险业务。

目前相互保险组织在我国的发展处于初期阶段，主要有农村保险互助社 11 家、相互保险社 3 家，后三家尚未开业。

虽然我国相互保险组织还未发生腐败案例，但从机制上分析，一些风险点仍值得警惕。相互保险组织所有权高度分离，每一个保单持有人都具有同样效力的投票权，这就意味着任何一个保单持有人都不具有对该组织的绝对控制权，保单持有人对该组织经营管理缺乏监管激励，所聘请的职业经理人存在架空所有保单持有人，在管理和投资业务等方面不以该组织集体利益为出发点，掺杂个人利益等情况，或是职业经理人以股份制保险公司的形式运作相互保险组织，从而实现曲线获取保险牌照的目的。

（六）保险代理公司

按照《保险专业代理机构监管规定》，保险专业代理机构是指根据保险公司的委托，向保险公司收取佣金，在保险公司授权的范围内专门代为办理保险业务的机构，包括保险专业代理公司及其分支机构。保险专业代理机构可以经营的保险代理业务包括：代理销售保险产品；代理收取保险费；代理相关保险业务的损失勘查和理赔；中国保监会批准的其他业务。

目前，我国共有全国性保险代理公司 219 家，区域性保险代理公司 1552 家。

保险专业代理机构最为常见的违规行为之一就是非法套取费用。保险公司与专业代理机构勾结，通过将直销业务虚挂中介渠道、编制虚假营销人力、虚列业务及管理费等方式，套取费用。此外，部分保险专业代理机构存在额外要求保险公司支付高额佣金，或保险公司支付佣金金额与代理机构收到的佣金不一致，中间差额不入账等违规操作以及其他中饱私囊问题。

（七）保险经纪公司

根据《保险经纪机构监管规定》，保险经纪机构是指基于投保人的利益，为投保人与保险公司订立保险合同提供中介服务，并按约定收取佣金的机构，包括保险经纪公司及其分支机构。保险经纪机构可以经营的保险经纪业务包括：为投保人拟订投保方案、选择保险公司以及办理投保手续；协助被保险人或者受益人进行索赔；再保险经纪业务；为委托人提供防灾、防损或者风险评估、风险管理咨询服务；中国保监会批准的其他业务。

目前，全国共有保险经纪公司 464 家。保险经纪机构在销售环节容易发生廉洁风险：

一是保险经纪公司忽略其业务人员的职业与道德教育，一些保险经纪从业人员无视客户利益，开具假收据、出具假保单。更有甚者，一小部分具有保险经纪公司从业经验的不法分子在市场中假借保险公司或保险经纪公司名义开展保险经纪业务，私刻公章，制造虚假材料，索取高额佣金。

二是违规开展业务获取不当利益，容易发生代收保费管理不规范、办理重要事项变更手续不及时、为保险公司虚构中介业务以及使用保险中介服务发票不合规等问题。

三是甲方通过保险中介公司与保险公司开展业务，截留中介手续费作为小金库或者用于其他项目。

（八）保险公估公司

根据《保险公估机构管理规定》，保险公估机构是指依照《保险法》等有关法律、行政法规以及本规定，经中国保监会批准设立的，接受委托，专门从事保险标的或保险事故的评估、勘验、鉴定、估损、理算等业务，并按约定收取报酬的机构。《保险法》指出，保险人和被保险人可以聘请依法设立的独立的评估机构或者具有法定资格的专家，对保险事故进行评估和鉴定。

按照《保险公估机构管理规定》，保险公估机构可以经营下列业务：（一）保险标的承保前和承保后的检验、估价及风险评估；（二）保险标的出险后的查勘、检验、估损理算及出险保险标的残值处理；（三）风险管理咨询；（四）中国保监会批准的其他业务。

保险公估机构在国内发展已有 20 多年。目前，全国共有保险公估公司 354 家。

保险公估机构是保险市场发展过程中的重要中介机构，在保险理赔环节是必备的一环，存在“任人唯亲”现象，部分与保险公司有利益关系的群体或个人所设立的保险公估机构往往优先得到该保险公司青睐，合作强度和密度更大，获取的劳动报酬更多，甚至有些公估机构为了承揽业务，给予保险公司内部经办人员高额回扣。同时，一些保险公司在与保险公估机构合作时，将考核公估机构工作质量和业绩以及所能付出的劳动报酬与“降低保险公司赔付率”挂钩，导致不公平现象。其廉洁风险多发于车险理赔过程中，公估机构与保险公司相勾结，损害被保险人利益。

除 8 种保险类牌照之外，中国保监会还对保险集团颁发牌照。由于保险集团一般进行专门管理，不开展具体业务，因此没有列入本书。

四、中国人民银行颁发的机构牌照

中国人民银行颁发的机构牌照主要有三类：一是银行卡清算机构，二是第三方支付公司，三是征信机构。人民银行颁发的金融牌照和批准的特许经营业务见图 4－11）。

（一）银行卡清算机构

银行卡清算机构是指由监管部门特许经营，带有金融基础设施性质的，专门从事银行卡转接清算相关服务的机构。中国银联就是经国务院同意、中国人民银行特许经营的，在境内外从事银行卡清算业务的银行卡组织。根据《国务院关于实施银行卡清算机构准入管理的决定》，在中华人民共和国境内从事银行卡清算业务，应当向中国人民银行提出申请，经中国人民银行征求中国银监会同意后予以批准，依法取得银行卡清算业务许可证，成为专门从事银行卡清算业务的机构（以下简称银行卡清算机构）。未依法取得银行卡清算业务许可证的，

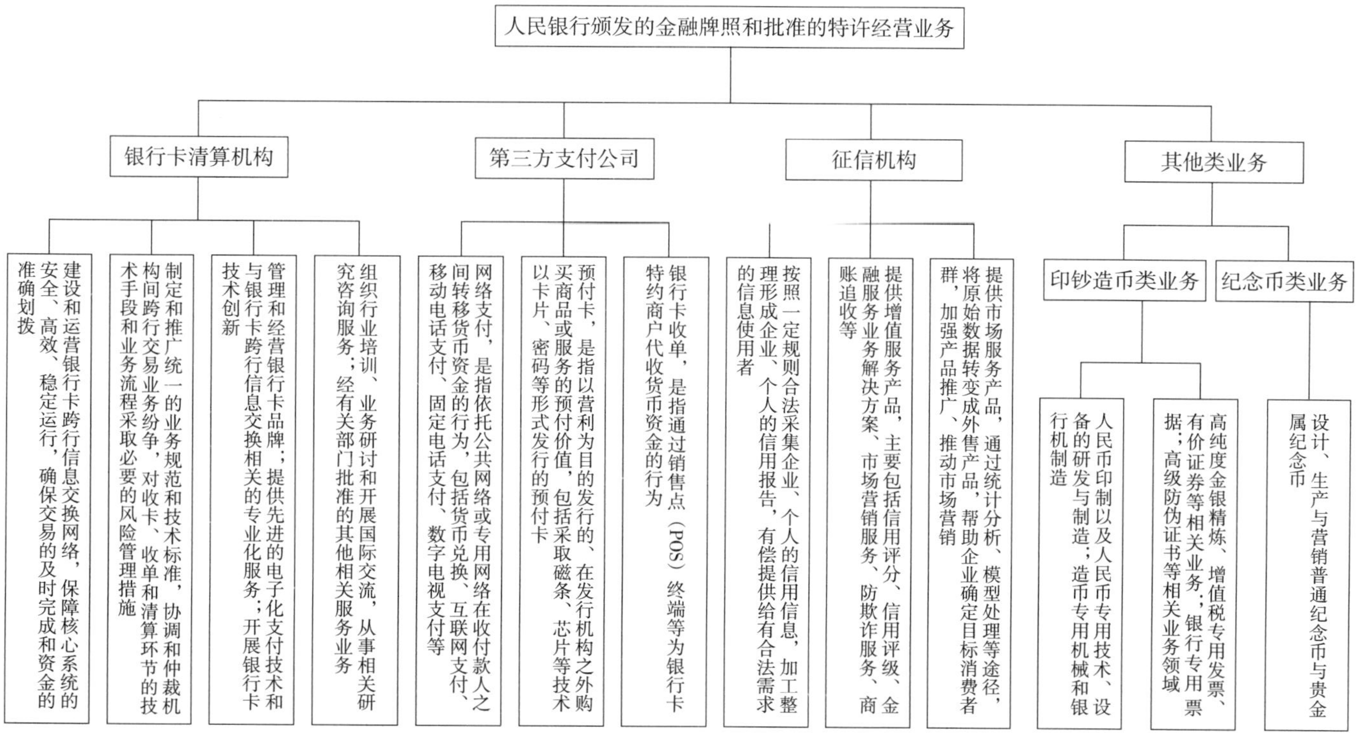

图 4-11 人民银行颁发的金融牌照和批准的特许经营业务

不得从事银行卡清算业务，该决定另有规定的除外。该决定所称银行卡清算业务，是指通过制定银行卡清算标准和规则，运营银行卡清算业务系统，授权发行和受理本银行卡清算机构品牌的银行卡，并为发卡机构和收单机构提供其品牌银行卡的机构间交易处理服务，协助完成资金结算的活动。根据该决定，中国人民银行会同中国银监会制定行政许可条件、程序的实施细则，以及相关审慎性监督管理措施，依法向符合条件的申请人颁发银行卡清算业务许可证，并按照分工实施监督管理，共同防范银行卡清算业务系统性风险。

银行卡清算机构具体可经营以下业务：（一）建设和运营银行卡跨行信息交换网络，保障核心系统的安全、高效、稳定运行，确保交易的及时完成和资金的准确划拨。（二）制定和推广统一的业务规则和技术标准，协调和仲裁机构间跨行交易业务纠纷。为了实现银行卡跨行交易的安全稳定运行、防范交易风险，对发卡、收单和清算环节的技术手段和业务流程采取必要的风险管理措施。（三）管理和经营银行卡品牌。银行卡清算机构自身不发卡，也不收单，均是授权其他机构发行和受理其品牌的支付卡。经营管理商标、BIN 号[①]是银行卡清算机构的知识产权，经营管理商标、BIN 号等要素组成的银行卡品牌是银行卡清算机构经营的重要内容。（四）提供先进的电子化支付技术和与银行卡跨行信息交换相关的专业化服务。（五）开展银行卡技术创新。（六）组织行业培训、业务研讨和开展国际交流，从事相关研究咨询服务。（七）经有关主管部门批准的其他相关服务业务。

银行卡清算机构的廉洁风险具体可分为思想道德风险、制度机制风险、岗位职责风险和外部环境风险 4 种类型。这些风险又可以分为两个方面：一方面，具有一般机构共性的廉洁风险点，如没有严格落实“三重一大”决策制度，可能在重大问题决策、重要干部任免、重

① BIN 号，即发卡行标识码，一般为银行卡号前六位数字。

大项目投资决策、大额资金使用过程中出现廉洁风险。在人财物等重点领域、关键环节和重要岗位，如果相关制度流程不健全完善，也可能发生廉洁风险。另一方面，由于银行卡清算机构网络的广泛性、业务的专业性和技术的密集性，银行卡清算机构的廉洁风险点又具有其行业自身的特殊性，重点是与银行卡清算机构业务相关的岗位职责风险较多，具有点多、面广、管理难度大等特点。具体如下：

一是机构入网环节的廉洁风险。机构入网是银行卡清算机构的重要工作，银行卡业务运作规章对机构入网有着严格的规定，机构入网的程序公开、透明，市场竞争也比较充分，总体质量可控。但随着近年来支付市场快速发展，一些不符合入网资质要求，又迫切希望从事支付业务的中小型机构，可能会诱导个别银行卡清算机构从业人员放松审核标准，让资质不全、不符合条件的机构入网，甚至让一些没有获得支付牌照的中小机构接入银行卡清算网络开展业务。此外，在机构代码分配、BIN号分配、样卡审查、入网测试、备付金缴纳等方面，也存在为他人谋取利益的风险点。

二是规则执行环节的廉洁风险。银行卡清算机构建立了一整套业务规则、技术标准体系，对促进银行卡业务联网通用、支撑业务发展、规范市场行为具有重要作用。由于银行卡清算机构的规则体系涉及面广，既涉及发卡、收单、商户等机构，又涉及卡片、终端等各类机具；既涉及定价和资金清算，又涉及差错处理和争议协调；既涉及境内，又涉及境外。加之不同机构、不同市场的情况不尽相同，在具体实施时，不排除个别人员利用规则标准执行中的自由裁量空间，在个别业务领域进行寻租。

三是风险管理环节的廉洁风险。银行卡清算机构建立了完整的风险防范规则和风险识别系统。如果对风险监测信息麻痹大意，可能让不法分子利用正常规则人为制造漏洞，骗取发卡银行、收单机构、持卡人资金，造成风险事件。还有可能出现个别人员为谋取私利，内外勾结，不按规程对相关风险事件或疑似风险行为进行处置，或者轻处置、不处置，导致企业利益受损，产生社会负面影响。

四是系统运营环节的廉洁风险。银行卡清算机构由于涉及的业务多，通常会根据不同性质业务处理需要，开立相应的清算账户，如果对清算账户管理不严，就可能出现资金迟付、缓付等问题。目前，一些创新业务由于模式不成熟，资金清算还通过手工操作，如果参数配置有误或复核把关不严，极易造成清算报表数据错误，出现资金长短款。

五是市场营销环节的廉洁风险。银行卡清算机构为了树立品牌，扩大品牌知名度、美誉度和忠诚度，会经常性制作投放广告，联合商业银行、商户等产业各方开展市场营销活动，回馈持卡人，增强产品黏性，密切和产业各方联系。如果对营销项目管理监督不严格，在市场营销过程中就有可能出现以单一来源选择营销合作机构、违规为合作机构员工发放补贴、虚设营销项目变相套取资金等廉洁风险。

六是数据管理环节的廉洁风险。银行卡清算机构天然拥有海量信息数据，这些数据具有高度的敏感性，蕴藏着巨大的商业价值。因此，银行卡清算机构一般都制定了严格的数据管理办法。如果不严格执行数据管理制度和要求，未经审批，违规提取或超权限提取数据，可能出现信息安全事故；还可能发生因利益驱动，故意泄露甚至恶意售卖数据的行为。

（二）第三方支付公司

第三方支付又称非金融机构支付服务，是指非金融机构在收付款人之间作为中介机构提供网络支付、预付卡的发行与受理、银行卡收单等部分或全部货币资金转移服务。根据《非金融机构支付服务管理办法》，第三方支付公司经中国人民银行批准设立，主要从事以下业务：（一）网络支付。网络支付是指依托公共网络或专用网络在收付款人之间转移货币资金的行为，包括货币汇兑、互联网支付、移动电话支付、固定电话支付、数字电视支付等。（二）预付卡的发行与受理。预付卡是指以营利为目的发行的、在发行机构之外购买商品或服务的预付价值，包括采取磁条、芯片等技术以卡片、密码等形式发行的预付卡。（三）银行卡收单。银行卡收单是指通过销售点（POS）终端等为银行卡特约商户代收货币资金的行为。（四）中国人民银行确定的其他支付服务。截至 2016 年末，我国共有 267 家非银行支付机构，其中具有网络支付（包括互联网支付、移动电话支付、固定电话支付和数字电视支付）业务许可的机构共 115 家，具有银行卡收单业务许可的机构共 62 家，具有预付卡业务许可的机构共 171 家（部分机构兼具一种以上业务许可，因此三种机构数量加总超过总数）。

随着非金融机构参与支付服务市场，互联网支付、电话支付等新型支付方式不断出现，支付产品创新能力明显加强，较好地满足了电子商务企业和个人的支付需求，促进了电子商务的发展，统一、开放、竞争、有序的支付服务市场初步形成。与此同时，支付机构挪用客户备付金等违规事件层出不穷，为此监管部门加大了管理力度，从 2015 年到 2017 年 6 月，已经有 12 家支付机构被正式注销《支付业务许可证》。[①] 从目前来看，第三方支付公司廉洁风险点主要在于以下几个环节：

一是支付业务许可证审批。根据《非金融机构支付服务管理办法》，非金融机构提供支付服务，应当取得《支付业务许可证》，具体由中国人民银行分支机构依法受理符合要求的各项申请，并将初审意见和申请资料报送中国人民银行。中国人民银行审查批准的，依法颁发支付业务许可证，并予以公告。相关机构和人员在行使审批权过程中，可能因接受利益输送向不符合条件的机构颁发许可证，产生廉洁风险。

---

① 参见 http：//finance. sina. com. cn/china/gncj/2017 – 06 – 15/doc – ifyhfnqa4239052. shtml。

二是监管处罚。按照《非金融机构支付服务管理办法》，中国人民银行及其分支机构依据法律、行政法规、中国人民银行的有关规定对支付机构的公司治理、业务活动、内部控制、风险状况、反洗钱工作等进行定期或不定期现场检查和非现场检查。对违法违规行为，有权责令其停止办理部分或全部支付业务，或给予警告、罚款等处罚。相关机构和人员可能因接受利益输送，不正当行使检查权、监管权、处罚权而产生廉洁风险。

三是商业银行备付金存管业务。根据《非金融机构支付服务管理办法》，支付机构接受客户备付金的，应当在商业银行开立备付金专用存款账户存放备付金。备付金存管银行应当对存放在本机构的客户备付金的使用情况进行监督，并按规定向备付金存管银行所在地中国人民银行分支机构及备付金存管银行的法人机构报送客户备付金的存管或使用情况等信息资料。对支付机构违规使用客户备付金的申请或指令，备付金存管银行应当予以拒绝；发现客户备付金被违法使用或有其他异常情况的，应当立即向备付金存管银行所在地中国人民银行分支机构及备付金存管银行的法人机构报告。相关商业银行及其工作人员可能存在因接受利益输送，不正确履行备付金监管职责，从而产生廉洁风险。

四是支付结算业务。第三方支付平台因其虚拟性，用户只需通过虚拟账户就可以转移资金，而银行在整个交易过程中并不能确定彼此间交易的因果关系。以支付宝为例，卖方不会也无权询问资金来源，极有可能成为洗白黑钱的途径。非金融机构支付业务中存在一些违法违规活动。一些持牌支付机构与商业银行合作，允许客户使用预付卡向银行卡充值或者进行信用卡还款；有的机构受利益驱动，无视人民银行关于境内预付卡业务准入资质的监管要求，为没有境内发卡资质的境外发卡机构在境内代理发行和销售符合金融标准可以联网通用的预付卡，严重扰乱境内预付卡市场秩序；有的机构公然与黄牛勾结，倒买倒卖自己发行的预付卡；还有不法分子利用支付机构的支付服务平台从事诈骗、洗钱等违法犯罪活动。

（三）征信机构

征信是对信息主体的信用信息进行采集、整理、保存、加工，并向信息使用者提供的活动，其主要作用是缓解交易双方的信息不对称，降低信用风险，提高交易效率。征信的基本职能是处理数据，即通过对数据搜集整理、加工分析和传播使用来评价预测信用主体的信用行为。

根据《征信业管理条例》，征信机构是指依法设立，主要经营征信业务的机构。按照信息主体不同，征信业务包括企业征信业务和个人征信业务。其中，企业征信是指对企业、事业单位等组织（以下统称企业）的信用信息进行采集、整理、保存、加工，并向信息使用者提供的活动。个人征信是指对个人信用信息进行采集和加工，并根据用户要求向合法的信息查询人提供个人信用信息查询和评估服务的活动。征信机构作为提供信用信息服务的企业，按一定规则合法采集企业、个人的信用信息，加工整理形成企业、个人的信用报告等征信产品，有偿提供给经济活动中的贷款方、赊销方、招标方、出租方、保险方等有合法需求的信息使用者，为其了解交易对方的信用状况提供便利。征信产品主要包括信用报告、增值服务产品和市场服务产品。

中国人民银行及其派出机构依法对征信业进行监督管理，设立经营个人征信业务的征信机构，应当符合《公司法》规定的公司设立条件，并经国务院征信业监督管理部门批准。目前，我国尚未审批设立个人征信机构。中国人民银行下设征信中心已建成全国集中统一的企业和个人征信系统，其中个人征信系统为8.64亿自然人（有信贷记录的自然人为3.61亿人）建立了信用档案，征信信息以银行信贷信息为核心，还包括个人基本信息以及反映其信用状况的非金融信息、法院信息和政府部门公共信息等。

在大数据时代，随着更多敏感信息的挖掘、征信机构的增加、市场竞争的加剧，风险问题将日益突出，市场监管难度将加大，监管面临的挑战日益严峻，其廉洁风险点主要体现在两个方面：

一是准入监管中可能存在风险隐患。在准入监管审核申请材料、出具审核意见、发放业务许可证并实施业务监管等多个环节，可能存在廉洁风险点。

二是日常监管不完善可能导致征信行业腐败风险。如果监管制度不完善或政策执行不到位，征信机构就可能出现各种违法违规活动。一方面由于道德风险，负责日常监管的工作人员可能因为公众无法识别征信机构违法违规的原因究竟是制度不完善还是渎职不作为，从而放松日常监管，理论上也不能排除放松监管的背后存在监管腐败的可能；另一方面征信机构在从事这些违法违规活动过程中，其自身很可能卷入或涉及各种商业腐败活动，影响市场竞争机制作用的发挥，不利于市场效率的提高。近年来愈演愈烈的个人信息泄露事件已经引起公众对个人信息安全问题的广泛关注，未来个人征信机构获准设立，也可能在个人信息采集、保存和传播中面临潜在风险，如果监管不到位就可能产生各类商业腐败行为。

五、持牌机构与金融市场

目前，我国金融市场有证券交易市场、期货交易市场、外汇交易市场、银行间债券市场、机构间市场、银行间同业拆借市场、黄金交易市场等7类。上述22类持牌机构与金融市场关系密切，必须进一步厘清各主要金融市场的廉洁风险。

一是证券交易市场。证券交易市场主要有：（1）上海证券交易所和深圳证券交易所。根据《证券法》，证券交易所是为证券集中交易提供场所和设施，组织和监督证券交易，实行自律管理的法人。据此，证券交易所有两个功能：资源配置的投融资平台以及为证券市场运行提供组织服务和自律管理。截至 2016 年末，沪深两市上市公司 3052 家，其中主板 1660 家，中小企业板 822 家，创业板 570 家，沪深两市总市值 50.82 万亿元，流通市值 39.33 万亿元。（2）全国中小企业股份转让系统（俗称“新三板”）。全国中小企业股份转让系统成立于 2012 年 9 月，是经国务院批准设立的全国性证券交易场所。截至 2016 年末，共有 10163 家挂牌公司，总市值约 4.06 万亿元。（3）区域性股权市场（俗称“四板”）。区域性股权市场是为市场所在地省级行政区域内的企业特别是中小微企业提供股权、债券的转让和融资服务的私募市场。截至 2016 年末，全国已有 40 家区域性股权市场，基本覆盖全国各省区市。交易所债券市场包括上海证券交易所和深圳证券交易所。

二是期货交易市场。我国有四大期货交易所：（1）郑州商品交易所。郑州商品交易所是我国第一家期货交易所，交易的品种有强筋小麦、普通小麦、PTA（精对苯二甲酸，重要的大宗有机原料之一）、一号棉花、白糖、菜籽油、早籼稻、玻璃、菜籽、菜粕、甲醇等 16 个期货品种。（2）上海期货交易所。上海期货交易所交易的品种有黄金、白银、铜、铝、锌、铅、螺纹钢、线材、燃料油、天然橡胶、石油沥青、热轧卷板、镍、锡等 14 种期货合约。（3）大连商品交易所。大连商品交易所交易的品种有玉米、玉米淀粉、黄大豆 1 号、黄大豆 2 号、豆粕、豆油、棕榈油、鸡蛋、纤维板、胶合板、线型低密度聚乙烯、聚氯乙烯、聚丙烯、焦炭、焦煤和铁矿石共计 16 个期货品种。（4）中国金融期货交易所。中国金融期货交易所是专门从事金融期货、期权等金融衍生品交易与结算的公司制交易所。目前，交易品种包括股指期货和国债期货。

三是外汇市场。银行间外汇市场是指经国家外汇管理局批准可以经营外汇业务的境内金融机构（包括银行、非银行金融机构和外资金融机构）之间通过中国外汇交易中心进行人民币与外币之间的交易市场。

四是银行间债券市场。银行间债券市场是指依托于中国外汇交易中心暨全国银行间同业拆借中心和中央国债登记结算公司、银行间市场清算所股份有限公司，包括商业银行、农村信用联社、保险公司、证券公司等金融机构进行债券买卖和回购的市场，是机构投资者进行债券大宗批发交易的场外市场。

五是机构间市场。机构间市场是指证券公司柜台市场，是证券公司与特定交易对手方在集中交易场所之外进行的交易或为投资者在集中交易场所之外进行交易提供服务。

六是银行间同业拆借市场。银行间同业拆借市场是指依托于中国外汇交易中心暨全国银行间同业拆借中心的银行业同业之间短期资金的拆借市场。

七是黄金交易市场。上海黄金交易所成立于 2002 年 10 月，提供黄金、白银、铂等贵金属交易的场所、设施及相关服务。

各金融市场主要廉洁风险点在于：

一是信息泄露风险。交易所集合了价格、交易量、买卖双方信息等海量交易数据，交易所员工存在利用职务之便，获取敏感信息，泄露给其他机构或个人，进行利益交换的廉洁风险。

二是内幕交易风险。交易所员工存在利用内幕信息，通过个人或亲属账户进行证券交易的风险。

三是滥用监管权力风险。交易所具有自律监管职能，包括处罚权、审批权等，存在利用职权谋取私利的风险。

四是交易所与会员单位或监管对象之间利益输送的风险。存在交易所工作人员收受会员单位或监管对象好处，亲属在监管对象任职等利益输送风险。

第五章

中国金融腐败的新趋势及危害

聪者听于无声，明者见于无形。

——《汉书》

本章提要

- 本章结合当前金融领域存在的风险，深入探讨了中国金融行业高速发展阶段腐败的新趋势与危害。
- 复杂性、传染性与交叉性是金融腐败的新趋势和新常态。
- 持续的技术创新提高了金融腐败的便利性、隐蔽性和行业腐败的可能性，增加了金融腐败的道德风险和治理难度。
- 与金融产品创新等蓬勃发展相对应的是监管制度和监管模式改革的滞后。
- 市场与监管的匹配度同金融腐败高度相关。在金融混业经营趋势下，传统分业监管模式在监管缝隙、监管套利、监管倒挂、监管割裂等多个领域暴露出弊端，为金融腐败提供了空间。
- 全球化背景下，资本市场双向开放程度持续加大、人民币国际化进程稳步推进，中国在全球经济金融治理中占据重要地位，一旦发生金融腐败问题，在一个更加开放的金融体系中其危害性可能更加严重。

近年来，随着金融行业高速发展，在金融创新和混业经营冲击下，金融腐败行为更具复杂性，跨行业、跨市场腐败传导更加便利。特别是随着经济全球化发展，一国的金融腐败不仅危及本国金融安全，还可能造成区域性金融危机，放大金融腐败的危害性。当前，尽管我国经济形势总体呈现出缓中趋稳、稳中向好，经济运行保持在合理区间，质量和效益提高等特点，但仍存在不少突出矛盾和问题，尤其是产能过剩和需求结构升级矛盾突出，经济增长内生动力不足，金融风险易发高发。尽管系统性风险总体可控，但不良资产风险、流动性风险、债券违约风险、影子银行风险、外部冲击风险、房地产泡沫风险、政府债务风险、互联网金融风险等八大风险正在累积，金融体系还比较脆弱，尤其是金融结构严重失衡。化解金融风险是供给侧结构性改革的一个关键点①，也是打击金融腐败行为的重要目标。一方面，金融资源配置方式非市场化和透明度不足，给金融腐败留下了较大空间；另一方面，金融腐败的发生也会加剧金融风险的聚集和爆发，并对经济金融健康稳定运行带来严峻挑战。必须进一步加大惩治金融腐败力度，以辩证思维分析矛盾，以法治思维综合施策，以底线思维规避风险，确保不发生系统性风险。

① 厉以宁、吴敬琏等：《三去一降一补——深化供给侧结构性改革》，中信出版集团 2017 年版，第 137 页。

一、金融腐败的新趋势

党的十八大以来，党中央以作风建设为突破口，持续正风反腐，开启了全面从严治党新征程，有效遏制了腐败现象蔓延势头。与此同时，中国经济转型、稳定增长也进入了攻坚期，金融在经济发展中的重要地位更加凸显。为保障国家战略有效执行、平稳度过经济转型期，反腐利剑亦顺势挥至金融。与其他领域相比，金融行业业务范围更广泛，业务主体更分散，且专业性更强，这为行业监管与反腐败工作带来了较大难度。

（一）金融腐败的复杂性

在经历了30多年的高速增长后，中国经济正处于增长换挡期、结构调整阵痛期和前期刺激政策消化期“三期叠加”的新阶段。金融行业由粗放型高增长时代向稳健发展态势转变，业务内容进一步细分与深化，金融业务日趋复杂。随着创新业务、创新模式不断拓展以及混业经营越发普遍，金融业务尤其是部分风险大、竞争激烈、技术严格、产品多样的部门和岗位的专业性要求日益提高，一定程度上也带动了金融腐败专业化程度的提高。从已发生的金融腐败案件看，相关犯罪涉及信贷、会计、出纳、储蓄、计划、投资、国际业务等多个操作部门，渗透到吸储、放贷、资金审批、票据结算和出具信用证等多个工作环节中。相关业务模块与操作环节，对金融管理才能、资本运作能力、会计审计知识储备和工作经验都有很高要求。同时，我国金融市场交易过程日趋复杂，金融腐败很可能被合规合法的表面形式所掩盖。随着金融业务创新力度不断加大，资本运作日益复杂化，监管难度和反腐成本进一步加大。

（二）金融腐败的传染性

现代金融体系的一个重要特点是相互关联，由此决定了金融腐败的传染性。具体而言，金融腐败的传染性主要受社会关系和业务关系两个因素驱动。社会关系驱动是指腐败在同学、朋友、亲属间传染，体现为金融腐败窝案、亲缘案件增多。业务关系驱动是指腐败在不同机构、不同个体间以业务交叉点为纽带传染，体现为宽领域、长链条金融腐败案件增多。

从社会关系驱动来看，近年来“某某系”“某某派”等字眼活跃于媒体报端。他们大多以同学关系、亲属关系等为纽带，从一人腐败堕落开始，迅速感染整个紧密交际圈，“一人得道、鸡犬升天”“利益均沾、团伙作案”。社会关系驱动下的腐败自古有之，之所以难以消除，是因为供其生长的客观现实土壤持续存在。首先，腐败分子的原动力是利己主义极端化，社会中持有利己主义思想的人还是存在的。在这种情况下，如果个人把握不好尺度，很容易堕落成腐败分子。其次，利己主义的形成受外部环境影响，共同成长的人群易于形成利己主义共性。一旦有人从合理利己主义演变为极端利己主义，容易产生共鸣，引发腐败迅速传染。这也解释了为什么腐败案件往往涉及妻儿、兄妹、父母、同学等。可以说，传染性是所有腐败的普遍特性，也是金融腐败的重要特征。

从业务关系驱动来看，腐败传染性在新常态下的金融领域更加明显。一方面，随着我国加大金融业务监管力度，单独作案的可能性越来越小，单一业务模块独立犯案的概率也在降低，少数人长期一手遮天掩盖违纪违规行为的现象逐渐减少。另一方面，新常态下金融业务向综合性、复杂性、创新性发展，同一业务链环环相扣，不同业务链交叉点众多。腐败分子为了变现腐败利益，提高了犯罪隐蔽性，有业务驱动下金融腐败传染的主观需求。有的腐败分子通过私刻银行印鉴、存款单位印章及更换银行客户预留印鉴卡，以及使用伪造的转账支票等手段，将单位存入银行的资金转入本人或本人操控的账户，涉案金额达数亿元。在此过程中，腐败分子首先用高额好处费作为诱饵贿赂拉款人等，将存款单位资金“引存”到指定银行，再腐蚀拉拢银行工作人员，内外勾结，共同犯罪。有的银行腐败案件涉及凭证式国债业务、融资业务、存折印制业务、财富管理业务、存款业务等多个领域。有的信用保险公司腐败案件涉及信贷、咨询、股权质押、跨境、信用证等业务，部分出现全业务链腐败、跨地区多支行腐败。一系列案例表明，随着金融业务复杂化，上下级监控制度逐步完善，简单的“卷钱跑路”单独犯案模式越发不可行，金融腐败传染性更加明显。

在以上因素驱动下，金融腐败通过沿业务链传染、金融行业间传染、金融与非金融行业间传染以及境内外传染四个途径来实现。沿业务链传染指在某单一金融业务上，腐败在客户端、执行端、决策端全过程传染，该类型腐败主要由业务关系驱动。金融行业间传染指腐败在股票、保险、期货、投行、债务等多个细分领域传染，该类型腐败主要由社会关系和业务关系双重驱动。金融与非金融行业间传染指腐败在金融行业以及汽车、航运、房地产等行业间相互传染，该类腐败主要由社会关系驱动。境内外传染指腐败行为通过境内外业务引进、资金交流等方式而传染，该类腐败主要是由业务关系驱动，其间，伴随着风险传递。特别是腐败在沿业务链传染与金融行业间传染双重作用下会演变为行业腐败。

（三）金融腐败的交叉性

随着交叉性金融工具、金融衍生品、金融控股公司等金融创新高速发展，金融行业间交流日益增多，各细分行业关系更加密切。而直接融资、间接融资等融资渠道的发展，使得金融行业同越来越多的行业产生交集。金融自身综合属性不断提高，是金融腐败跨行业、跨领域蔓延的主动成因。一方面，金融内部跨行业腐败增多。近年来，中国金融市场发展动能强劲，除银行代理保险、银证转账、银行代理基金等交叉业务发展之外，外汇期货、股指期货、利率远期等金融衍生品的增多加强了不同金融标的、不同金融市场的联系。以往金融腐败主要集中在银行系统，但随着行业发展趋向混业，金融腐败领域越来越广。从近两年查处的金融腐败案件看，大都涉及券商、保险与银行等多个行业，部分案件甚至涉及监管机构。另一方面，跨金融与非金融行业腐败案件也呈增长趋势。随着股票发行、债券发行、投资并购的兴起，金融人才越来越多地涉猎实体行业。人脉关系的交织，为跨金融与非金融行业腐败提供了条件。有的腐败案件涉及工商、外汇、律师事务所、国内外实体企业等机构，涵盖金融、法律、化妆品、电器、汽车等行业。个别腐败案件牵涉多家大型上市公司，涉及众多企业债项目，涵盖近 20 个行业。一系列腐败案件及其触目惊心的数字，揭示了金融腐败跨行业跨领域发展新趋势。

就腐败而言，无论其形式如何多变，最终都归于利益。一旦涉及经济利益，进行资金资产转移，就离不开金融这一纽带。一方面，由于现代金融交易手段的多样性、复杂性，通过貌似合规合法的操作，可以将贪腐所得“洗白”。特别是经过一系列复杂的资本运作，资金来源将难以被发现。因此，金融领域成为腐败资金的最佳去处。当然，如果这一流程没有金融腐败分子参与，难以进行腐败变现，这是金融腐败跨行业跨领域发展的被动成因。另一方面，金融可谓社会之血，没有血液在全身良好循环流动，人体就不可能存活，经济体亦是如此。在国内经济由低阶向高阶演进过程中，金融更是发挥着无可替代的作用。现在，无论是国民经济运作，还是社会公众日常生活，都与金融有着紧密联系，腐败行为也不例外。例如，房地产开发的金融贷款环节是腐败重灾区，房产变现涉及担保抵押公司，房产的分散登记需会计人员协助。而在交通、煤炭等行业发生的一系列贪腐大案中，也都能看到金融机构、金融从业人员活跃的身影。由于金融在当代经济生活中所扮演的关键角色，金融腐败被牵扯进其他行业腐败中，被动呈现出跨行业、跨领域腐败特点。无论是由金融行业自身发展导致的主动成因，还是由金融行业作用导致的被动成因，都在一定程度上加剧了金融腐败跨行业、跨领域蔓延趋势。随着金融行业混业程度不断提高，这一趋势将更加明显。

二、金融领域的技术性与金融腐败的治理难度

近年来，随着ICT[①]技术的发展，我国经济实现了跨越式增长。该技术将世界紧密联系在一起，在金融全球化进程中，逐渐成为金融业市场竞争的核心范畴。新技术在金融行业的运用和推广，带动了金融业务流程自动化，提高了行业运转效率。同时，持续的技术创新重塑了金融业务范围，改写了原有经营理念和经营模式，并对现有监管思路和监管模式提出挑战，一定程度上也加大了治理金融腐败难度。

（一）技术性提高了金融腐败的便利性

谋取私利是腐败的基本动因，即腐败分子通过各种方式掠夺和侵占国家、社会或他人利益。腐败行为的一个重要条件是：腐败者必须占有一定的资源和权力。随着高技术含量设备被引入金融行业，借助高科技手段的智能化腐败案例不断增多。有学者指出，不断的技术创新导致资本有机构成不断提高，利润率下降规律作用更为显著，于是资本被迫通过金融化狂热逐利，虚拟经济严重脱离实体经济而变成难以驾驭的“魔鬼”。这种通过“金融创新”的法术呼唤出来的“魔鬼”更具“夺命力”。[②]新型腐败集中发生于金融行业基层操作部门，一些金融从业人员利用直接操作设备之便，通过电脑技术篡改账目侵吞公款，或挪用和透支储户资金进行非法盈利活动，或利用密码窃取储户本金和利息等。

---

① ICT：Information Communication Technology，即信息通信技术，是信息技术与通信技术相融合而形成的一个新的技术领域。

② 姜辉：《21世纪世界社会主义的新特点》，社会科学文献出版社2016年版，第42页。

（二）技术性提高了金融腐败的隐蔽性

技术革新重塑了金融业务范围。随着 ICT 技术的普及，伞形信托[①]、P2P 平台融资、股票收益互换[②]等一些附属金融产品与金融工具逐渐衍生出来，这些新业务领域需要信息技术支持才可以维持正常功能，除了能够配置资金外，也为滋生腐败提供了温床。金融腐败通常可分为两种形式：一是权力寻租，即为了捞取不义之财而滥用职权；二是不作为，即在本职岗位不尽责，没有完成应有义务，这种形式的腐败往往不易引起重视，但对社会危害极大。技术革新带来的金融业务范围重塑，为这两种腐败提供了新的土壤。例如，2015 年股市异常波动期间，某券商股票收益互换业务被推到风口浪尖。应当说，这项业务本身是合法的，且持有国家认可的牌照资格。但由于其业务设计较为复杂、买卖双方权利不匹配等原因，产生了违规的可能性，增强了违规的隐蔽性，使得该业务成为权力寻租的集中点之一。再如，伞形信托、P2P 平台融资等业务在发达金融市场部分已得到验证，是金融市场发展的内在要求。同时，创新也符合实际需求，可以为行业发展注入新的活力，但相关业务自身的高杠杆属性和复杂性，使得该业务自开展以来就不断累积风险，需要金融监管部门加以处理。如表 5 -1统计所示，由于新型业务模块的拓展，市场曾一度聚集数万亿元资金。但对这些业务，监管机构以前未曾涉及或较少涉及。由于监管人员培训速度难以跟上业务发展速度、监管资金投入需要转换时效、监管条例制定需要时间等客观原因，使得监管结果难以准确衡量，监管责任难以有效划分，从而为腐败提供了空间。

---

① 伞形信托指同一个信托产品之中包含两种或两种以上不同类别的子信托，投资者可根据投资偏好自由选择其中一种或几种进行组合投资，满足不同的投资需要。

② 股票收益互换指客户与券商根据协议约定，在未来某个期限内，针对特定股票收益表现与固定利率进行现金流交换。股票收益互换是一种重要的权益衍生工具交易形式。

表 5-1　2015 年股市异常波动期间各杠杆资金统计①

资金类型	全市场峰值（亿元）	全市场 7 月中旬数值（亿元）
信托渠道杠杆资金规模	18000～22000	10000
民间配资	4000～6000	2000～3000
融资余额	22666	13692
分级基金 A 类规模	1752	1156
资管配资规模	7655	7600
全部配资规模合计	54073～60073	34448～35448
场外配资规模合计	31407～37407	20756～21756

技术革新带来了金融业务流程优化。流程优化改变了原有业务经营理念和经营模式，对金融腐败产生的影响是多方面的。一方面，流程优化使得依靠流程不透明等技术上固有缺陷而产生的腐败现象大大减少。1993 年至 2001 年，中国银行开平支行前后三任行长持续作案，联手盗取银行资金 4.83 亿美元。该案件长期未被发现的原因是当年全行电脑没有联网，对总体资金缺乏准确及时的审核手段。与之相类似的还有震惊三湘的株洲市商业银行原副行长黄某等特大非法揽储案，涉及人民币 7.76 亿元。自 1999 年 10 月至 2004 年 8 月，黄某伙同文某等 30 余人，通过办理委托理财业务、高息贴水、发放股权证等手法，非法吸收公众存款，用于购置固定资产、投资、兑付存款、发放贴水等，其犯罪持续时间长、金额大的原因也是当年信息通信技术不发达，银行系统对存款储蓄缺乏及时核对机制，且公众无法及时获得银行公布的有效信息。类似的案件还有不少，审视这些曾经的大案要案，其手法之简单、操作之粗暴、时间之持续，让人大跌眼镜。随着信息通信技术的发展，这类案件将很难再发生。另一方面，随着新技术发展，资金转移更加便利，尤其是跨境资金转移，短时间调动大额

① 清华大学国家金融研究院课题组：《完善制度设计　提升市场信心　建设长期健康稳定发展的资本市场》，2015 年，第 59 页。

资金能力有了很大提高，资金分散处理更加便捷，金融腐败成本随之降低，同时也提高了金融腐败隐蔽性。可以说，流程优化减少了低端犯罪，但也可能发生规模更大且更加隐蔽的金融腐败。

（三）技术性提高了行业腐败的可能性

当前，行业性腐败问题较为突出。行业腐败与行业“潜规则”密切相连。比如，一段时期以来，在某些行业里送红包是惯例，收红包也是惯例，长久以来形成了行业“潜规则”。这些规则并没有任何明文规定，但被一些从业者和相关人员遵守。不少人认为，这就是整个行业风气，如果自己不收礼，反倒与行业“潜规则”相违背，使自己成为破坏规矩的人。在“劣币驱逐良币”效应下，歪风邪气取代了正常的制度规范，行业性腐败随之产生。金融行业也有一些“潜规则”，这是金融行业产生行业性腐败的基础。金融行业的特性尤其是现代信息技术的影响，对金融行业带来了前所未有的改变，提高了金融行业腐败的风险。

现代信息技术缩短了金融创新周期。传统金融产品在研发过程中考虑环节比较多，从研发到上市，周期比较长。随着金融产品创新与现代信息技术结合，借助于互联网时代快速、高效的产品研发特点，金融产品研发周期由原来的以年或月为单位变为以天或小时为单位。以 2012 年银行理财产品为例，建设银行总共发行 3405 款产品，招商银行和平安银行发行新型理财产品超过 2000 款。监管机构受限于监管制度，在面对数量众多、周期短暂的金融创新时显得力不从心。目前，互联网金融创新的模式和法律关系并不匹配，法律本身的特征就是滞后于实践，这并不是法律本身有问题，而是由实践所决定的。部分领域法律的缺失、监管的空白导致金融行业腐败形成。

现代信息技术加强了金融业与非金融业、金融行业不同子行业间的混业经营。互联网企业基本上完成了对用户的初步积累，可深度分析客户数据、挖掘客户金融需求。经过跨界合作，目前已构建了集金融、非金融各业务模块的商业模式。如资产证券化产品、二维码移动支付、飞机延误险、微信银行、余额宝等是相关模式的代表。该类模式大量涌现，大大增强了金融业务的横向纵向关联性。虽然使得单一环节、单一业务金融腐败难以变现，但增加了腐败沿业务链传导的能力，整体表现为金融腐败行业化发展趋势。

现代信息技术加快了金融模式被效仿的速度。随着信息披露的增多和信息传播的加快，金融机构的经营模式已不再是商业机密。面对日益激烈的竞争态势，任何能够取得超额收益的经营模式都会被众多参与者竞相模仿，金融监管套利就是其中之一。金融机构在不违背监管规定的前提下，通过金融交易、业务转移等方式降低自身所面对的总体监管要求，从而谋取额外收益。目前，金融机构注册地选定、金融各业务条线所属地规划、资金转账方式等都有了行业通行规则，越来越多类似规则随着信息的交流而成为行业墨守的准则。尽管这些规则合乎各方要求，但会加大风险积累，易滋生行业腐败。

从以上分析来看，金融行业自身存在滋生行业腐败的基础。现代信息社会的发展，进一步强化了相关特性。在多重因素作用下，金融腐败有可能成为一种行业腐败。

三、金融行业的创新性与金融腐败的道德风险

随着经济体制改革不断深化，中国金融体系活力持续释放，金融创新在多个层面快速发展，并对国民经济运行和社会生活方式产生深远影响。金融创新的好处是有更多人可以分担风险，但坏处在于其中的道德风险。[①] 特别是随着金融创新不断推进，因监管缺失而产生的金融腐败道德风险可能进一步积聚。

---

① 朱宁：《投资者的敌人》，中信出版社2014年版，第337页。

（一）金融创新的蓬勃发展

第一，金融制度创新。无论是政策层面还是市场层面，近年来，我国金融业混业经营大趋势已经启动。在政策层面，2014 年国务院颁布“新国九条”，放松了证券期货业务牌照限制，“支持证券期货经营机构与其他金融机构在风险可控前提下以相互控股、参股的方式探索综合经营”。[①] 随着《证券法》《商业银行法》的修订，混业经营改革方向将进一步明确。在市场层面，中信、平安、光大等大型金融集团全力布局混业经营，并融合了银行、证券、保险、信托、租赁等多种牌照，中国长城、中国信达、中国华融、中国东方等四大资产管理公司也获得了银行牌照。阿里巴巴、百度、腾讯等互联网巨头纷纷推出了一站式、综合性金融服务，蚂蚁金服、百度金融商城、京东供应链金融等服务，打破了传统金融业务形态藩篱。

第二，金融机制创新。2012 年重启改革后，中国金融体系的市场化、国际化进程继续稳步推进。在市场化方面，2015 年末基本完成了利率市场化改革，存贷款利率管制被取消，新的利率传导机制和货币政策框架正在逐步健全。目前，金融机构已具有自主决定利率权，有效提升了金融市场定价能力和资源配置效率。在国际化方面，中国资本市场对外开放取得长足进步，人民币双向流动机制得到加强。

第三，金融产品创新。2008 年国际金融危机以来，以互联网金融和金融衍生品为主要代表的中国金融市场产品创新和业务创新进入快车道。在互联网金融方面，股权众筹、P2P 网贷、第三方支付、大数据金融等金融创新依托互联网技术，降低了金融服务进入门槛和交易成本，满足了个体化、差异化需求，覆盖了传统金融业服务盲区，纾解了中小微企业融资贵、融资难困局，延展了中国金融体系深度和广

---

① “新国九条”内容参见国务院于 2014 年 5 月 9 日颁布的《国务院关于进一步促进资本市场健康发展的若干意见》。

度。与此同时，互联网金融加速了金融脱媒进程，撼动了银行融资中介和支付中介地位，推动了传统金融服务模式改革。在金融衍生品方面，2010 年股指期货正式上市，2013 年国债期货回归市场，场外衍生品市场也在平稳发展。金融衍生品市场发展不仅提高了中国金融体系价格发现能力，完善了风险对冲机制，也对市场监管提出了新的难点与挑战。

（二）金融创新与金融监管的博弈均衡

通过创新突破旧的规章制度限制是金融创新的原动力之一。凯恩的金融创新理论认为，“规避创新”是回避各种金融控制和管理的行为，金融创新即产生于回避各种金融控制和规章制度的过程中。这就要求我们在监管过程中既要防止“黑天鹅”事件①，也要防止“红天鹅”事件②，更要防止“灰犀牛”事件③。“黑天鹅”挑战我们的想象力，“红天鹅”挑战我们的预测力，“灰犀牛”挑战我们的应变力。

金融创新与金融监管是一个相互博弈逐步均衡的过程。以规避制度监管为驱动力的金融创新，容易导致道德风险，失去有效的制度控制。在金融领域工作的精英们及其所在机构为追求自身利益最大化，使得金融创新脱离道德轨迹，造成道德危机，进而危害投资人和金融机构自身利益。金融危机前，全球金融市场为了追求高额收益和竞争优势，部分国家出现了倡导金融领域自由化经营和放宽金融管制的趋势，这虽有助于金融创新，却会使道德风险不断积聚。

规避金融监管使腐败现象时有发生。有的结构化金融产品的设计复杂多样，金融从业人员很容易通过巧妙的设计来规避监管。有的利用金融机构特殊性，刻意隐瞒有关金融产品信息，造成信息不对称，

① “黑天鹅”事件是指难以预测且不寻常的低概率事件，通常会引起市场连锁负面反应甚至颠覆。

② “红天鹅”事件是指由于整体的预见缺失而造成的灾难性事件。

③ “灰犀牛”事件是指本来有能力、有机会阻止的高概率、破坏力极强的灾难。

进而引发道德风险等。由于监管制度不完善，存在滞后性和法律真空地带，使得金融创新中的不道德行为披上合法外衣，这在一定程度上变相鼓励了一些不道德的金融创新。以2008年次贷危机为例，一个很重要原因就在于金融机构为获得金融交易最大化，通过一系列金融产品和金融工具创新，突破既有金融监管体系，形成监管空白。此次危机期间，许多复杂的衍生品，包括衍生合约下打包出售的“证券化”基础资产都变得声名狼藉，主要是因为人们无法了解这些衍生品的真面目，而且它们直接引发了银行和美国国际集团这样大型保险公司的经营危机。①

（三）过度的金融创新带来监管缺失和危害

当前，创新是金融行业重要特点之一。金融创新带来金融业务领域扩展速度远大于金融监管改革带来的监管领域扩展速度，造成部分业务和地区出现金融监管缺失现象。这一现象在全球普遍存在，备受关注。

2008年，金融危机在美国突然爆发，并迅速席卷全球。“这场严重的金融危机的根源就在于普遍存在的金融欺诈阴谋。”② 特别是美国金融监管制度和监管模式严重滞后于金融创新，“松懈的监管为猖獗的盗窃创造了一个宽松的环境，资金被贷给朋友和亲戚，而他们拿到钱后却消失了。”③ 由于不具备与之相适应的金融风险评估度量工具，金融投机中的道德风险难以被控制，资本市场与银行体系间无法建立起有效的联动监管。全球金融危机表明，公司治理和风险管理存在严重缺陷，因为金融机构非常轻率地只关注交易（实际上就是赌博）和

① ［英］默文·金：《金融炼金术的终结》，束宇译，中信出版集团2016年版，第144页。

② ［美］詹姆斯·K. 加尔布雷斯：《正常的终结——理解世界经济新常态》，蒋宗强译，中信出版集团2017年版，第144页。

③ 同上，第145页。

高增速（威廉·布莱克认为实质上是欺诈）。[①] 当年美国金融监管缺失，主要体现在“四个缺乏”[②]：一是缺乏对抵押贷款公司、金融公司和投资银行等市场主体的有效监管。1999 年美国通过《金融服务现代化法》，但对投行监管没有发生本质变化；金融公司主要是一些为消费者或者小企业提供资金的非银行金融机构，没有专门机构进行监管。此外，由于抵押贷款公司不吸收存款，其可以游离于美联储监管之外，大量贪腐造假使得不符合贷款条件的借款人获得资金，次级抵押贷款由此激增。二是缺乏对金融产品创新的监管。其时美国金融市场围绕着次级抵押贷款债券衍生出 CMO（抵押担保债券）[③]、CMBS（商业地产贷款抵押证券）[④]、SMBS（剥离式抵押支持证券）[⑤]、CDO（担保债务凭证）[⑥] 等众多金融衍生品。但面对众多新增的衍生产品，金融监管未能全面覆盖。不合规操作不断累积，最后诱发了金融危机。三是缺乏对金融机构高管人员的有效监管。为了追求经营业绩和高额奖金，高管们在次级债务的膨胀中起了推波助澜作用，而监管机构对这种情况熟视无睹。四是缺乏对信用评级机构的监管。大量的衍生品在设计

---

① ［美］L. 兰德尔·雷：《下一场全球金融危机的到来——明斯基与金融不稳定》，张田、张晓东等译，中信出版社 2016 年版，第 7 页。

② 参见周宏：《从美国金融危机看加强金融监管的迫切性》，《求是》，2009 年第 9 期，第 59 – 60 页。

③ CMO：英文全称 Collateralized Mortgage Obligation，简称 CMO，抵押担保债券；是一种具备分级支付证券和分期支付证券双重特点的转付证券，该类产品的核心是根据资产池未来现金流情况创造出不同级别的债券。

④ CMBS：英文全称 Commercial Mortgage-based Securities，简称 CMBS，商业地产贷款抵押证券；整合打包多种商业房地产的抵押贷款，后经证券化处理，以分级或单一债券的形式上市，供市场参与者选择投资，是商业房地产证券化的重要融资方式。

⑤ SMBS：英文全称 Stripped Mortgage – Backed Security，简称 SMBS，剥离式抵押支持证券；核心是对资产池产生的现金流按照其构成进行重组，并由此创造出全新的金融产品，是美国联邦国民抵押贷款协会推出的一种金融工具。

⑥ CDO：英文全称 Collateralized Debt Obligation，简称 CDO，担保债务凭证；是一种固定收益类证券，发起方一般将拥有稳定现金流的金融资产汇集成资产池，然后对资产池进行整合处理与分拆，将分拆出来的现金流以固定收益类证券的形式通过其他发行方出售给投资者。

过程中涉及众多信用评级环节，资产定价及其规模都是按照评级机构要求设定。然而，美国对这些机构却没有专门的法律和部门进行监管。在利益驱动下，市场充斥着各类“包装”过的高评级次级债，其背后不排除存在腐败问题。

类似问题，我国也出现过，2013 年“影子银行”[①] 问题和 2015 年互联网金融问题凸显，都是金融监管缺失的体现。回顾历史，我们发现金融监管缺失一直伴随着整个市场的发展，越是金融创新活跃的区域缺失越明显，也越容易发生腐败问题。

四、金融监管的滞后性与金融腐败的“套利缝隙”

在互联网经济下，信息传播速度加快，很可能在短时间内使得监管套利形成模式，并加速成为行业模式。“互联网企业涉足金融领域，由于其思维方式、业务模式、风险控制与传统金融机构存在天壤之别，现有金融监管体系难以覆盖其风险。”[②] 监管框架和监管理念必须适应市场融合的变化，市场与监管匹配度越高，产生腐败的可能性越低。目前，金融混业趋势越来越明显，而金融分业监管体系由于内部利益复杂、协调难度大，与市场匹配存在一定滞后性，容易形成“套利缝隙”和“监管协调的空白”，极易诱发腐败。

（一）市场与监管的匹配度同金融腐败的相关性

首先，金融市场结构与金融监管模式存在匹配关系。

“二战”之后，金融市场作为全球经济体系中最为活跃的部分，始终保持着日新月异的发展变化，逐渐形成了两种截然不同的市场结构。一是分业经营结构，各金融机构不允许跨市场运行，只能从事单

① 影子银行是不受银行监管体系约束的信用中介机构，其核心功能是规避政策监管。

② 张健华：《互联网金融监管研究》，科学出版社 2016 年版，第 3 页。

一类型市场业务，不同业务也不能交叉渗透。目前，我国金融市场就遵循了这一结构。二是混业经营结构，允许商业银行、证券、保险等金融机构从事多个类型市场业务，包括但不限于证券（投行）、基金、银行、保险、信托等方面。目前，美国、英国、德国、日本等发达国家均采用了这一市场结构。从世界各国看，混业经营模式一般分为两类：一是以美国为代表的金融控股集团模式。该模式下母公司控股，子公司分业经营，从事两种以上银行、证券和保险业务。二是以欧洲为代表的全能银行模式。在全能银行体系内，各部门可从事商业银行、投行、信托等多种金融业务。

应当说，分业经营和混业经营各具特色，基本满足了各金融系统在不同地域、不同阶段的发展需要，不能轻易判定哪一种结构更优，其比较优势因各金融系统的变化而变化，并产生交替。美国1929年金融危机至今，金融市场因时而动，走过了“混业—分业—混业”的曲折发展道路。21世纪以来，金融创新和业务融合不断推进，全球范围内混业经营成为新一轮主流趋势。

金融监管的目的在于依法规范金融市场各类行为，提高市场效率，化解金融风险。随着金融市场结构不断演进，世界各国结合自身传统和现实状况，构建了不同类型的金融监管模式，最大限度地与金融市场结构相匹配。基于实践经验，世界各国金融市场结构与金融监管模式逐渐形成了相对稳定、合理的匹配关系。

针对分业经营，一般采用分业监管模式，也称为机构监管模式。在这一模式下，主要依据金融机构的法定属性由专门的监管部门进行监管。监管部门既负责规制商业行为，又承担审慎监管职能。目前，我国的金融监管体系就属于典型的分业监管，墨西哥和我国香港地区也采用了机构监管模式。

分业经营业态相对稳定，而混业经营业态则多种多样，与之匹配的监管模式也更为丰富。一是功能监管。不同于机构监管，功能监管模式按照金融机构不同功能划分监管部门，相同或相近业务由同一部门监管，资管类产品通常由证券监管部门统一监管，监管范围可包括商业银行的理财产品、证券公司的集合理财产品、基金公司的公募基金等。法国、意大利、西班牙、巴西的监管模式是功能监管。二是目标监管。有的国家将监管目标作为划分监管范围的标准：一种是行为监管，旨在维护金融消费者合法权益及金融市场竞争秩序；另一种是审慎监管，旨在维护金融机构和金融市场安全稳健。在目标监管模式下，两个目标分别由两个不同的专职机构负责。澳大利亚的“双峰监管”① 是这一模式的典型代表。三是统一监管。在混业经营下，金融业务融合不断深化，监管目标也逐渐难以割裂和区分，针对这一趋势，德国采用了统一监管模式，整个金融市场监管职能由单一的专职机构承担，并覆盖所有金融机构和金融业务。2002 年 5 月，德国成立联邦金融监管局，对银行、证券和保险市场进行统一监管。尽管统一监管模式弥补了分业监管的一些弊病，但实践也证明并不能一劳永逸解决所有问题。

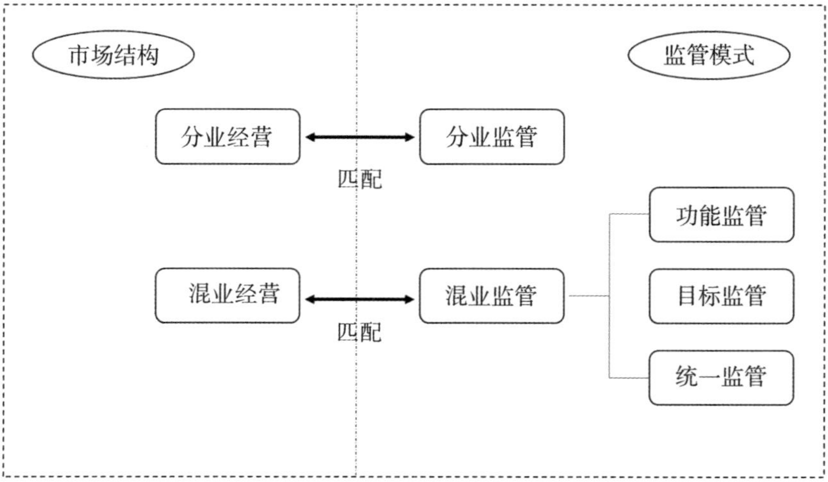

图 5－1　金融市场结构与金融监管模式的匹配关系

① 澳大利亚的“双峰监管”于 1998 年开始实施。“双峰”包括：（1）审慎监管局（APRA），负责对金融机构实施审慎监管，维护金融系统的稳定；（2）证券和投资委员会（ASIC），负责行为监管，维护金融消费者合法权益。

其次，相对于金融业务的加速交叉而言，混业监管发展滞后可能为金融腐败提供空间。

20 世纪末以来，全球金融市场混业经营成为一种大趋势，多个国家监管模式与市场结构产生了矛盾，分业监管未能及时转型为混业监管，难以匹配混业经营的市场结构。金融监管模式与金融市场结构不匹配不仅削弱了监管效力，也为金融腐败提供了土壤。在混业经营潮流下，金融业务和金融风险均出现了跨行业跨市场交叉传播，分业监管难以有效应对。一方面，对于交叉的业务，各监管部门监管规则难以统一，监管行为难以协调，容易产生监管套利，不仅为监管权力提供了寻租空间，也为监管机构“懒政”“怠政”提供了借口，难以及时有效根除金融腐败。另一方面，对于金融衍生品、互联网金融等新兴业务，又往往难以完整纳入任何一个监管机构职权范围，从而形成监管真空，导致金融腐败行为和相关风险不能被及时监测与控制。

美国作为全球金融混业经营和金融创新领头羊，其历史教训深刻证明了混业监管发展滞后的危害。随着 1999 年《金融服务现代化法》颁布，美国金融市场步入混业经营时代，同时开启了分业监管向混业监管的改革序幕，但监管模式改革远远落后于市场发展。虽然以功能监管为改革方向，但仍保留了分业监管的一整套监管机构系统，形成了“功能监管、分业监管”混合的伞状监管体系。由于改革不彻底，不能与美国混业经营的发展趋势相匹配，仅仅数年时间，金融腐败和金融风险迅速积累，并在 2008 年金融危机中集中爆发。

（二）传统分业监管模式存在的弊端

中国实行的是分业监管模式，人民银行承担央行职责，专注于三大支柱性职能：制定和执行货币政策、维护金融稳定、提供金融服务。银行业、证券业、保险业市场监管分别由银监会、证监会和保监会履行，监管部门各司其职、各负其责。随着金融创新发展，中国金融行业业态发生了改变，动摇了分业经营的基础，传统分业监管模式逐渐与市场结构不相适应，其弊端在多个领域加速暴露。

一是监管缝隙。随着金融创新不断加速，新形态金融产品和金融业务层出不穷。但在分业监管模式下，金融监管前沿却难以保持同步推进。越是在亟须规范的金融新生领域，越容易形成“三不管”的监管缝隙，这一问题在互联网金融、创新金融服务、影子银行业务、金融消费者权益保护等领域大量存在。在“铁路警察、各管一段”模式下，现有监管体系并不能全方位覆盖 P2P 网贷、股权众筹等互联网创新融资平台各业务环节，存在诸多模糊监管区域。

二是监管套利。在某些业务领域，不同监管机构从不同角度出发具有一定的监管权，导致监管重叠，而这进一步形成监管套利。为保证金融市场的公平性和有效性，相同性质的金融业务应当受到同质监管。但在分业监管模式下，各监管部门对形式不同、本质相同的金融业务监管标准、方式和力度有较大差异，导致金融机构通过政出多门的监管体系，获取不当利益。一旦存在监管套利，金融机构在逐利性驱使下，就会涌向监管最宽松、最疲弱的体系。相反，严格完备的监管体系则被逆向淘汰，这就为金融腐败和金融风险留下了空间。

三是监管倒挂。随着混业经营的发展，中信、平安等大型金融控股集团迅速崛起。从监管角度来看，这些大型金融集团能够形成跨行业跨市场风险传导，对完善我国金融体系意义重大，应当受到比小型、单一金融机构更加严格的监管。但在分业监管模式下，各监管部门目标设定、决策机制以及执行方式存在较大差异，分管不同市场的监管部门也处于平行层级，使得各监管部门间的监管协调变得困难，并在微观层面形成监管倒挂。即对单一业务金融机构的监管行之有效，而对大型金融控股集团的协同监管、合作监管相对乏力，造成风险中心与监管重心不匹配。

四是监管割裂。除了在微观上形成监管倒挂外，金融监管协调难也会在宏观上形成监管割裂，不利于宏观审慎管理执行和系统性风险防范。在混业经营结构下，跨市场风险传导渠道更多、速度更快、力度更大。在分业监管格局下，金融风险的识别和应对仅囿于本市场，难以形成对整个金融体系资产规模、资金流向和风险水平的全面评估，限制了监管部门对系统性风险判断。2015 年股市异常波动前夕，股市场外配资渠道变得多样化。既有民间配资，也有银行、信托等金融机构配资，并通过信托、配资账户等方式进一步复杂化，针对单一市场的监管措施难以准确测算出杠杆资金的总体水平。

五、全球化金融发展背景下金融腐败的危害性

随着金融市场的快速发展，跨金融行业的创新产品不断涌现，传统金融领域及金融产品间的界限日渐模糊。同时，跨国界的金融集团不断涌现和发展壮大，金融市场全球化趋势也日渐明朗。在此形势下，因腐败导致的资源错配会形成更广范围的危害，而以往在一个市场、一个领域或一个国家内能够解决的问题，可能要在不同的领域和国界内完成，危机处理难度大大增加。中国是全球治理变革的中流砥柱，金融是全球治理的关键抓手，两大趋势深度结合，将中国金融推上了参与治理和引领变革的历史风口。①

（一）金融腐败是国家金融安全的重大威胁

改革开放以来，历经数十年的筚路蓝缕，我国现代化金融体系得以建立，并在国民经济发展和社会资源配置中发挥了重要的枢纽作用。但是，金融领域无孔不入的利益诱惑也催生了一批批金融蛀虫，滋生了多类型、多层次的金融腐败行为。“蠹众而木折，隙大而墙坏。”金融腐败不仅对单个金融机构造成严重损失，更将广泛冲击我国经济系

① 王文、贾晋京：《人民币为什么行》，中信出版集团 2016 年版，第 155 页。

统稳定健康。

第一，金融腐败往往涉及金额巨大，造成的经济损失非常严重。不同于其他领域，金融体系直接履行经济资源管理、传导与分配职能。金融体系各业务环节潜藏着巨大利益诱惑，有可能驱使腐败分子寻找暗箱操作空间和权力寻租途径。近年来，随着金融产品日趋复杂化和专业化，金融腐败在技术层面更加便利、隐蔽。这些内在特性导致金融腐败涉案金额居高不下，对国家造成了严重经济损失。

第二，金融腐败扰乱金融市场秩序，侵蚀监管体系。除了单个案件损失巨大外，金融腐败更具备了链条化、区域化、行业化特征。金融腐败具有较强的专业性，在金融市场发展的某一阶段，金融腐败容易沿着业务链条进行传染，进而在特定行业集中爆发，从而扩大其危害性，致使相应行业市场秩序被扰乱，并通过利益输送侵蚀监管体系。2013 年至今的债市反腐成果显示，债券市场的腐败已形成多种专业化操作模式。比如先设立丙类账户，然后通过过桥、代持等手段隐藏真正的交易对手，实现利益输送；或者以分级产品和私募产品为媒介，实现更大额度利益转移。这些模式串联起了一个个绵长的腐败链条，不仅导致一些从业人员和监管干部接连被拉下水，更严重破坏债券行业公平高效的运作机制，阻碍债市有序发展。

第三，金融腐败降低社会资源配置效率，阻碍经济发展和转型进程。目前有一种有害论调，认为金融反腐影响了经济增长，适当容忍腐败有利于经济复苏，这是极其荒谬的。无论基于理论还是现实，金融腐败都是中国经济发展的重大威胁。首先，我国供给侧结构性改革已进入攻坚期，“三去一降一补”五大任务是重中之重。一旦金融市场腐败丛生，就难以充分发挥价格信号的调节功能。资本将继续滞留产能过剩的传统行业，大批僵尸企业将得以苟延残喘，“去产能、去库存、去杠杆”将难以有效推进。其次，我国经济已经进入新旧动能转换关键期，经济增长从要素驱动型向创新驱动型加速转变。如果金融体系不能保持廉洁公正，资本市场资源配置渠道必然遭到阻塞，配置效率必然受到抑制。这将制约对新兴产业、高新技术企业的金融资源供给，进而延缓我国经济结构转型升级。最后，当前我国经济客观上处于“三期叠加”，而近年来全球经济复苏趋势偏弱。因此，综合运用各种宏观政策工具稳定增长是我国经济应对挑战的必要举措。然而，无论是短期货币和财政政策，还是中长期产业政策，都需要高效的金融市场作为政策信号传导途径，需要适当的金融工具作为调控手段。金融腐败必定会扰乱金融市场秩序，减弱宏观政策工具调控效果，进而阻碍我国经济稳定增长。

第四，金融腐败危害总体国家安全。金融腐败既具有一般腐败行为的破坏性，损害社会规则的公正性，更具有对经济、金融秩序强大的破坏性，甚至会危及国家经济和金融安全，进而危及总体国家安全。2017 年 4 月 25 日，习近平总书记在中央政治局第四十次集体学习时强调，金融安全是国家安全的重要组成部分，是经济平稳健康发展的

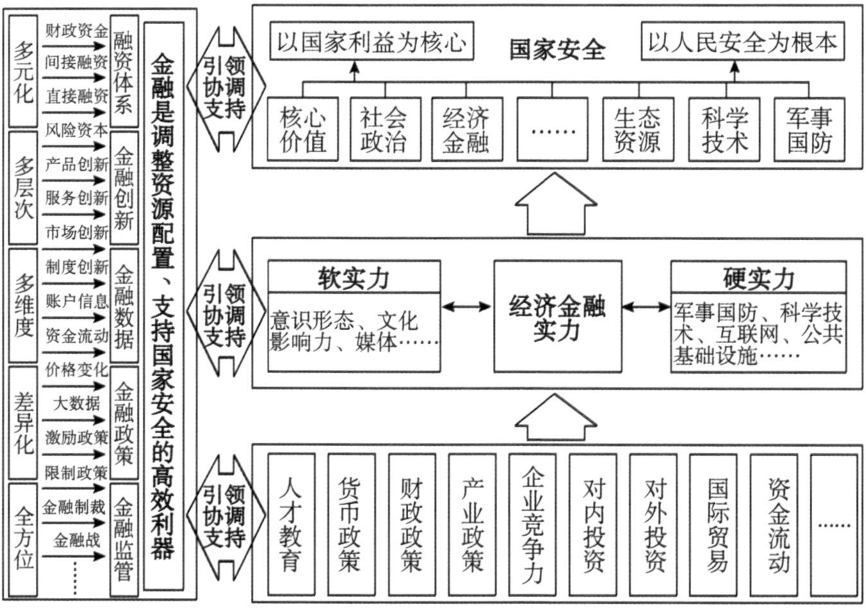

图 5－2　金融与国家安全

重要基础。维护金融安全，是关系我国经济社会发展全局的一件带有战略性、根本性的大事。金融活，经济活；金融稳，经济稳。必须充分认识金融在经济发展和社会生活中的重要地位和作用，切实把维护金融安全作为治国理政的一件大事，扎扎实实把金融工作做好。习近平总书记就维护金融安全提出 6 项任务：一是深化金融改革，完善金融体系，推进金融业公司治理改革，强化审慎合规经营理念，推动金融机构切实承担起风险管理责任，完善市场规则，健全市场化、法治化违约处置机制；二是加强金融监管，统筹监管系统重要性金融机构，统筹监管金融控股公司和重要金融基础设施，统筹负责金融业综合统计，确保金融系统良性运转，确保管理部门把住重点环节，确保风险防控耳聪目明，形成金融发展和监管强大合力，补齐监管短板，避免监管空白；三是采取措施处置风险点，着力控制增量，积极处置存量，打击逃废债行为，控制好杠杆率，加大对市场违法违规行为的打击力度，重点针对金融市场和互联网金融开展全面摸排和查处；四是为实体经济发展创造良好金融环境，疏通金融进入实体经济的渠道，积极规范发展多层次资本市场，扩大直接融资，加强信贷政策指引，鼓励金融机构加大对先进制造业等领域的资金支持，推进供给侧结构性改革；五是提高领导干部金融工作能力，领导干部特别是高级干部要努力学习金融知识，熟悉金融业务，把握金融规律，既要学会用金融手段促进经济社会发展，又要学会防范和化解金融风险，强化监管意识，提高监管效率；六是加强党对金融工作的领导，坚持党中央集中统一领导，完善党领导金融工作的体制机制，加强制度化建设，完善定期研究金融发展战略、分析金融形势、决定金融方针政策的工作机制，提高金融决策科学化水平。金融部门要按照职能分工，负起责任。地方各级党委和政府要按照党中央决策部署，做好本地区金融发展和稳定工作，做到守土有责，形成全国一盘棋的金融风险防控格局。当前，经济全球化促进了全球贸易、投资和金融自由化，各国之间经济依存度加深，一个国家和地区的经济问题很可能快速演变为世界范围的经济风险。肇始于美国的金融危机对世界经济造成的巨大冲击，就是明显一例。以经济安全为基础，不仅要保障我国自身的经济制度安全、国民经济安全、金融体系安全、国家能源资源安全等，而且要对可能的外部经济冲击有应对之策，确保国家经济发展不受侵害，促进经济持续稳定健康发展，提高国家经济实力，为国家安全提供坚实物质基础。金融安全作为经济安全的核心组成部分，应当对总体国家安全发挥基础性作用。

（二）金融腐败可能在全球引发区域性系统性金融危机

“千里之堤，溃于蚁穴。”随着全球区域性金融经济合作不断深化，一国金融腐败也成为区域经济金融稳定的潜在威胁。在金融腐败催化下，一国金融市场内部风险将迅速积累、膨胀，同时为外部投机者提供可乘之机，最终酿成波及多国的区域性金融危机。

“以史为镜，可以知兴替。”1997 年至 1999 年，一场以货币急速贬值为标志的金融危机席卷亚洲，对亚洲各国造成了严重损失。而那次亚洲金融危机与东亚多个新兴经济体金融腐败息息相关。回顾这段历史，可以梳理出金融腐败导致区域性金融危机的作用机理：

第一，金融腐败破坏金融市场功能，严重扭曲金融资源配置。在金融腐败影响下，金融资源被大量配置到由特殊利益集团主导的行业。这不仅使得大量中小型企业缺少信贷资金，难以正常发展，同时也使得部分低效率、低利润企业得以畸形发展，导致产能过剩和杠杆水平过高。因此，中小企业和大型企业抗风险能力双双衰退，难以应对宏观经济负面冲击。亚洲金融危机前夕，韩国金融体系权钱交易蔚然成风，一度被戏称为“韩国病”。受此影响，该时期韩国最大的 30 家财团的负债与资产之比一般都超过 5:1。[1] 危机中，随着国际短期投资集

① 参见单伟：《腐败与东亚金融危机》，《当代世界》，1999 年第 9 期，第 42 页。

中抽逃，三美、大农、真露、起亚、海天、纽科等大企业集团纷纷陷入财务困境，加速了危机深化。

第二，金融腐败助长奢侈性消费，经济呈现虚假繁荣。通过权钱交易，金融腐败的参与者瓜分了大量国家利益和社会财富，进而用于追求奢侈性、炫耀性高消费。久而久之，在全社会掀起了铺张浪费、恶性攀比的消费浪潮。危机前夕，在危机发源地泰国，首都曼谷居民已经习惯于购买豪华汽车、居住高级公寓以及海外旅游度假。而1996年，韩国共有800万人次光顾各类高尔夫球场，相当于韩国总人口的1/5。在经济虚假繁荣表象下，过度消费和超前消费透支了经济稳定的物质基础。由于大量购买外国高档商品和频繁海外旅游，危机前夕，韩国外贸连年逆差，1996年末贸易逆差高达327亿美元。①

第三，金融腐败导致监管薄弱，金融风险加速积累。亚洲金融危机前夕，印尼、泰国、韩国等金融体系腐败问题呈蔓延趋势，以权谋私、利益输送、官商勾结等行为屡禁不绝。这一情况整体弱化了监管系统效能，导致风险防范措施形同虚设、错漏百出，加速了危机到来。以金融危机前夕泰国金融体系为例，在微观层面，金融腐败导致违法操作层出不穷。1996年，曼谷商业银行在几乎无抵押的情况下，通过向政府官员行贿，从国家银行获得贷款购买房地产，并以此为抵押进一步扩大贷款，最终造成巨额亏空并倒闭破产。② 在宏观层面，由于监管效能低下，泰国监管机构对系统性风险浑然不觉。至危机爆发时，泰国金融机构在房地产领域共投资2300亿法郎，其中无法偿还部分为700亿法郎。

美国前财长罗伯特·鲁宾在《在不确定的世界》中写道：“你决

---

① 参见刘中、赵广增：《亚洲金融危机的腐败之因》，《党风与廉政》，1998年第10期，第29－30页。

② 参见陈瑞玲、周知民：《金融危机与腐败现象透析》，《农金纵横》，1998年第3期，第6页。

不可能不犯错误，即使那些具有最好动机、最能干的人也是如此。”①亚洲金融危机值得认真反思，以避免今后犯类似错误。除了中国、新加坡等少数国家外，1997 年至 1999 年的亚洲金融危机对东南亚各国均造成了严重冲击，印尼、泰国等金融腐败盛行的国家更是付出了极为惨痛的代价。短期来看，亚洲金融危机不仅冲击了外汇市场，更进一步扩展到货币市场、证券市场和房地产市场，造成受害地区系统性危机和混乱。仅 1997 年，亚洲金融危机给全球投资者造成的直接经济损失就高达 7000 亿美元，是第一次世界大战经济损失的 2 倍多。1998 年，菲律宾、印尼、马来西亚、韩国、泰国的 GDP 增长率分别下降至 -0.5%、-13.7%、-6.7%、-5.8%、-9.4%。长期来看，亚洲金融危机打断了马来西亚、泰国、印尼等经济体的高速增长势头，使其错失了经济动能转换的最佳时机，形成了“增长停滞—社会动荡—经济失序—复苏无力”的恶性循环，从而陷入“中等收入陷阱”。马来西亚于 20 世纪 90 年代已进入中等收入国家行列，1990 年至 1997 年，其经济增速均值高达 9.1%。但受亚洲金融危机冲击，其在 2000 年至 2008 年的经济增速均值迅速下跌至 5.5%，经济增长步伐明显放缓。② 相较而言，新加坡和我国香港地区等政治廉洁、治理清明的国家和地区则在本次区域性金融危机中独善其身，凭借健全高效的监管体系和果断及时的反应措施，有效保卫了经济发展成果，并较早实现了经济复苏。

（三）全球化背景下金融反腐的新挑战

“世界潮流，浩浩荡荡。”2001 年，中国正式加入世界贸易组织，开启了金融市场融入世界、赶超世界、引领世界的进程。经过不懈努力，特别是“十二五”时期以来，我国金融市场国际化进程大幅推

① ［美］罗伯特·鲁宾：《在不确定的世界》，李晓岗、王荣军、张凡译，中国社会科学出版社 2004 年版，第 118 页。

② 参见《马来西亚意欲摆脱“中等收入陷阱”》，《第一财经日报》，2010 年 8 月 30 日。

进，在资本市场双向开放、人民币国际化、参与全球经济金融治理等方面取得了卓越成就，我国金融市场已经成为全球金融体系中至关重要、密不可分的组成部分。尽管说金融监管不等于金融反腐，但如果防范意识薄弱，在全球化背景下容易产生新型腐败风险，不仅使金融反腐工作变得更加复杂，也会加剧金融领域系统性风险。

第一，资本市场双向开放程度持续加大。“十二五”时期，我国证券期货行业的双向开放渠道不断丰富，机制不断优化。沪港通股票市场交易互联互通机制试点（简称“沪港通”）顺利开通，RQFII[①] 制度正式推出，QFII[②]、RQFII 税收政策得以完善，证券期货经营机构获许在上海自贸区内注册设立专业子公司和分支机构。截至 2017 年 3 月末，中国已批准 QFII 投资额度 902.64 亿美元，涉及境外机构近 300 家，批准 RQFII 额度合计 5414.04 亿元，涉及十余个国家和地区。[③] 2016 年 12 月 5 日，深港股票市场交易互联互通机制（简称“深港通”）正式开通，进一步为跨境投资者创造了便利条件。同时，“沪伦通”和“沪巴通”也已提上议程，未来有望实现中国股市与英国、法国股市互联互通。

第二，人民币国际化进程稳步推进。近年来，随着金融基础设施与配套体系建设日趋完善，人民币全球清算网络已合理布局并成功构建。同时，“一带一路”倡议有序推进，亚投行成立运营，推动了区域经贸交流，为沿线人民币联通提供了坚实载体。2015 年 11 月 30 日，国际货币基金组织宣布人民币加入 SDR（特别提款权）货币篮子，新货币篮子的人民币权重为 10.92%，标志着人民币正在成为重要的国际货币。截至 2015 年末，人民币国际化指数（RII）已达 3.60，在过

---

① RQFII 指人民币合格境外机构投资者。

② QFII 指合格境外机构投资者。

③ 参见国家外汇局网站 http://www.safe.gov.cn。

去5年间增长超过10倍。[①] 截至2016年四季度末，各国持有的外汇储备中，人民币储备约合845.1亿美元。[②] 中国人民银行已与36个国家和地区的货币当局签署货币互换协议，协议金额达3.3万亿元。[③] 据环球银行金融电信协会（SWIFT）统计，至2015年12月，人民币已成为全球第三大贸易融资货币、第五大支付货币以及第五大外汇交易货币。

第三，中国在全球经济金融治理中占据重要地位。一方面，在全球经济复苏疲弱背景下，中国为全球经济治理机制作出了增量贡献。中国倡导下的“一带一路”倡议、亚投行、丝路基金、南南基金等举措，在全球乱局中维系和发展了国际经济协调与合作。另一方面，中国积极健全国际金融安全体系，推动了国际货币基金组织、世界银行等国际金融机构的存量改革。2016年G20（20国集团）杭州峰会，东道主中国有力推动了G20从短期危机应对机制向长效治理机制转型，以中国智慧、中国理念完善全球经济治理格局。该次峰会制定了全球首个多边投资规则框架《二十国集团全球投资指导原则》和《二十国集团全球贸易增长战略》，就促进世界经济增长达成具有里程碑意义的“杭州共识”。

面对金融国际化世界浪潮，中国承担的责任和使命也更加繁重，面临的挑战也更加多样。在全球化日益加深和中国金融体系不断融入世界金融体系的过程中，中国金融监管面临的挑战将更加严峻。

第一，外部风险冲击增加监管难度。在优化市场效率、增强经济实力的同时，资本市场双向开放和人民币国际化客观上也增大了外部

---

① 参见中国人民银行：《2016年人民币国际化报告》。

② 《IMF首次披露人民币外汇储备持有情况》，搜狐网，2017年4月7日，参见https://m.sohu.com/n/486951329/?wscrid=95360_1。

③ 《开发性金融助推“一带一路”》，《第一财经日报》，2017年2月6日。参见中国人民银行：《2016年人民币国际化报告》。

风险对中国经济的冲击。这一变化显著增强了中国金融监管的难度。一方面，随着汇率弹性提高，汇率波动对经济增长稳定性的影响力增强，短期资本流动足以冲击资本市场的价格和杠杆水平。因此，外部冲击与国内金融机构风险、市场风险、实体经济风险等彼此交织、相互传染，局部风险引发系统性风险的概率不断提升。另一方面，根据“蒙代尔不可能三角”理论，对于开放经济体，三大政策目标（货币政策独立性、固定汇率制度和资本完全自由流动）最多只能同时实现两个，无法三者兼顾。因此，中国金融市场开放的路径选择极为关键，战略侧重和宏观政策搭配也须与时俱进、灵活调整，以适应不同阶段需要。国际经验表明，在当前日趋复杂的国际经济形势下，发展中国家尤其是新兴市场国家一旦不能有效应对以上难点，往往会陷入系统性危机。2015 年美国货币当局进入加息周期，导致国际资本从新兴市场国家大量流出，并一度引发了阿根廷、巴西、俄罗斯等国的货币危机和债务危机。

第二，全球风险传导亟须监管合作。随着金融市场的国际化，监管问题也呈现出国际化、复杂化趋势。单一国家难以在全球性问题前独善其身，跨国跨地区金融监管成为大势所趋。如何有效参与全球性金融监管合作，成为中国金融监管的新挑战。首先，在全球经济弱复苏乱局下，国际资本的快进快出成为常态。仅仅监控境内金融活动并不足以防范金融危机，各国还需要通过监管合作，加强对国际游资的整体监控。其次，随着各国金融市场的一体化，跨国金融业务蓬勃增长，客观上也使得国际金融体系更加复杂。因此，只有加强监管信息的交流沟通，各国才能准确判断国际金融市场的运行态势，对负面冲击及时作出适当反应。最后，不同于相对成熟的发达国家金融体系，发展中国家金融监管机制尚不健全，金融基础设施尚不完备，更需要加强国际监管合作，借鉴和吸收国际经验，充分防范金融创新中的潜在风险。

第三，国际投机资本捕捉监管漏洞。除了主动攻克以上难点外，新形势下我国监管部门还需不断防范自身监管漏洞，杜绝为国际投机资本提供可乘之机。历史上，国际投机资本捕捉监管漏洞、扰乱一国金融秩序的教训屡见不鲜。在 1992 年“英镑危机”中，索罗斯正是抓住了欧洲汇率机制的非合理性，利用金融杠杆大举做空英镑，从中获利逾 10 亿美元。① 为防范国际投机资本的冲击，中国货币部门正在进一步增强体系建设，建立和完善国际收支和跨境资本流动风险监测预警指标体系，建立和健全宏观审慎框架下的外债和跨境资金流动管理体系，有效打击地下钱庄等非法买卖、转移外汇资金活动。而这些举措都需要廉洁的监管队伍、严明的纪律作风和高效的监管机制才能实现。

金融腐败是金融监管最大的敌人。金融腐败表现为权力与资本相勾结谋取私利，这不仅会扭曲金融资源配置，还可能触发金融风险，引起连锁反应。从现实来看，金融乱象和各种违法违规行为与金融腐败是一种共生关系。权力拥有者有可能利用监管短板设租寻租，肆无忌惮突破监管底线。重重压力之下，稍有不慎，就会产生金融腐败，其危害甚至会被成倍放大。一旦金融腐败侵蚀监管体系、形成监管漏洞，就会形成内外部风险的集中爆发。不仅会造成难以估量的经济损失，更会冲击总体国家安全，阻碍“两个一百年”奋斗目标的实现。中国金融国际化持续推进，有赖于金融反腐保驾护航。只有始终保持“手把红旗旗不湿”，中国金融体系才能继续雄立于全球金融发展潮头。

---

① 参见赵庆明：《索罗斯如何成功做空英镑?》，《人民论坛》，2016 年第 9 期，第 73 页。

第六章
境外金融腐败与反腐败启示

他山之石，可以攻玉。

——《诗经·小雅·鹤鸣》

本章提要

- 金融腐败在全球体现出地域性特征和阶段性特征。
- 拉美地区金融腐败与政治腐败紧密相关。在监管制度缺位的情况下，过于激进的金融自由化和私有化容易导致腐败。
- 以日本、韩国为代表的亚洲国家，政府指导过度、银政企不分，导致资源配置过于集中，从而滋生金融腐败。
- 美国金融监管机制发展至今经历了从自由到严格的不同阶段，实际是监管边界和市场间的博弈，也是不同时代经济金融发展的必然趋势。
- 英国金融监管机制表现出极强的反思和改革能力，每一次腐败和风险事件之后都会进行彻底自省，并不惜动用大量人力物力进行顺应时代的改革。
- 新加坡注重金融风险控制，亚洲金融危机后，新加坡金管局进一步完善“双维”模型，对金融机构风险评级和冲击力影响水平进行综合考虑。
- 中国香港廉署精确的职能定位、合理的制度设计、严格的法律规定和科学的程序保障，为成就香港廉政品牌奠定了坚实基础。

金融腐败作为一种腐败现象在世界各地有不同表现，也有不同案例，从拉美到东南亚，从欧洲到美国，各个国家和地区均结合自身实际，制定反腐措施，治理突出问题。本章主要探讨拉美和东南亚地区、美英等西方发达国家以及我国香港地区金融反腐经验，便于从全球视野深入理解金融反腐问题。

一、境外金融腐败与反腐败总体情况

金融腐败在各个国家和地区的程度存在较大差异，具有地域性特征。同时，各个国家和地区在不同经济发展阶段，金融腐败情况也不同，具有阶段性特征。通过比较分析，各国各地区间的差异主要表现在以下五个方面。

第一，各个国家和地区政治与法制环境的差异。绝大部分拉美国家属于典型的发展中国家，政治制度缺乏稳定性，不少国家传统上是军人政府专制集权，20 世纪后期才逐步走向民主政体和文官制度。一些拉美国家经济制度受各种思潮影响较大，政策摇摆幅度也较大，在世界分工体系中处于偏低端位置，长期无法摆脱“中等收入”陷阱，廉政制度建设也往往流于形式。而美英等发达国家和地区建立权力制衡等特征的现代政治制度相对较早，政治运作相对透明，法律制度相对完善，在治理金融腐败问题上表现较好。

第二，各个国家和地区文化传统和道德体系的差异。一方面，西方国家在长期发展过程中，强调市场和社会契约作用，竞争充分，市场意识和法治意识较强；另一方面，以追求利润为目标的西方金融机构，利用自己的强势地位，在国际金融市场上不惜违背原则追逐利益，表现出极强的投机性和侵略性。在缺少足够金融监管和外部制约环境下，一些金融机构腐败自发生长，产生了众多金融腐败丑闻。美国次贷危机发生后，西方国家金融监管部门对金融机构的贪婪和道德沦丧有了新的认识。而地球另一面的东亚国家则长期受儒家文化影响，强调亲缘关系、集体主义和仁爱精神。一方面，有利于形成对市场有利的安定局面；另一方面，金融监管和公司治理缺乏独立性，在法治建设不充分的情况下，容易形成政商不分、裙带关系等局面，导致金融腐败乃至引发金融危机。东南亚金融危机后，东亚国家深入反思了传统的政企合一、国家过于主导经济的方式，并在法制化和市场化等方面进行了改进。

第三，各个国家和地区金融市场发育程度与微观结构的差异。加强金融市场的自我调节和自我完善功能，是防治金融腐败的重要举措。西方发达国家市场结构完善，金融机构林立，各层级各门类金融产品齐全、品种丰富，各金融机构既互相竞争，又互相依赖，凭借在国际经济秩序中的有利地位和优势，逐渐形成了一批资本实力雄厚的国际金融巨头。早在 1171 年，意大利就成立了世界上第一家银行——威尼斯银行。锡耶纳牧山银行创建于 1472 年，是世界上现存最古老的银行，现为意大利第三大银行，在北京、上海、香港设有分行。锡耶纳牧山银行保存有世界上最早的贷款合同、债券、银行簿记、旅行支票，镇馆之宝是银行（金融）保护神（见图 6－1）。一些发展中国家受限于经济实力，金融实力弱小，有的甚至缺乏民族金融的基础力量。还有一些国家尽管构建了基本的金融体系，形成了一定的金融市场，但市场发育程度不够高，金融机构竞争也不够充分。两相对比，成熟的金融市场更有助于开展金融反腐。此外，从金融市场微观结构看，亚洲金融体系长期以银行系统为主导。由于银行是资金动脉运转的中转站，是一种关键的公共品，加之银行本身运转系统较为复杂，一旦中转失灵，就会对国民经济产生巨大负面影响。

图6－1 锡耶纳牧山银行的银行（金融）保护神

第四，各个国家和地区金融监管经验和体制成熟度的差异。金融监管作为防治金融腐败的制度基础，重要性毋庸置疑。从各个国家和地区的经验来看，金融腐败和金融监管呈交替发展形态。随着金融业态和金融腐败形态的发展，金融监管需要不断改良升级。金融监管是一个螺旋式发展过程，需要足够的历史积淀。对金融体系结构和金融监管经验的认识差异，是治理金融腐败能力差异的重要体现。美国华尔街作为全球金融中心，在崛起的历史过程中，经历了无数金融风浪。不同历史阶段，美国的金融监管在宽松和收紧之间进行了数次调整，逐步改良。英国的情况也大体类似，结合金融市场特点，近数十年多次颁布金融改革法案，以求不断改进监管。而在部分发展中国家，由于战争频发、政局动荡，金融体系建设和加强金融监管根本无从谈起。

第五，金融机构公司治理水平的差异。从拉美、东亚等区域金融发展历史来看，由于银行体系的关联贷款和经营独立程度较差等原因，使得金融腐败频发，形成大量不良贷款，最终导致系统性金融危机发生。而在一些金融领域比较清廉的国家和地区，金融机构往往能够按照法律要求，建立起“董监高”制度、审计制度、信息披露制度等现代公司治理机制。不仅内控机制比较完善，外部监管也比较有力，在追逐利润的过程中，金融领域跨越腐败界线的行为难以发生。

综上所述，在市场经济环境相对成熟、政府干预和主导因素较少、法律和与之配套的监管制度较完备的国家和地区，金融腐败程度相对较低。因此，金融反腐的重心应当放在不断推进市场化和法制化建设上。当然，经济发展水平高并不必然带来金融监管体系的完善，从欧美、日本等国家和地区历史经验和深刻教训来看，加强金融反腐工作需要主动反思和深化改革。

二、深受金融腐败困扰的拉美国家

总体而言，由于政治环境不稳定等因素影响，拉美地区腐败现象较为严重，除智利、乌拉圭等少数几个治理腐败进步较大的国家之外，大部分拉美国家腐败现象较为突出，金融危机频发。20 世纪 80 年代，拉美地区爆发了持续的债务危机。90 年代初，进一步爆发了墨西哥金融危机。进入 21 世纪以来，拉美地区金融动荡局面并没有从根本上得到改善，阿根廷甚至爆发了较为严重的金融危机。研究表明，拉美地区腐败现象和金融危机频发之间存在着内在联系，二者相互作用并相互放大。一国金融危机背后既有国际政治和经济因素等外因，也有腐败因素导致金融体系脆弱等内因。通过对比分析巴西、阿根廷和墨西哥等拉美地区经济体量最重要的三个国家可以看出，金融腐败对一个国家金融系统和资本市场有较大负面影响。

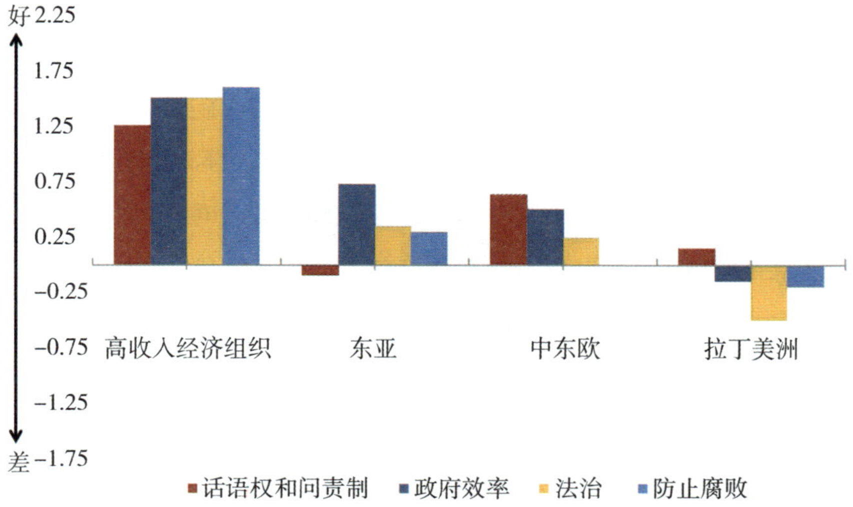

图 6－2　拉美国家与其他地区在政府效率和腐败方面的比较①

（一）巴西

1. 历史遗留问题和制度缺陷是导致腐败的重要原因

巴西是“金砖四国”之一，也是世界经济大国，其腐败现象引发全球关注。由于历史原因，20 世纪 70 年代盖泽尔军人政府统治结束后，巴西于 80 年代初在面临经济危机时开始进行总统直选，自 1985 年起实行民主宪政，进入文人政府时期。但从军人政府过渡到文人政府，很多历史遗留问题没有得到解决，其多党政治体制运作并不顺畅，党派政治斗争激烈，腐败问题频发。

尽管自 1992 年科洛尔总统案之后，历届巴西政府都高举反腐大旗，并出台一系列反腐措施，巴西国民议会调查委员会、巴西联邦检

① 参见 Daniel Kaufmann，Corruption Matters，IMF working paper，2015 年。

察院、巴西联邦警察局等机构也大力支持，推动查处了很多腐败案件。① 但从最近一些年的情况看，巴西腐败大案仍不在少数，其制度上的缺陷是主要原因。一是法律体系存在漏洞，对腐败问题往往从宽处理。巴西有大量司法豁免权，特别是在职议员有刑事豁免权，无法对其进行处罚。巴西官员即便被证实存在贪污渎职、挪用资金、吃拿回扣等经济犯罪行为，其法律制度也不会对官员实施没收非法所得、追索理赔等处罚。从宽处理腐败问题的法律规定，导致巴西官员对从事腐败活动心存侥幸，对法律制度缺乏敬畏之心。对腐败官员来说，最多就是调离岗位，以后不能在原岗位上故伎重演。② 正因为此，巴西政要腐败问题曝光后东山再起的现象屡见不鲜。二是巴西反腐机构缺少有效的协同合作机制。由于在制度设计上缺乏统筹性，巴西反腐机构之间权责职能缺乏衔接，对腐败的监督、调查和处罚各自为政、互相脱节。③ 巴西国民议会调查委员会在历次腐败大案中往往承担先锋角色，但它的成立只是临时性的，是党派政治斗争平衡的结果，即便调查到官员确凿的贪腐证据，其对官员的处罚方式也仅局限在辞去公职、党派除名等有限的几种措施。巴西联邦检察院只承担调查职能，无法对官员进行事前监督，调查结束后，在惩处环节也没有话语权。相对而言，联邦法院权力覆盖较全面，可以实行事前监督、事中调查和事后处罚，但联邦法院官员由政府任命，缺乏政治独立性，审判结果很难做到完全公平。联邦警察局由司法部管辖，内部层级较多，开展反腐工作容易受到各方制约。

2. 金融体系相对完善，但法律和制度缺乏有效执行

与国家法律体系相似，巴西建立了相对完善的金融体系和金融

---

① 参见季美君：《四大力量盯紧腐败》，《检察日报》，2016 年 9 月 13 日，第 8 版。

② 参见郭元增：《巴西反腐败何其难》，《当代世界》，2002 年第 3 期，第 33 页。

③ 参见郭存海：《巴西的反腐机制与反腐绩效评估》，《拉丁美洲研究》，2007 年第 6 期，第 26 页。

监管体系。其金融与金融监管体系脱胎于1964年末的4595号文件，基本模仿当时的美国。该文件规定，巴西金融体系的主体由国家货币委员会、巴西中央银行、巴西银行、经济和社会发展国家银行以及其他国有金融机构或金融租赁公司、证券经纪经销公司等私营金融机构组成。国家货币委员会是巴西金融监管体系最高监管机构，下设巴西中央银行和其他三个专业监管机构。巴西中央银行作为主要监管机构，监管大部分金融机构。另外三个监管机构对养老金机构、保险和证券交易所等进行专门监管。[①] 补助养老金秘书处代表社会保障部，主要负责关注检查私人养老基金；私营保险监管局主要负责对开放资本市场上属于保险公司的私人养老金进行控制和检查；作为金融体系的规范性机构，证券交易委员会主要负责股市的发展、监督和安全。[②]

尽管巴西有相对完善的金融监管制度，但金融腐败仍十分严重，其深层次原因在于：再完善的法律体系和制度设计，如果得不到切实执行，就是一纸空文。从巴西众多金融腐败案件可以看出，政界与金融界有着千丝万缕的联系。例如，2016年暴露的“巴西石油公司腐败案”是巴西有史以来最大贪腐案，导致首位女总统迪尔玛·罗塞夫被弹劾下台。巴西最大的独立投资银行首席执行官安德烈·埃斯特韦斯被指控与政府官员勾结，接受贿赂，涉案金额达数十亿美元。罗塞夫的政治导师、巴西人民曾经爱戴的领袖、被誉为“巴西之子”的前巴西总统卢拉，也被指责在任期间滥用职权，挪用资金，为私人银行谋取利益。针对卢拉的指控还包括其在担任总统期间，利用职务之便向巴西国家社会经济发展银行施加影响，使该银行向奥德布雷希特公司

---

① 参见洪昊、葛声：《“金砖四国”金融监管体系改革和合作研究》，《金融发展评论》，2011年第6期，第77页。

② 参见孔萌萌：《金融监管体系演进轨迹：国际经验及启示》，《改革》，2011年第12期，第62页。

发放优惠低息贷款，以帮助这家公司赢得业务合同。

司法执行效率低下也是巴西金融腐败猖獗的一个重要原因。巴西司法体系“精英专属”现象突出，诉讼程序复杂烦琐，司法制度规定可以“无限上诉”，贪腐现象较少受到惩罚。司法效率低下还体现在有法不依、惩处不严。

可以说，巴西金融腐败背后有着深厚的政治体制腐败因子，即便金融监管层和金融机构设计了较为健全的监管体系和运作机制，也很难完全独立置身于政治旋涡之外。由于金融监管措施没有落到实处，难免产生金融腐败问题。

（二）阿根廷

阿根廷是农业和资源大国，被誉为拉丁美洲粮仓。阿根廷经济在20世纪经历了高开低走。据统计，20世纪下半叶以来，阿根廷至少经历了9次大型金融危机，腐败问题也不断发生。

1. 政治和法制环境不成熟是金融腐败盛行的主要原因

阿根廷实行“三权分立”的民主代议制，但在超级总统制和强势政党环境下，行政权远大于立法权和司法权，议会作用弱化，司法不独立，执行效率较为低下。同时，执行反腐败职责的监察机构设置不合理，缺乏独立性和充分授权，监管制度存在很大缺陷，腐败几乎成为阿根廷普遍现象，随处可见。由于系统性、制度性腐败，导致民众对政府公共机构缺乏信任，社会冲突难以协调。

2. 缺乏完善的监管体系，激进的金融自由化道路带来灾难

20世纪70年代末期，面对政治和经济困境，阿根廷政府选择了经济私有化、自由化道路，在国际资本要求下，大力开放金融领域。90年代初，阿根廷推动银行私有化，允许国际资本收购本国银行。到2001年，阿根廷银行资产中，本国控制的比例下滑至33%，外国资本控制的比例攀升至67%，前十大银行中有8家为外资所控制。

在阿根廷政府推进金融自由化过程中，由于金融监管法律体系不

完善，银行违规经营、呆账坏账风险加大，所有国内银行均出现了非常严重的亏损，储户和银行业自身也遭受了较大损失。很多证据表明，在阿根廷金融自由化过程中，银行系统通风报信、内外勾结，协助外资银行资金外逃躲避监管的现象普遍存在。作为自由化进程的重要推手，阿根廷前经济部部长卡瓦略因腐败被捕，其中一项罪名就是“经济颠覆罪”。[①] 与前总统梅内姆关系密切的尼加斯银行总裁罗姆，因涉嫌信贷丑闻和洗钱，同样被法院逮捕。在激进的金融自由化背景下，阿根廷于 2001 年爆发了金融危机。

阿根廷进行私有化的主要目标是吸引海外投资，通过引入外资和技术，推动本国工业技术进步和经济发展。由于改革方案过于激进，在执行过程中没有充分考虑冗余度和各方面影响，加之国家治理水平较低，最终产生了极其严重的后果。国家基本丧失了工业化能力和调控金融体系能力，金融监管体系脆弱，对外资银行等机构无从监管，导致金融腐败蔓延。

（三）墨西哥

1. 政权更替频繁，政府腐败盛行

从殖民时代起，墨西哥腐败问题就开始盛行。与其他拉美国家相似，墨西哥政权体系也是模仿美国，建立“三权分立”的总统制，但政权过渡缺乏稳定性，监督缺位，导致腐败成为墨西哥制度性潜规则。2000 年，墨西哥首次实行政党轮替，右翼国家行动党执政，为期 12 年。2012 年，墨西哥革命制度党重新执政。尽管墨西哥从一党独大制转变为多党制，但由于国内各类利益集团盘根错节，国家治理缺乏执行力，每 6 年一届的总统任期往往前几年反腐力度较大，推行各种反腐措施，而到临近总统换届，反腐运动退潮，腐败现象频发，如此周

① 参见杨斌：《经济全球化与阿根廷的金融危机》，《高校理论战线》，2003 年第 9 期，第 34 页。

而复始。[①]

2. 金融自由化过程中监管体制存在严重缺陷，风险不断积累

与阿根廷相类似，墨西哥也经历了比较激进的经济自由化和私有化进程。从金融领域自由化来说，具体采取了两项措施。

一是快速推进金融企业特别是银行私有化。1990 年，墨西哥银行私有化委员会颁布《私有化程序的一般原则》和《当事人登记和批准程序》，正式启动私有化程序。1991 年 6 月至 1992 年 7 月，18 家商业银行实现了私有化，历时仅 13 个月。在出售银行股权对象上，墨西哥政府选择金融集团、工业集团和个人投资者，力图使股权多元化。截至 1992 年 8 月，共批准建立了 20 家金融集团，其中 15 家为集团控股银行。由于内部控制机制和外部监督体制缺位，墨西哥国有银行资产私有化过程为腐败创造了大量机会。一方面，大量国有银行被低价卖出，执政党和政府各级官员贪污受贿和化公为私现象普遍；另一方面，私有化之后，银行资产更加集中，逐渐形成寡头趋势，一些政府官员摇身一变成为私有银行的管理者或资本方，进一步助长了金融腐败的蔓延势头。

二是全面放松对银行机构监管，逐步取消存款准备金制度等政策。由于银行缺乏内控机制，墨西哥信贷急速扩张。M2（广义货币存量）与 GDP 的比例从 1988 年的 32.3% 攀升到 1994 年的 51.3% 。从 1988 年到 1994 年，银行向私人部门贷款余额占 GDP 比率几乎翻了三番。在此过程中，银行不关注对项目的风险把控和深耕细作，关联贷款现象严重，随意放贷。同时，私有金融资本利用政府高利率政策任意发放贷款，并将资金用于股票交易和金融炒作，进一步助长了金融系统内部放高利贷和投机现象。截至 1994 年，在墨西哥金融危机正式爆

---

① 参见曾昭耀：《改革、稳定与反腐败——论墨西哥现代化进程中反腐败斗争的几个问题》，《世界经济与政治》，1995 年第 5 期，第 65 页。

发前，银行系统的贷款不良率已经非常高，例如塞尔芬银行不良率高达 8.93%，班科梅尔银行不良率为 7.49%，墨西哥国民银行不良率为 7.37%。到 1995 年 2 月，有半数银行资本金达不到《巴塞尔协议》要求。

相关链接

《巴塞尔协议》作为国际银行业重要监管标准，在世界范围内得到各国监管机构和商业银行广泛认可。次贷危机后，巴塞尔委员会在总结相关经验并对原有金融监管模式、方法和工具进行讨论和反思的基础上，先后推出一系列监管标准，逐步形成第三版《巴塞尔协议》。其主要目标确定为：提高银行业在各种金融或经济压力状况下吸收损失的能力，从而降低金融部门对实体经济的溢出效应。从内容上看，《巴塞尔协议 III》是在对金融危机研究总结的基础上对《巴塞尔协议 II》内容的传承与改进，而并非颠覆。《巴塞尔协议 III》在《巴塞尔协议 II》三大支柱基础上，进一步完善监管资本框架，以增强银行业稳定性。在《巴塞尔协议 III》中，作为流动性框架的基础，巴塞尔委员会提供了流动性风险管理和融资流动性风险监管的详细指引。①

3. 金融危机爆发，政府、国民损失巨大

由于银行体系风险不断积累，最终引发金融危机。墨西哥政府以动用国库 1440 亿美元救助的代价，并求助于美国等西方发达国家，才免于金融系统全线崩溃。在金融危机前，作为银行监管机构，墨西哥银行储蓄保护基金会不仅对银行体系风险无能为力，而且内部腐败多发，涉嫌种种金融丑闻。金融危机爆发后，由于银行呆坏账被转为该

① 参见郑贵鹏、赵亮、余粤：《我国巴塞尔协议实施情况及对信用增进行业资本管理的启示》，《时代金融》，2015 年第 5 期（总第 588 期），第 33 页。

基金会期票，后转为公共债务，使得该基金会债务高达650亿美元。[①]

墨西哥政府在经历金融危机后，最终意识到金融监管的重要性，并着手清理和修改相关金融法规，废除过时法律，颁布新法律，加强金融监管，政府防范和抵御金融危机能力得以提高。

(四) 拉美金融腐败的启示

首先，以巴西、墨西哥等为代表的拉美国家金融腐败是政治腐败的集中体现。尽管拉美国家仿照西方发达国家建立了代议民主、“三权分立”等现代政治体制，但在国家治理过程中，由于历史文化传统、现实利益集团等因素，这些制度并没有能够真正得到执行，仅停留在字面意义上。尤其是这些国家虽然在金融监管领域制定了较为详细的规章制度，但大都流于形式。事实说明，一个好的金融监管和运作体系，不仅需要完备的法律制度条文，也需要切实有效执行。

其次，金融改革作为经济改革的重要方面，需要慎重推进，做好充分的理论和实践准备，过于激进的改革往往会带来严重后遗症。波兰尼认为，所谓“自我调节的市场的理念，是彻头彻尾的乌托邦。除非消灭社会中的人和自然物质，否则这样一种制度就不能存在于任何时期”[②]。阿根廷和墨西哥在推进金融自由化和私有化改革过程中，既没有充分结合本国国情，也没有做好充分的规划设计。在此情况下，直接照搬西方发达国家经验，导致金融腐败横行，最终付出惨痛代价。

第三，金融作为国家的核心支柱产业，在市场化过程中，既要引入外国资本充分竞争，增强本国金融实力，促进本国工业制造升级；又要有收有控，防止外国资本反客为主，导致金融体系失控。阿根廷在本国基础工业和金融实力相对弱小的情况下，采取全盘自由化和私

① 参见《墨西哥：依靠金融监管从危机走向新生》，参见 http：//business. sohu. com/84/40/article13774084. shtml。

② ［英］卡尔·波兰尼：《大转型：我们时代的政治与经济起源》，冯钢、刘阳译，浙江人民出版社2007年版，第3页。

有化措施，致使金融机构被外资所控制，本国无力监管。墨西哥则属于另一种形式的金融被殖民，由于制度缺陷，导致外资机构和本国政府公务人员合谋腐败。

三、以银行业为主的亚洲国家金融腐败

东南亚 1997 年发生的金融危机引起学界及各国政府决策机构长期反思。引发东南亚金融危机（或称为“亚洲金融危机”或“东亚金融危机”）的因素较多，除各国经济基础、货币汇率政策、国际资本流动等相关因素之外，金融腐败的推波助澜作用尤其不可忽视，其腐败程度与受金融危机冲击程度密切相关。东南亚金融危机中的国家和地区以日本、“四小龙”、“四小虎”为代表，除新加坡和我国香港地区因法治基础较好、廉洁程度较高，其金融体系漏洞相对较少，受金融危机冲击较小，其他国家金融系统均存在较为明显的腐败问题，对金融危机影响较大。亚洲国家金融体系长期以银行业为核心，银行一直被各国政府视为推动国民经济发展最重要的金融工具。政府对银行进行指导或国有化控制，绑定与银行体系的关系，控制资金资源，限制银行牌照，导致企业融资严重依赖银行系统，由此构建了政—银—商之间的复杂关系。探究亚洲国家金融腐败的根源不难发现，以日本、韩国为代表的亚洲国家，政府指导过度、银政企不分，资源配置过于集中，从而滋生金融腐败。同时，法制建设落后，金融活动透明度低，监管体系不完备，公众监督意识薄弱，大大增加了金融反腐难度。

（一）日本

日本在明治维新后迅速崛起，通过学习西方，“脱亚入欧”，改革落后的封建制度，走上了发展资本主义的道路。1882 年，颁布《日本银行条例》，成立日本银行，统一发行货币，经过 100 多年的改革和演变，逐步形成较为健全和完整的金融体系和制度。20 世纪 60 年代末

以来，日本一直是世界公认的第二大资本主义经济强国，也是当今世界第四大出口国和进口国。然而，日本未能幸免于1997年席卷东南亚的金融危机。从表面看，日本银行追逐房地产高额回报利益而违规放贷，银行坏账常年积压是金融危机的诱因。从本质看，银行坏账积压与金融腐败盛行是表里关系，正是由于金融腐败，从而助长了日本银行坏账危机。这一方面暴露出以银行业为主的金融体系缺陷及其危害性，另一方面也揭示了市场化和法制化建设的必要性。

1. 金融腐败盛行导致银行坏账积压，诱发金融危机

20世纪70年代，日本进入经济高速增长期，普通民众人均收入提高，购房意愿增强，房地产价格高企。受房地产行业丰厚利润所诱惑，日本各类金融机构，包括地方银行、信托银行①、证券公司、保险公司等自发创新，绕过监管制约，纷纷出资成立“住宅金融专业机构”（以下简称“住专”）这种非银行机构，并不惜违规借贷，持续不断向“住专”注入资金，用于土地开发、房地产项目建设及个人购建房款。为了追求高额利润，金融大财团和地产公司（包括黑社会控制的地产公司）与政府高官相互勾结，导致“住专”贷款持续膨胀。

20世纪90年代初，日本经济逐渐衰退，房地产泡沫破裂，投资于房地产的巨额资金被套牢，“住专”机构大量的房地产贷出资金不能及时收回。日本金融监管部门审计数据显示，日本7家“住专”共贷出13万亿日元资金，已确定无法回收的呆账资金合计达6.4万亿日元（约630亿美元），坏账比率高达50%。② 尽管日本政府曾试图解决“住专”等遗留的巨额坏账，但由于政府、银行和企业相互勾结，大部分“住专”主管本身是大藏省高级官员，其所提方案是让全体国民

---

① 根据日本的《银行法》《信托法》等法律规定，日本信托银行可以兼营银行业务和信托业务。

② 参见李蛟：《日本银行业国际竞争力变化研究》，吉林大学2012年博士学位论文，第88页。

为坏账埋单，由政府动用6850亿日元国民税金（约65亿美元）协助“住专”化解不良债权，遭到民众抵制，7家“住专”最终破产。金融腐败带来的银行坏账危机导致日资持续从其他东南亚国家撤回，诱发了东南亚金融危机。

2. 以银行业为主的金融体系存在制度性金融腐败风险，需要主动监管

日本推行“主银行制”，其金融体系也以“银行业”为主。日本的主银行制是指银行、企业、其他金融机构和政府监管部门之间一系列非正式制度安排和运作行为，其核心是确定主银行和企业之间的关系，具体途径是交叉持股、派遣管理人员提供管理支持以及提供各类金融服务，特别是贷款及其他形式的信贷、信托管理、担保等金融服务。主银行制有以下几个特点：一是主银行是企业最大贷款人，也是企业最大股东之一；二是主银行利益由日本大藏省和日本银行的监管机制加以保护，由于严格控制新进入城市银行的资格，主银行获得了垄断地位；三是主银行制是一种政府高度参与的制度，企业—银行—政府三者在长期的合作过程中，建立起亲密性排他关系。从本质上说，主银行地位是政府的一种设租行为，有设租就会有寻租腐败。政府通过主银行制调控资金分配，事实上对银行缺乏必要的独立监管，两者高度重合统一，政府也从不允许银行破产，对银行的严格监管自然无从谈起。

在主银行制下，日本的金融腐败并不是金融监管人员或金融机构偶尔滥用职权或贪赃枉法，而是超越个体腐败范畴，成为一种制度性腐败现象。通常由政府官员授意银行将资金借贷给企业，作为回报，企业再将利益通过各种方式输送给政府官员。在整个信贷运转过程中，是政府官员意志而不是市场规律起决定性作用，没有人需要为金融机构借贷风险承担责任，一切后果都由政府兜底。

尽管日本是亚洲最发达的国家，但仍然存在足以引发区域性金融

危机的金融腐败问题，充分说明金融监管水平并不会随着经济发展而自然提高，需要主动设计。

（二）韩国

1. 政府对以银行为主导的金融系统干预较深，系统性风险较大

同日本等亚洲其他国家一样，韩国金融系统也由银行主导。政府对银行干预程度很深，其手段包括区隔金融市场、人为制定最高利率以及直接在企业间分配信贷等。自 20 世纪 80 年代初以来，尽管韩国实施了商业银行私有化、取消了其他金融机构准入限制的金融自由化措施，但银行系统仍然在很大程度上受政府影响。政府既可以直接拥有银行全部或部分股份，也可以间接任命关键人物或提出贷款“建议”，通过各种“窗口指导”对银行实施控制。韩国政府对银行的干预主要是通过指导信贷或政策贷款来实现的，和日本的主银行制度一样，韩国政府同样指定一家银行对使用这些贷款的财团进行监管。有了政府许可和暗中支持，银行对财团大型工业项目资助不遗余力。即便财团做了项目收益较差或亏损的业务，在政府导向作用下，银行也缺乏必要的风险控制对策，最终形成的银行坏账演变成银行系统自身无法消化的金融风险。

2. 韩国政企关系紧密，增加了金融反腐的难度

韩国是“韩国有限公司”的典型代表，在现代化进程中，其政企不分、合为一体的经济模式较为明显。一方面，与日本一样，韩国政府从现有企业挑选领先者加以支持，为这些企业提供优惠待遇，包括颁发业务执照，保护其不受外国投资者和进口产品威胁，向其提供政府控制的银行廉价贷款等。在这一模式作用下，韩国成功步入中等发达国家行列。另一方面，这一模式催生了若干主要为家族所有的大财团。据统计，2014 年，韩国 10 大财阀家族的总资产是 1244.6 万亿韩元，比五年前（2009 年 810 万亿韩元）增加了 53.4%。10 大财阀家

族旗下的企业数量也从820家增加到985家。[①] 而且政府与企业特别是大型财团形成了错综复杂的利益关系，政治和经济领域缺乏清晰的边界，政治权力与经济权力交缠互用。

由于韩国政府长期对大财团、大企业和银行系统实行控制和保护政策，金融监管机构难以发挥独立监督作用，很难对银行进行严格的监管审查。由于外部制约缺失，导致银行对企业负债率缺少必要的警惕之心，在被过度保护之下，企业必将债台高筑。在正常的市场经济中，企业一旦出现财务危机不能及时还款，银行将较快获知并作出市场化处理，企业也会时时感受到来自外部的经营和竞争压力。但在韩国，由于大财团、大企业对国民经济具有基础性支撑作用，掌握了国家经济命脉，一旦破产倒闭势必引起全局动荡。因此，政府不敢让企业倒闭，只会让银行继续加强对企业的支持。加之政府官员、企业和银行之间存在着错综复杂的关系，政府更倾向于隐瞒企业真实经营状况和银行坏账真相。由于缺少外部压力，韩国大企业为了扭亏或盈利，更容易投资高收益高风险项目，银行被企业和政府裹挟着前行，一旦经济环境变化，银行往往就会发生系统性不良贷款危机。[②]

韩国银行与企业或财团高度啮合的关系，使得银行业公司治理缺乏透明度，内幕交易严重。由于银行和公司在政府保护下成长，总体上缺乏抵御风险能力。在亚洲金融危机期间，韩国企业和银行表现得尤为明显。与日本等亚洲其他国家一样，韩国发生金融危机可以说主要是其自身原因所致。在政府过度指导、政企不分的产业政策下，银行与企业的资源配置被双重扭曲，一定程度上违背了市场规律，为爆发金融危机埋下了祸根。

---

① 《韩国五大财阀排名——韩国最有名的家族企业排行榜》，参见 http：//www. phbang. cn/people/world/146378. html。

② 参见方芳：《从韩国实践看金融监管的局限性》，《中国金融》，2006年第22期，第64－65页。

（三）印度尼西亚

印度尼西亚（以下简称印尼）的政治经济形态是较为典型的裙带资本主义。金融危机之前，苏哈托执政印尼30余年，以他为中心形成了一个由苏哈托家族、官僚权贵和军队高级将领构成的特权统治阶层，垄断了经济和金融活动。

1. 缺乏监管的银行业金融自由化埋下金融风险隐患

20世纪80年代末，受全球金融自由化风潮影响，印尼开始推行金融自由化和去监管化改革。以银行业自由化为开端，先后实施了可自由成立银行、设立分行、允许成立外资和合资银行、国有企业可在私有银行存款等一系列政策。由此带来了银行业爆炸式发展，特别是私有银行的快速发展。据统计，在1988年至1997年6月期间，印尼国有银行的数目维持在7家……但私有银行数目从66家急剧增加到160家，到1997年年底分行和支行数分别达到1537家和2469家。1988年，印尼国有银行占银行总资产的70%，私有银行的份额仅占20%多一点。到1997年年中，国有银行份额下降了一半，市场份额被私有银行大量挤占。①

尽管印尼银行自由化改革得到了国际货币基金组织等国际援助机构和西方主流社会大力支持，认为私有化是提高国有银行效率的济世良方，但印尼国有银行传统上到底由谁监管并不清晰。大量私有银行更是因缺乏监管而导致关联贷款和腐败横行，不断放大不良贷款的风险敞口。

2. 裙带资本主义限制了金融监管

在裙带资本主义顶层架构下，私有银行得以成立往往需要具备足够的政治背景，其所有者绝大部分都是苏哈托家族及其亲信控制的财团。此外，政府对印尼银行发生的大量坏账没有按照市场规律积极加

---

① 参见［马来西亚］沈联涛：《十年轮回——从亚洲到全球的金融危机》，杨宇光、刘敬国译，上海远东出版社2016年版，第199－200页。

以处理。早期的杜塔银行因为与政府的特殊关系，不但没有关闭，反而注入巨资挽救。1996 年 2 月，在债务条件已经严重恶化的情况下，阿斯瑞石油集团仍然获得了政府的特别关税保护，由银行出面承担 4 亿美元巨额损失，其主要原因就是该集团由苏哈托儿子邦班所经营。[①]为稳定政局，苏哈托采取了一些措施促进印尼经济繁荣，但由于他过于集权，其家族过于贪腐，印尼缺乏持续稳定的政治运作体系，对国内日益泛滥的腐败无能为力。当全球化趋势不可当、国际资本四处游荡时，面对席卷而来的东南亚金融风暴，印尼脆弱的经济和金融体系不堪一击，大面积的金融腐败是导致金融系统脆弱性的罪魁祸首。

（四）泰国

泰国的金融系统也是以银行为主导。在东南亚金融危机前的 1995 年和 1996 年，泰国银行和其他金融机构资产约为 GDP 的 170% ~ 180%，大部分业务集中于 15 家银行和主要金融公司。与此形成对照的是，泰国股票市场和债券市场规模相对较小。在金融领域，泰国政府对银行的干预十分普遍。在东南亚金融危机时，大量报道显示，掌控金融机构的政府官员收取大量来自企业的贿赂，然后贷款给行贿企业，导致金融机构风险防范措施形同虚设，不良资产膨胀。银行过度亏空，金融管理秩序混乱。[②] 金融危机中倒闭的泰国曼谷商业银行即是较为典型的例证。

泰国的金融危机和金融腐败说明，金融机构有其政治利益和既得利益诉求，尤其当政府在政治上羸弱时，银行和银行家们倾向于用金钱手段来保护自己的利益。金融机构通过向中央银行施加巨大的政治压力，要求中央银行放松银行监管，或向银行系统提供贷款，以帮助其渡过难关。企业界同样也会向政府施加压力，要求政府放松货币政

① 参见许可：《东南亚国家的腐败与经济发展》，《南洋问题研究》，2000 年第 3 期（总第 103 期），第 61 页。

② 同上。

策，或降低利率，以缓解衰退带来的痛苦。从理论上来说，当资产泡沫破裂时，应强化银行监管，以管理巨大的信贷和市场风险，但来自企业界和银行界的双重压力要求泰国政府放松银行监管。如此一来，危机自然不可避免。

（五）亚洲国家金融腐败的启示

首先，经济金融体制市场化程度低、监管体系建设落后是亚洲金融腐败的根源。日韩等国经济政策表明，政企不分，政府过度指导经济发展，固然能带来经济集中发展优势，但长此以往又存在较大隐患。由于政企不分，以银行为代表的金融机构，更多听从政府或财团意志而不是储户利益委托，在金融机构自身缺乏独立的公司治理和风险控制能力，且政府放松监管的情况下，必然导致金融腐败频发、系统风险积聚。因此，大力营造金融行业法治化和市场化环境，是治理金融腐败的关键。

其次，治理以关联贷款为代表的裙带关系对预防金融腐败尤为重要。韩国、印尼和泰国的案例表明，银行给客户企业贷款，并不是基于客观的风险分析，而是通过关联关系或裙带关系，将本应支持企业发展的资金贷给自己的亲朋好友或政府官员，或是通过他们的关系贷给第三者。这就造成银行缺乏责任心，企业或政府官员把银行的公众储蓄当成私人可随意提取的金库。企业依靠政府官员牵线搭桥向银行借款，并向政府官员或银行高管行贿，三者合谋腐败使得金融治理雪上加霜。因此，治理裙带关系，需要落实到行政体系和金融监管体系法治化、制度化建设上。①

研究表明，东南亚危机以来，亚洲银行的实力和适应力有了显著提升，且资产回报率超过1%的世界平均标准。国家对银行资产控制

---

① 参见张德明：《东西文明的融合与亚太经济的发展——亚洲经济奇迹和金融危机原因新探》，《世界历史》，2000年第6期，第84页。

大幅降低，在韩国和印尼尤其如此。同此前相比，亚洲银行系统资本充足率得到改善，管理更加专业，风控更加先进。与市场集中度提高相应的是信贷和风险管理技能的提高，如今东亚银行资本充足率基本达到了两位数水平，远超 8% 的底线。不良贷款比例也有所下降，这部分是因为信贷管理和评估技术得到改进，部分是因为公司利润的恢复以及杠杆比例下降。毫无疑问，自金融危机以来，亚洲银行监管质量得到了提高，并对金融腐败治理起到了积极作用。

四、发达国家和地区金融反腐经验借鉴

回顾历史，美英等发达国家和地区大多经历过市场经济初期金融腐败高发阶段，经过长时间治理后，形成了目前相对完善的监督惩处机制。从美国来看，打击腐败主要通过完善法律、设立独立的监管机构，以及依靠所谓“第四权力”，即媒体舆论监督。19 世纪末 20 世纪初美国发生的“扒粪运动”，正是因为媒体的监督，增加了腐败活动的成本。从英国来看，其金融监管体系较为完善，尤其是近现代以来，英国金融监管法律法规不断修改完善、推陈出新，以适应金融业发展需要，从而减少了滋生腐败的空间。新加坡建立了较严格的金融监管制度以及与金融监管局相配合的贪污调查局，公开信息中很少见到新加坡金融腐败案件的报道。香港廉署精确的职能定位、合理的制度设计、严格的法律规定和科学的程序保障，为成就其廉政品牌奠定了坚实基础①。系统梳理这些国家和地区治理金融腐败的经验教训，有利于深化我国金融反腐工作。

（一）美国

自 1776 年建国至发展为当今世界唯一的超级大国，美国也曾经历

① 参见范欣：《香港廉政建设之相关配套法律与制度研究》，《科技致富向导》，2012 年第 27 期，第 39 页。

过金融腐败盛行时期。西奥多·德莱塞在《金融家》中如实地揭露了美国“镀金时代”费城官商勾结、沆瀣一气、发财致富这一赤裸裸的现实。一个多世纪以前，美国在政治、财经、金融、司法等诸多方面制度极其混乱，流弊严重，官员们大搞以权谋私、贪赃枉法，勾结商人、合伙投机，明争暗斗、坐收渔利等种种不可告人的勾当，总结其中的教训，可为发展中国家提供借鉴。

1. 完善法律法规

完善金融行业法律法规，提高腐败交易成本，是遏制腐败的重要途径。1883 年，美国国会通过《彭德尔顿法》，确立一套以功绩考核为核心的文官选拔和奖惩机制，选派官员以任命为主的陈例由此打破。在其后数十年间，国会相继通过《禁止公司向联邦公职候选人捐款法案》《竞选经费公开法》《联邦反腐败行为法》等一系列法案，从制度上防治腐败。以美国证券市场为例，在历经 19 世纪混沌无序的野蛮生长后，“当人们重新审视这个被疯狂的投机者和腐败的立法者搞得混乱不堪的博弈场时，终于意识到需要订立法律来健全上市公司的股票发行制度，尽管相关的法律还需要经历更多的股市阵痛才会真正来临”。①

2. 建立独立监督机构

为保证反腐败法律得以有效执行，美国设立联邦刑事机构和联邦调查局，任命独立检察官，负责调查和起诉公共腐败问题。同时，还设立了非正式的司法部律师办公室和政府道德办公室辅助反腐工作。通过联邦及各州独立机构开展稽查和诉讼，对美国金融腐败的调查和预防起到了良好作用。

---

① ［美］约翰·戈登：《伟大的博弈——华尔街金融帝国的崛起》，祁斌译，中信出版社 2011 年版，第 128 页。

图6－4 《梧桐树协议》①

3. 加强民间反腐力量

美国另一支强大的反腐力量来自民间。随着受教育程度提升，社会责任感日益苏醒的公民参与的公共事务逐渐增多。随着国民法律意识普遍提高，对腐败行为的容忍程度日益降低，对公权形成了更为有效的监督。被称为“第四权力”的美国新闻媒体在反腐败斗争中发挥了重要作用。在新闻从业人员强烈的社会责任感驱使下，很多腐败案件和贿赂交易暴露在公众视线之内。媒体对腐败行为真相的穷追不舍和深度挖掘，促进了司法机构更深入调查。更重要的是，作为社会舆论的风向标，新闻媒体对于腐败案件的报道能够唤起公民道德意识，对潜在的腐败动机产生一定警示作用。当民众意识被唤醒后，对寻租

① 在华尔街发展早期，充斥着内幕交易和操纵市场等不法行为，在规则混乱无度和监管缺失的文化氛围内，经纪人出于谋取私利的动机，相互倾轧，在证券销售佣金费率上竞相杀价。1792 年，在华尔街 68 号的一棵梧桐树下，24 位股票经纪人签署了著名的《梧桐树协议》（The Buttonwood Agreement），约定每一位参与协议的经纪人不允许以低于证券面值 0.25% 的佣金费率销售证券。同时，在任何交易磋商中给予协议签署会员彼此的优先权。这被认为是美国金融业自发制定规则，强化行业自律的开始，也开启了华尔街金融文化演进和改良的历程。

和设租行为形成了更加有效的遏制。

4. 不断创新金融监管

美国不仅在反腐败制度方面较为完善，还与时俱进创新金融监管，保障金融反腐适应金融市场变化形势。

从美国金融法治演进历程看，大体上经历了三个阶段。第一个阶段是从早期的自由经营走向1933年后的全面管制。早期的美国对金融行业没有统一的联邦立法，由各州自行管理，银行业可以自由进入并能自由竞争各种业务。随着时间推移，联邦开始立法对国民银行准入和银行贷款等业务进行初步监管，而其他银行则仍然游离于联邦监管之外。1933年，为隔离投资银行和商业银行业务，商业银行被禁止参与证券业务、限制跨州设立分行、限制存款利率、要求证券发行人信息公开等。第二阶段是20世纪80年代后从监管走向管制放松。银行与证券公司相互进入各自业务领域，各金融机构间的业务界限逐渐被打破，开启了混业经营时代。第三阶段是20世纪90年代至今实行的监管下的自由与自律，针对银行、金融机构业务具体情况实施不同的监管。[①] 2008年次贷金融危机前，美国长期实行“双轨多头”的金融监管制度。所谓“双轨”是指美国在联邦和州层面都设有负责金融监管的部门；“多头”是指不同监管职责由多家监管机构分别行使。[②] 从细分行业看，美国的金融监管可以分为银行业监管、证券业监管和保险业监管。

在银行业监管方面，美国是最早立法保护存款人利益的国家。1913年12月23日，美国威尔逊总统签署了《联邦储备法》，由此创立了承担中央银行职能的联邦储备系统。该系统组成包括联邦储备委

① 参见庄少绒：《美国金融法治演进的特点及影响因素——从法律文化的视角》，《理论界》，2007年第10期，第59页。

② 中国银行业监督管理委员会国际部：《美国金融监管体制改革》，《漫步华尔街》第652期。

员会、联邦公开市场委员会、联邦储备银行等，数以千计的银行作为会员加入其中。[①] 联邦储备委员会职责类似于各国央行，主要通过货币政策和公开市场操作来调控整个国家系统性风险。20 世纪 30 年代爆发的金融危机使得许多大银行陷入其中，在存款人恐慌挤兑下，银行纷纷倒闭，大量存款人合法权益蒙受损失。为了避免挤兑引起的危机再次发生，美国于 1933 年建立了联邦存款保险公司，对小额存款人[②]存款提供联邦保险。即使银行不幸倒闭，存款人仍然可以在保险额度内取回一定数额存款，最终美国所有银行都加入了联邦保险体系。与之相类似，美国全国信用社管理局需要负责监管所有持联邦牌照的信用社，并为信用社提供存款保险。另一个重要的银行监管者是 1863 年成立的货币监理署，隶属美国财政部。其主要职责是审批在联邦申请注册银行（包括外资银行）以及银行机构增设和资本金调整等重要事项，以及在职权范围内监督注册的银行在美国境内外经营活动。美国货币监理署监管约 2200 家大大小小的金融机构，在美国多头监管体系下，以商业银行为代表的大型金融机构受到多个监管机构监管，且同一业务条线或金融活动也可能由多个监管机构进行监管，包括美联储或地区联储、联邦存款保险公司、州监管机构、金融消费者保护局、美国证券交易委员会、美国商品期货交易委员会等。[③]

在证券业监管方面，美国已有近百年历史。1934 年美国通过《1934 年证券交易法》，并成立联邦政府专门委员会，即美国证券交易委员会，以监督证券交易所、投资银行、证券经纪商、共同基金、投资顾问及其他所有在证券领域提供服务的中介机构与个人。此后，美

① 中国银行业监督管理委员会国际部：《美国金融监管体制改革》，《漫步华尔街》第 652 期。

② 1933 年规定存款达 2500 美元者，相当于今天约 10 万美元。

③ 美国货币监理署大中型银行监管工作评估小组：《透视美国银行业的监管机制》，《上海证券报》，2014 年 9 月 5 日。

国政府又通过一系列法案，如 1940 年的《投资公司法》《投资顾问法》等，为证券交易委员会提供明确的法律依据和法定权限。美国证券交易委员会有权对违法的经纪人或证券交易商、投资公司或投资顾问、全国性证券交易所举行听证会并作出违纪处分。《1934 年证券交易法》第 6 节规定，美国证券交易委员会有责任对全国性的证券交易所进行监督，即可以暂停或撤销某一证券交易所；第 15 节规定，该委员会有权将某一经纪人或交易商逐出某一全国性证券交易所；第 15 节 A 授权美国证券交易委员会监督注册的证券协会及其他经纪人和交易商登记，同时有权暂停或撤销某一协会的登记，以及暂停或取消协会会员资格；第 15 节 A 还规定，该委员会有权暂停或取消经纪人或交易商登记，有权禁止某人加入经纪人公司、交易商事务所、注册的证券协会或投资顾问公司，有权禁止某人在投资公司中开展各项业务和履行各种职能。①

在保险业监管方面，总统领导下的社会保障署以及 50 个州政府保险局构成了美国保险监管体系。其中，社会保险由社会保障署负责监管，商业保险由各州保险局进行监管。为保证监管一致和分享信息需要，各州保险监督官组成全国保险监督官协会，制定全国商业保险监管模型法案供各州参考，有效促进了各州保险监管实施。美国商业保险监管主要是为了保障被保险人的合法权益，使被保险人在事故发生后能及时得到赔付。美国保险监管偏重于宏观调控，注重发挥同业公会等中介组织以及市场调节作用。在费率制定方面大多由同业公会或市场决定，这种方式可使保险监管部门将更多精力放在对保险机构偿付能力和资产负债比例等业务监管上。总的来说，尽管实行州政府和联邦政府双重监管体制，但美国保险业核心是州政府监管，联邦政府

---

① 参见黄运成、刘春彦：《美国证券监督管理机构十大权力》，《上海证券报》，2003 年 3 月 16 日。

更多的是通过对州监管施加一定程度的影响或通过对其直接控制的联邦政府保险组织施加影响。[①]

美国金融监管发展至今，经历了从自由到严厉的不同阶段，其间有过数次起伏，实际是监管边界和市场间的博弈，也是不同时代经济金融发展的客观需要。每一次发展变革或动荡之后，美国都要对金融监管进行调整，其法律法规和机构设置逐步完善，虽然不可能根除腐败，但提高了金融腐败成本，降低了发生制度性金融腐败的概率。

（二）英国

作为老牌资本主义国家，英国的金融监管同样引人关注。

1. 建立较为全面的金融监管体系和强有力的金融监管机构

近一个世纪以来，英国逐步建立了较为全面的金融监管体系。一方面，通过不断修改完善金融监管法律，力求与金融业飞速发展实际相适应。如 20 世纪 70 年代的《信用协会法》，20 世纪 80 年代的《保险公司法》《金融服务法》《建筑协会法》《银行法》，20 世纪 90 年代的《友好协会法》等。2000 年 6 月，英国女王批准的《2000 年金融服务和市场法》，是英国历史上议院对提案修改记录最多的立法，也是涉及金融服务最核心的法律。由于该法律较为完善，其地位远高于此前出台的众多其他法律，并成为规范金融业发展的“基本法”。另一方面，根据《2000 年金融服务和市场法》，英国建立了金融服务局。金融服务局是英国金融行业唯一的监管局，其内部职能部门由两部分构成：一是金融监管专门机构，包括银行与建筑协会部、投资业务部、综合部、市场与外汇交易部等部门；二是授权与执行机构，包括授权部、执行部、消费者关系协调部、行业教育部等部门[②]。英国政府将属于金融服务局的监管职责拆分为三个机构承担：

---

① 参见徐静：《中美保险监管模式比较及其启示》，《甘肃农业》，2006 年第 7 期（总第 240 期），第 160 页。

② 参见英国金融服务管理局官方网站：http：//www. fsa. gov. uk/。

一是金融政策委员会，是设立在英格兰银行内的宏观审慎管理机构。二是审慎监管局，设立于英格兰银行组织架构中。三是金融行为管理局。英国金融服务局的原则是围绕风险管理对不同金融机构采取量体裁衣式监管。①

2. 不断反思金融腐败案件

尽管英国金融监管体系较为全面，但金融腐败案件仍时有发生，如 2012 年汇丰银行被曝出为洗钱而操纵伦敦银行间隔夜拆借利率；2013 年该利率再次被曝受到操纵，涉案银行包括巴克莱银行、汇丰银行、苏格兰皇家银行等大型银行。

针对这些情况，英国政府及时进行反思，于 2013 年出台《金融服务（银行改革）法》。该法采纳了银行独立委员会和银行标准议会委员会建议，对英国金融服务监管作出重大改革，具体包括在银行“围栏”、实施救助、人员责任以及银行标准等方面制定更加严格的监管规则。② 2016 年，英国政府又颁布了《英格兰银行和金融服务法》。至此，由货币政策委员会、金融政策委员会和审慎监管委员会共同组成的英格兰银行组织架构正式形成，其中货币政策委员会由 9 人组成，包括英格兰银行行长及副行长等 5 人，其余 4 人为英格兰银行遴选的具备经济学和货币政策专业知识的外部独立专家。货币政策委员会的主要职责是设定并调节利率，最终实现通货膨胀目标。③ 金融政策委员会首要职责是监管英国金融体系的系统性风险，保证行业稳定性；次要职责是协助政府的经济政策。④

---

① 参见朱石明等：《英国金融监管模式改革分析》，《金融理论与实践》，2004 年第 6 期（总第 299 期），第 57 页。

② 参见李凤雨等：《英国金融监管体制改革立法及对我国的借鉴》，《西南金融》，2014 年第 11 期（总第 400 期），第 51 – 54 页。

③ 参见英国货币政策委员会官方网站：http：//www. bankofengland. co. uk/monetarypolicy/pages/overview. aspx。

④ 参见英国金融政策委员会官方网站：http：//www. bankofengland. co. uk/financialstability/pages/fpc/default. aspx。

3. 注重金融监管部门之间的协作

英国金融监管中非常重要的一部分内容是各监管部门的协调与合作。为协调财政部、英格兰银行、审慎监管局、金融行为管理局等英国国内监管部门，根据《2012 年金融服务法》和《2000 年金融服务与市场法》，上述部门间签署了备忘录，从四个层面确保国家金融安全。

第一，在议会设立由 22 名成员构成的国家安全战略联合委员会，从战略高度护卫英国全球金融中心地位，高度关注金融基础设施建设、非法金融和反洗钱问题，进一步防控金融风险。第二，在监管制度层面，英格兰银行建立并实施宏观审慎管理制度，从宏观上确保金融业整体系统安全，以适应国际社会对宏观审慎管理的普遍要求。第三，为避免外资金融机构对英国金融市场产生实质性影响，监管部门将不允许外资金融机构发展成为英国境内的系统性重要金融机构，作为考虑外资机构准入的先决条件。第四，以存款保险为核心，建立“金融服务补偿计划”，保障储户存款安全，进而护卫金融安全。① 此外，由于伦敦金融城的国际金融中心地位，英国国内监管机构也经常与国外监管机构签署备忘录，明确跨境金融监管中的协调合作事宜。②

4. 加强对监管者自身的监督

英格兰银行作为重要监管者，同样受到严格监管。在英国政府层面，《2016 年英格兰银行和金融服务法》第一部分第 1（3）（1）规定：“经咨询英格兰银行行长，财政部可以修改、增加、解除副行长。”第 8（6）（4）规定：“在颁布、修改或者替换（货币政策委员会）法规之前，英格兰银行必须和财政部协商。”第 10 条规定了“财

① 财新网特别报道：《英国金融监管体制改革趋势和借鉴》，参见 http://opinion.caixin.com/2016－09－10/100987405.html。

② 参见李风雨等：《英国金融监管体制改革立法及对我国的借鉴》，《西南金融》，2014 年第 11 期（总第 400 期），第 51－54 页。

政部的保障行为（Activities indemnified by Treasury）”。第 11 条规定了“财政部审查”。在 3A“审慎监管”部分 30B 规定了财政部的建议权，在 30C“运作独立”部分规定了财政部的建议权和指导权。另外，在英国最高立法层面，议会上议院和下议院同样负有监督政府的责任。尽管英格兰银行在实现货币政策和金融稳定目标时具备一定独立性，但对议会下议院财政委员会负责。行长、副行长和其他高级管理人员经常需要在财政委员会就《通货膨胀报告》《金融稳定报告》和《审慎监管局年度账户》等接受质询。上议院经济事务委员会有时还会就货币政策和金融政策召开质询会议。英格兰银行货币政策委员会和金融政策委员会成员定期在下议院“财政选举委员会”接受听证，听证涵盖了最新《通货膨胀报告》和《金融稳定报告》等一系列主题。

5. 针对特定金融腐败形式进行打击

除了不断完善监管体系，英国还对金融腐败最常见的形式——洗钱进行针对性打击。英国建立了以金融情报中心网络数据库为依托，集反洗钱信息储存、查询、交流、反馈于一身的统一信息平台。该平台还与英国国家警察信息中心和海关总署储存数据信息中心进行实时联网，方便各成员单位获取数据资料。执法机构可进入数据系统获取最新资料，并将办案过程中对情报深度分析等需求向平台反馈，由金融情报中心予以处理。执法机构与金融情报中心通过平台进行公布、沟通信息质量的意见反馈机制，使电子平台的时效性、便捷性特点被充分发挥出来。[①] 近年来，全球大量腐败资金通过房地产、奢侈品、博彩、医疗、教育等行业流入英国，对英国公民及其他国家公民的合法权益造成严重损害，引发各方广泛批评。继 2010 年颁布《反贿赂法》后，2017 年 4 月 27 日，英国议会通过了“不明资产法令”。执法

---

① 参见张自力：《国际反洗钱可疑交易报告制度改革：英国的实践与启示》，《上海金融学院学报》，2006 年第 2 期，第 60 页。

机构可以根据该法令对腐败资金的来源展开调查，并为资产返还提供便利。同时，英国政府与其他国家政府进行密切合作，对国际洗钱犯罪趋势与新特点开展交流，并利用国际网络信息传递，有效打击跨国洗钱犯罪活动。

总之，每一次风险事件之后，英国金融监管机构都会进行彻底自省，并不惜动用大量人力物力进行顺应时代的改革，表现出极强的反思能力和改革能力，在防治金融腐败方面为其他国家提供了借鉴和参考。

（三）新加坡

公开信息中鲜有新加坡金融腐败的负面案例，这在很大程度上归功于新加坡的金融监管。

1. 在金融开放中注重金融安全

既强调金融开放又注重自我保护，是新加坡金融业的显著特征。一方面，新加坡把发展金融作为发展经济的重要内容，其目标是发展成世界级金融中心。为此，新加坡政府积极发展商业银行、资金管理市场、债券市场、股票和衍生产品市场、外汇交易市场、保险市场，鼓励外资银行将亚太总部设立在新加坡，以新加坡为中心向外提供全方位金融服务，实行开放灵活的金融政策。在商业银行方面，取消外资银行不能持有新加坡本地银行40%以上股份的限制；在资金管理方面，外国资金管理公司更容易拿到许可证；在债券市场方面，鼓励外资企业发行债券，积极发行新加坡政府及法定机构债券；在股票和衍生市场方面，股票交易所与国际金融交易所合并，使现金和衍生市场更好结合；在保险业方面，建立完善的保险市场体系。目前，新加坡已形成了一套由金融机构、金融市场、金融工具和金融交易参与者共同组成的庞大复杂、有序运转的金融体系。

另一方面，新加坡在开放中实行自我保护的金融策略。在银行业方面，限制执照银行共有53家，均为外资银行；岸外执照银行共有 38 家，均为外资银行。[①] 从新加坡银行发照程序准入限制看，新加坡积极发展外币业务，控制外资银行经营本币业务，确保新元非国际化，以免受到国际游资冲击。在汇率方面，新加坡汇率管理是一揽子管理，新元汇率与 12 个主要贸易伙伴国汇率加权计算，有一定的上下浮动幅度，超过浮动幅度，金融管理局就要进行干预。金融管理局每天召开专门会议，了解新元流通量和汇率变化情况，由中央公积金局、货币局、总会计长三个政府主要机构，货币经纪公司及各银行报告新元流通量，以此决定当天对新元市场流通和汇率变化所采取的行动。

2. 在金融改革中注重风险控制

在东南亚经济危机影响下，新加坡认识到，要建设世界级金融中心，必须把金融改革作为防范金融风险的重要课题。

一是加强金融监管的改革。新加坡传统的监管银行方式严格而有效，其特点是：注重颁布法令条规以管理银行；利用划一的监管程序；全面涵盖各种有风险的领域和运行；检查全部财务状况；大量检查交易业务；采用突击检查方式。其欠完善之处是：程序费时且烦琐，不能有效应对较复杂的金融活动及多样化的金融产品。

1998 年 4 月 1 日，新加坡金融管理局开始实行改革后新的银行监管方式，主要是吸取东南亚金融危机教训，依据国际清算银行（BIS）协议进行监管。1997 年 4 月 9 日，巴塞尔银行业务条例和监管委员会（即巴塞尔委员会）发布《有效银行监管的核心原则》（以下简称《核心原则》），提出市场化原则、补充性原则、适度监管原则、动态调整原则、可行边界原则等“银行业有效监管”基本原则；强调监管的规范化和全程化，推行全面风险管理；强调建立银行监管规范化系统，并将其作为银行业有效监管的前提；强调对银行业持续监管方式，推

---

① 参见 Monetary Authority of Singapore，ANNUAL REPORT 2015/16，第 16 – 17 页。

进了对跨国银行业务全球统一监管。新加坡依据《核心原则》，实施金融监管的调整与改革，改革后的金融监督目标是：维持高度完善水准和健全的财务管理，确保金融体系的健全，符合国际清算银行协议，有计划有步骤地把新加坡发展成为世界级金融中心。

二是加强金融管理局的风险监管。改革后，金融管理局的监督理念不变，仍按照精挑细选的政策标准来批准银行设立，采取严格慎重的准则，提高银行自律管制。其基点是："根据风险监督银行"，即对有关银行所面对的主要商业风险进行透彻了解和分析，并把远程监督和实地查核的重点和资源集中在风险策略和管理评估上。

三是加强银行风险管理。新加坡各银行的风险管理体系是：银行董事会整体负责，高级管理层负责核查批准，风险管理与风险监控小组负责运行责任和监控。银行设立各种委员会分别管理不同领域的风险，通过设立信贷委员会监控信贷风险，设立资产负债委员会监控流动风险和市场风险，设立管理委员会监控运行风险。新加坡银行强烈意识到风险管理的重要性，设立全面、全系统、全程化的风险管理程序以监控各类风险。通过严格而有效的银行监管，2011—2015 年新加坡银行坏账率仅为 7.5‰～10.8‰，[①] 主要本地银行在国际上拥有良好评级。

3. 在制度设计中注重预防腐败

新加坡金融监管主体是成立于 1971 年的金融监管局，具有很强的独立性和权威性，保证了对金融过程的有效监管。金融监管局既有央行职能，又有金融监管机构职能，类似于中国的"一行三会"。具体有两大职能：一是中央银行金融调控职能，通过利率政策、公开市场业务操作、存款准备金等工具，运用利率、货币供给、外汇储备等工具，保持汇率和物价稳定，发挥宏观调控职能。二是金融监管职能，

① 参见 https：//secure. mas. gov. sg/msb－xml/Report. aspx？ tableSetID＝I&tableID＝I. 12。

对包括银行、保险和资本市场中介机构等所有的金融部门进行监管。此外，金融监管局拥有完善的治理架构，并严格遵循国际会计标准，从而提升新加坡金融业整体质量，并通过与业界合作成为国际金融中心。① 具体来说，新加坡金融监管体系有三个显著特点：一是监管当局具有较强的独立性，在实施宏观调控和金融监管过程中有相当的独立性和权威性；二是实行混业经营以及合业监管体制；三是银行业监管注重管理和监督分离，并开展有效协作。

与金融监管局配合的还有一个独立的国家强力部门，即贪污调查局。该局成立于1952年，历史比金融监管局更加悠久。贪污调查局具有行政和执法双重职能，主要负责受理和调查对政府和私营机构贪污贿赂犯罪的举报、调查公共服务部门和政府法定机构以及企业公司中的贪污嫌疑等案件。与香港廉政公署的执法、预防和社区教育等多重职能相比，新加坡反贪局职责更为集中，主要受理腐败投诉。

作为国际金融港口，新加坡还建立了完善的反洗钱机制。首先在内部制度建设上，要求银行研究制定一系列内部政策和程序，以应对和控制洗钱等犯罪行为。对外国政治公众人物等高风险客户，则要求银行采取增强型客户尽职调查措施。此外，与市场挂钩的薪酬机制也是新加坡反腐败的重要制度设计。新加坡选取了公务员离职后最容易从事的6类职业——银行家、会计师、工程师、律师以及制造业企业和跨国公司中高管，将公务员薪金基准公式同这6个职业待遇挂钩。通过高薪养廉制度改变腐败成本和收益，大大提高了公务员贪腐机会成本。保罗·萨缪尔森在《经济学》一书中指出："在存在稀缺的世界上，选择一种东西意味着需要放弃其他一些东西。一项选择的机会

① 陈敏娟、廖东声：《国际金融危机后新加坡金融监管体制改革及对东盟其他国家的启示》，《东南亚纵横》，2014年第8期，第14页。

成本（opportunity cost），是相应的所放弃的物品或劳务的价值。”[①] 公务员一旦被发现贪污便会失去其高额的收入以及退休后需要依赖的中央公积金。在高薪待遇下，腐败相对而言也不再有低收入时那么大的吸引力。

4. 与时俱进改革金融监管

面对金融危机冲击，新加坡金融监管积极顺应形势，不断完善制度。特别是在配置监管资源方面，新加坡金融管理局进一步完善“双维”模型，对金融机构风险评级和冲击力影响水平进行综合考虑。为反映金融机构风险组合及其管理水平而展开的风险评级，将包括内在风险、缓释因素、董事会及管理层、资本水平、盈利能力、母公司支持等作为评级因素，将评级结果划分为低、中低、中高、高四级。冲击力评级重点关注机构倒闭对金融体系、实体经济、新加坡及新加坡金融管理局声誉等带来的冲击，评级结果同样分为四级。监管资源与监管力度强弱相应也分为四级，一级属于最强级别。监管资源配置和监管力度伴随风险评级升高、冲击力影响升高而增大增强。[②]

总的来说，新加坡建立的一整套金融反腐模式固然值得其他国家学习借鉴，但同时需要关注本国政治、经济、社会与文化等方面的特殊性。从我国来说，应清醒地认识到新加坡国情与我国的异同，具体问题具体分析，明确哪些政策和要素对我国金融反腐具有借鉴意义。

（四）中国香港地区

廉政公署（以下简称“廉署”）成立前，香港曾是一个贪腐盛行

---

① ［美］保罗·萨缪尔森、威廉·诺德豪斯：《经济学》，萧琛主译，人民邮电出版社 2008 年版，第 12 页。

② 参见陈宇等：《新加坡金融监管的“预应性”变革》，《中国银行业》，2015 年第 10 期，第 41 页。

的社会，警队情况尤为严重。1974 年 2 月 15 日，廉署成立后，我国香港地区逐步形成了严刑峻法和对腐败零容忍的社会氛围，有效惩戒了腐败行为，包括金融腐败行为。廉署调查对象初期为公务员，随后扩展到公共事业机构，进而包括所有私人机构。目前，我国香港地区已跻身全球最清廉国家和地区之列。

1. 机构、办案、人事和财政的独立

廉署具有三个特点：一是在办案权方面，执法力量独立于警察和法院，拥有搜查、扣押、拘捕等独立调查权，必要时可使用武力，抗拒或妨碍调查均属违法；二是在人事权方面，职员实施聘用制，不属于公务员，因而不受公务员叙用委员会管辖；三是在经费方面，办案经费在政府预算中单列拨付，只需特首批准，不受其他部门节制。通过机构、办案、人事和财政独立，切断廉署与其他各部门的联系，无论从体制还是运行上都不受其掣肘，使反贪肃贪“一查到底”成为可能。

2. “三位一体”的架构

廉署由执行处、防止贪污处和社区关系处三个部门组成，采用执法、预防和教育“三位一体”架构。执行处全力肃贪，让腐败分子凡贪必被抓而“不敢贪”。执行处接受市民举报，并负责调查怀疑贪污的罪行，是廉署最大的部门。防止贪污处负责审核政府各部门及公共机构的法律文件、工作程序等，堵塞贪污漏洞。同时，应私营机构要求，防止贪污处还提供防贪顾问服务，使相关人员“不能贪”。防止贪污处职责相当于“保健医生”，目的是从源头杜绝贪腐，从程序上订立防贪措施，做到“系统防贪”。社区关系处通过教育宣传，让市民认识到贪腐的危害性而“不想贪”，并积极支持反贪工作。同时，社区关系处还与社会大众直接联系，接受贪污举报和查询。

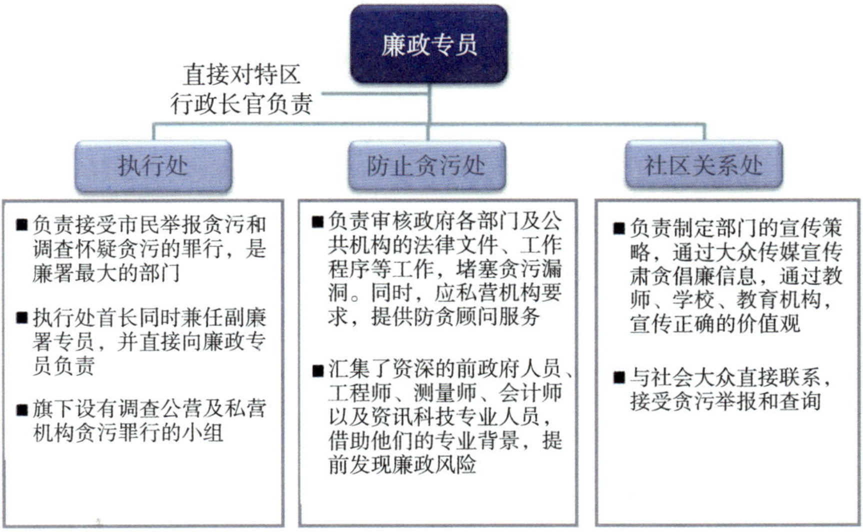

图 6-5 香港廉政公署“三位一体”的机构设置①

3. 外部的监督制衡机制

廉署作为一个独立的反贪调查机构，其自身清廉需要良好的内外监督约束机制加以保障，防止权力被滥用。外部监督机制包括：4 个咨询委员会的监督，行政长官与行政会议、立法会、独立检控权、司法系统的监督和廉政公署事宜投诉委员会等，构成了完整的外部监督机制。我国香港地区独立而广泛的传媒，也在不断加强公众对廉署的问责。② 此外，廉署执行处有一个特别小组，专门负责对内部人员的监督，该特别小组独立办公。

4. 完善的金融监管体系

我国香港地区作为著名的国际金融中心，已经形成了一套比较完善的金融监管体系。一是强调风险管理，注重事前防范。香港银行业多业兼营，只要一家金融机构取得了银行牌照，即可从事银行业务，

① 资料来源：香港廉政公署（ICAC）。
② 李梓新：《香港廉政公署廉洁的奥秘》，《科学大观园》，2012 年第 24 期，第 7 页。

取得了保险证券牌照，也可兼营保险或证券业务，且相关业务相互补充、取长补短。近年来，香港银行监管不断完善，现场检查和非现场检查逐年增加。无论是现场检查还是非现场检查，都是通过 CAMEL 评级体系（简称骆驼评级体系），对银行机构的表现进行评估。通过持续性监管，发现存在问题的苗头，并及时采取相应的解决措施。二是强调监管工作公开、公平、透明。香港金融管理局在制定和实行新的政策时，往往先通过银行业咨询委员会、资本市场公会及其专业团体广泛征求意见，才予以实施。同时，金融管理局工作人员实行公开招聘，工作情况及主要工作资料通过月报、季报、年报等形式向社会公告。三是实行现代管理制度。我国香港地区作为著名国际金融中心，金融创新及电子化程度较高，人工智能卡、电话银行、电子银行等延伸至千家万户。指数期货、外汇期权、外汇期货等金融衍生工具逐步普及，金融机构管理水平较高。同时，加强对工作人员的培训，不断改进监管制度，使监管水平逐步提高，有效预防和治理金融腐败问题的发生。

（五）发达国家和地区金融反腐的启示

国际政治经济学教授弗朗西斯·福山认为，新民主国家的腐败并非无药可救，美国就是从腐败和庇护主义中走过来的。[①] 观察发达国家和地区金融反腐的历史与现状，对我国金融反腐有三点启示。

一是市场主导的经济体制。在以市场为主导的经济体制环境下，政府干预和主导因素较少，行业和资源垄断程度较低，寻租空间较小，能够较有效地抑制金融腐败的滋生。因为减少腐败的一个有效途径，就是“与纯粹的垄断作斗争”[②]。在这个方面，欧美发达国家与以日本、韩国为代表的亚洲国家有着鲜明的对比。

二是完备的监督体系。一方面，监督机构应当具备独立性，避免

① 《福山谈特朗普和美国政治》，参见 http：//www. toutiao. com/i6287498052240409090/。

② ［美］泽菲尔·提绍特：《美国的腐败——从富兰克林的鼻烟盒到联合公民胜诉案》，冯克利、苗晓枫译，中国方正出版社 2016 年版，第 256 页。

对财政、人事等部门过于依赖；另一方面，要建立相应的权力约束机制，并引入社会公众、媒体舆论等监督力量，加强对监督者的监督。

三是主动反思与改革。即使是管理水平和科学技术高度发达的国家和地区，也无法杜绝金融腐败问题发生。目前，美英等一些发达国家和地区的市场机制、法律制度较为完备，没有发生系统性塌方式金融腐败，金融腐败问题仍然常见于报端，但其能够从金融危机中主动反思，积极推进金融监管改革，从而有效提高了防治金融腐败的能力。

橘生淮南则为橘，生于淮北则为枳。我国的金融反腐不能照搬西方制度，应当结合国情，在把握历史与现实的基础上，不断推进金融监管创新。

第七章

中国金融反腐的战略和方法

示之以行，禁之以势，使之望而不敢犯，犯而无所得。

——宋·苏辙《栾城集》

本章提要

- 本章主要指出在当前我国深化改革的关键阶段，加强金融反腐战略对于抑制金融腐败具有重要意义，并提出以制度建设为核心的五个方面具体措施。
- 金融反腐在中央反腐败战略全局中具有十分重要的作用。
- 反腐败斗争的长期性、复杂性、艰巨性，决定了金融反腐工作必须树立战略思维，加强战略部署，保持战略定力，实现不敢腐、不能腐、不想腐的战略目标。
- 中国金融反腐战略的核心是制度建设。加强金融系统反腐败工作，要进一步加大制度建设力度，不断压缩权力寻租空间，坚决惩治腐败，有效遏制金融腐败蔓延势头。
- 加强金融监管体制机制建设和金融立法，一要改革金融监管体制，二要建立反洗钱机制，三要强化审计监督机制，四要完善金融立法，五要推进金融领域改革开放。同时，要运用现代信息技术强化金融反腐。

“小胜凭精进，大成靠战略。”充分认识腐败的本质及其经济学原理，研究分析金融腐败的特征及其各持牌机构和金融市场的廉洁风险点，深入探讨历史和国际经验，最终要落脚到当前我国深化改革关键阶段，面对反腐败斗争新形势，需要采取何种战略和方法抑制金融腐败。基于个人理性假定，当腐败收益超过成本时，腐败就比较容易发生。反之，腐败发生的概率就会降低。当前，维护金融安全，必须把金融反腐工作摆在更加突出的重要位置，树立战略思维，加强制度建设，强化监管体制，完善金融立法，运用现代信息技术，不断提高和改进监管能力，确保不发生系统性金融风险。

一、发挥金融反腐在反腐败战略全局中的重要作用

金融反腐的重要作用主要体现在三个方面：

（一）金融反腐是反腐败系统工程的重要组成部分

金融关乎国计民生，是经济发展的核心和要塞，金融反腐在反腐败斗争全局中尤为重要。在当代社会，上至国民经济的发展，下至每个普通民众的日常生活，均与金融息息相关。金融作为载体与纽带，往往是形形色色腐败案件中利益输送的重要渠道。一方面，为保证金融行业健康发展，必须做好金融领域反腐败工作；另一方面，为落实全局性反腐败工作，也必须加强金融反腐工作。当前，反腐败斗争压倒性态势已经形成，已从治标为主转向标本兼治，必须把制度建设作为防治腐败的根本途径。金融领域反腐工作同样也需要加强制度化建

设，建立健全常态化、规范化、科学化的监督机制和惩戒机制。唯其如此，才能有效遏制和切实防范金融领域的腐败问题。

（二）金融反腐在反腐败工作中影响深远

金融腐败影响恶劣，涉及面广。在金融领域，容易形成政商同盟，产生权力寻租，滋生贪污腐败。一方面，商人通过结交权势官员，寻求“政治庇护”；另一方面，由于金融资源是相对稀缺的资源，银行、证券、保险等机构需要申请牌照才能经营，开展相应业务。企业上市等部分金融活动仍需政府审批，想要得到这些资源，在正常途径之外，通过向监管部门输送利益获取资源就成为别有用心之人的选择。这表明，在现行监管制度下，金融领域存在腐败问题易发高发的风险，而一旦出现腐败问题，产生的影响也极为恶劣。因此，从长远看，加强金融反腐工作，有助于形成正向示范效应。

（三）金融反腐将成为中央反腐战略的重要突破口

党的十八大以来，我国金融反腐取得了重要进展，也成为带动反腐败斗争的重要切入点。金融反腐是打造廉洁高效的金融管理体系的必备条件。只有拥有规范有序的金融系统，才能促进金融业安全运行，也才能为实现国家安全和公众利益提供重要的基础性保障。相比于其他腐败行为，金融腐败有两个鲜明特点：一是腐败行为的数字化。二是腐败行为的痕迹化。一方面，由于现代化信息技术的运用，使得金融腐败行为较为隐蔽，一般人难以发现；另一方面，看似“神不知鬼不觉”的腐败行为，往往会留下数据痕迹。所谓“道高一尺，魔高一丈”。运用大数据技术进行比对分析，完全能够发现腐败行为的“踪迹”。这就使得大数据在金融反腐中具有普遍性作用，并成为金融反腐的关键突破口，从而发挥金融反腐在中央反腐战略中的标杆作用。

二、构建金融反腐战略

战略就是作战的谋略，是一定历史时期指导全局的方略。被列为西方战略学鼻祖的克劳塞维茨认为："战略是为了达到战争目的而对战斗的运用。"[①]"战略"一词在中国历史久远，最早见于西晋初史学家司马彪所著《战略》一书，后屡见于《三国志》等史籍中。早在1997年，尉健行就深刻指出："反腐败既是加强党的建设的问题，也是加强政权建设的问题。""反腐败斗争还涉及到深化改革的问题，既涉及到经济体制改革，又涉及到政治体制改革。不从深化改革上着手，不从源头上抓起，就事论事地采取一些遏制性措施，查办一些案件，不可能取得反腐败的更大效果。"[②]反腐败斗争的长期性、复杂性、艰巨性，决定了金融反腐必须树立战略思维，加强战略部署，保持战略定力，打造廉洁高效的金融管理体系，筑牢监管部门廉政底线，划出金融行业规范运行红线，打出金融反腐重拳，提高金融腐败预期成本，实现不敢腐、不能腐、不想腐的战略目标。

（一）加强金融反腐战略部署

战略问题是一个政党、一个国家的根本性问题，也是金融反腐的根本性问题。杰克·特劳特认为，所谓战略定位就是要做到与众不同。金融反腐的战略定位，就是要围绕实现金融反腐战略目标，立足落实反腐战略方针，研究制定战略措施，安排部署金融系统反腐败工作。

1. 坚持金融反腐战略目标

坚持战略目标，重在加强战略谋划。战略谋划的基本思想是从大

---

① ［德］克劳塞维茨：《战争论》（第一卷），中国人民解放军军事科学院译，商务印书馆1978年版，第175页。

② 尉健行：《论党风廉政建设和反腐败斗争》，中央文献出版社、中国方正出版社2009年版，第306页。

局出发，从整体的角度观察和处理问题，追求整体和全局利益最大化。古人云，“运筹于帷幄之中，决胜于千里之外”。早在抗日战争时期，毛泽东就明确指出：“从事经济和财政业务的工作人员”，“必须克服存在着的有些还是很严重的官僚主义，例如贪污现象，摆空架子，无益的‘正规化’，文牍主义等等。”① 中华人民共和国成立初期，毛泽东亲自领导我们党开展了反贪污、反浪费、反官僚主义的“三反”运动。进入改革开放新时期，邓小平鲜明指出：“金融很重要，是现代经济的核心。金融搞好了，一着棋活，全盘皆活。”② 他还说：“证券、股市，这些东西究竟好不好，有没有危险，是不是不是资本主义独有的东西，社会主义能不能用？允许看，但要坚决地试。看对了，搞一两年对了，放开；错了，纠正，关了就是了。”③ 十三届四中全会以后，江泽民对治理金融腐败问题提出了很多重要思想，他指出：“依法治理金融，是贯彻依法治国基本方略的重要方面。健全金融法制，严肃金融法纪，是建立良好的金融秩序，保证金融安全、高效、稳健运行的根本要求。”“必须强化金融法治和金融监管，依法整顿和维护金融秩序，把一切金融活动纳入规范化、法治化的轨道。要切实加大执法力度，依法严厉打击各种金融违法犯罪活动。”④ 胡锦涛也多次强调：“要加快金融法制建设，规范发展中介机构，深入整顿和规范金融秩序，依法打击各种金融违法犯罪行为。要全面推进社会信用体系建设，建立健全征信机构体系，依法治理和维护金融秩序。”⑤ 党的十八大以来，以习近平同志为核心的党中央提出了“中国梦”、“五位一体”总体布局、“四个全面”战略布局等重大战略思想，涉及内政外

① 《毛泽东选集》（第三卷），人民出版社 1991 年版，第 896 页。
② 《邓小平文选》（第三卷），人民出版社 1993 年版，第 366 页。
③ 《邓小平文选》（第三卷），人民出版社 1993 年版，第 373 页。
④ 《江泽民文选》（第二卷），人民出版社 2006 年版，第 75 页。
⑤ 《胡锦涛文选》（第二卷），人民出版社 2016 年版，第 608 页。

交国防、治党治国治军等各个方面。特别是立足全面从严治党和反腐败斗争形势，提出了不敢腐、不能腐、不想腐的“三不”战略目标，对坚决遏制金融腐败、防范金融安全作出一系列重大决策部署。2015年，在中央经济工作会议上的重要讲话中，习近平总书记指出，要加强全方位监管，规范各类融资行为，抓紧开展金融风险专项整治，坚决遏制非法集资蔓延势头，加强风险监测预警，妥善处理风险案件，坚决守住不发生系统性和区域性风险的底线。2016年，在中央经济工作会议上，习近平总书记再次强调，对违规行为和不良资产，要敢于亮剑，敢于揭开盖子，硬碰硬处置。对少数兴风作浪的“大鳄”“内鬼”，要依法进行惩处，不能让他们随心所欲、呼风唤雨。金融反腐的过程也是金融领域推进全面从严治党的过程。要着眼于落实全面从严治党要求，唤醒金融系统党员干部党章党规党纪意识，强化金融单位党组织管党治党责任担当，坚持思想建党和制度治党相结合，促进“三不”战略目标实现。经典管理学的“热炉法则”有四个原则，即：警告性原则、一致性原则、即时性原则、公平性原则。“热炉法则”运用到金融领域管党治党和反腐败斗争上，就是“四个不得”，即红线碰不得、底线破不得、侥幸要不得、监督缺不得。全面从严治党靠全党、管全党、治全党，金融反腐没有禁区、没有例外。

2. 坚持金融反腐战略方针

战略方针是在研究分析战略形势和敌对双方各因素基础上制定的指导战争全局的方针，是指导军事行动的纲领和形成战略计划的基本依据。从金融系统反腐败斗争来说，要根据全面从严治党形势任务发展变化，研究制定全局性战略方针，推动解决金融系统党组织自身存在的突出问题。“破法”无不始于“破纪”。针对当前金融系统党风廉政建设和反腐败斗争形势，反腐败工作要把纪律建设摆在更加突出位置，坚持纪在法前、纪严于法，实践监督执纪“四种形态”，深入开展纪律教育，狠抓执纪监督，养成纪律自觉，用纪律管住全体党员，让纪律成为管党治党的尺子、不可逾越的底线。同时，坚持“老虎”“苍蝇”一起打，既坚决查处金融系统领导干部违纪违法案件，又切实解决发生在群众身边的不正之风和腐败问题，坚持党纪国法面前没有例外，不管涉及谁，都一查到底，决不姑息，把权力关进制度的笼子里，形成不敢腐的惩戒机制、不能腐的防范机制、不易腐的保障机制，以猛药去疴、重典治乱的决心，以刮骨疗毒、壮士断腕的勇气，坚决把金融系统党风廉政建设和反腐败斗争进行到底。

3. 坚持金融反腐战略措施

战略措施是实现战略意图以及战略目标的方法和步骤。只有把战略意图变成战略地图，形成战略措施，才能推进战略目标实现。战略目标关注做正确的事，战略措施关注正确地做事。美国管理学大师彼得·德鲁克曾用效能与效率对两者进行区分，“做正确的事”意味着效能，“正确地做事”意味着效率。坚持金融反腐战略目标要关注效能，实现“三不”目标就是做正确的事；坚持金融反腐战略措施要关注效率，实践监督执纪“四种形态”就是正确地做事。要通过实践监督执纪“四种形态”，让“红红脸、出出汗”成为常态；党纪轻处分、组织调整成为违纪处理的大多数；党纪重处分、重大职务调整的成为少数；严重违纪涉嫌违法立案审查的成为极少数。把握好“树木”与“森林”的关系，治“病树”、拔“烂树”、护“森林”。反腐败打持久战和歼灭战是相辅相成的，持久战讲的是战争，歼灭战说的是战斗。只有打赢每一个歼灭战，才能最终赢得整场战争。必须坚持治标与治本相结合，处理好惩治和预防的关系，惩治于已然、防患于未然。“急则治标，缓则治本，缓急相济。”当前，要特别重视查办案件，以治标为主，为治本赢得时间，为反腐赢得支持。必须始终保持惩治腐败高压态势，惩治这一手任何时候都不能放松。纪检监察机关（机构）、金融监管部门和相关执法单位要在认真履行各自职责的基础上，构建办案协作平台，加强协调配合，形成整体合力，提高查办案件的效率。严肃查办发生在金融机构中的内幕交易、“老鼠仓”、利益输送的案件；严肃查办商业贿赂案件，加大对行贿行为的惩处力度；严肃查办发生在领导干部中贪污贿赂、失职渎职的案件；严肃查办发生在重要部门和关键岗位的各类案件，特别是加大对新型金融案件的查办力度。同时要坚持防范在先、关口前移，及时预判腐败现象发生、发展的趋势和规律，进一步深化改革、完善制度，努力从源头上防治腐败。

加强国际追逃追赃工作也是金融反腐的重要战略措施，是正确地做事。党的十八大以来，中央把反腐败国际追逃追赃工作摆在重要位置，纳入党风廉政建设和反腐败斗争总体部署。我国反腐败国际追逃追赃工作明显换挡加速，并呈现出清晰的战略思路。对外，积极宣传反腐败主张，占据国际社会道义制高点，加强国际合作；对内，统一协调各职能部门发挥各自反腐败优势，形成打击外逃贪腐人员的合力。在加强横向间部门合作的同时，与地方加强纵向间的合作，坚持“有逃必追、一追到底，决不让腐败分子逍遥法外”的宣言和行动，形成了对腐败分子的强大震慑。

（二）把握金融反腐战略本质

美国战略管理专家马丁·里维斯在《战略的本质》一书中指出，战略的本质就是解决问题的方案。[①] 日本著名管理学家大前研一认为，解决问题的根本就是逻辑思考力，逻辑思考力不但能够让问题迎刃而解，而且我们一般常说的先见之明、直觉也是从逻辑思考中产生的。[②] 金融反腐要坚持问题导向，增强逻辑思考力，立足发现问题并寻找最佳解决方案。

---

① ［美］马丁·里维斯、［挪］纳特·汉拿斯、［印］詹美贾亚·辛哈：《战略的本质——复杂商业环境中的最优竞争战略》，王喆、韩阳译，中信出版集团 2016 年版，第 7 页。

② ［日］大前研一：《思考的技术——思考力决定竞争力》，刘锦绣、谢育容译，中信出版集团 2015 年版，第 4 页。

1. 强化金融反腐战略分析

腐败与反腐败实质是一种博弈关系。“做局十分，落子一秒。”金融反腐要体现精准施策，必须在加强战略分析尤其是战略环境分析上下功夫。当前，金融系统全面从严治党面临着一些新情况新问题。有的金融机构党组织履行主体责任不够，存在“上紧下松、内紧外松、时紧时松”问题；有的长期不研究党建工作，不负责、不担当，存在“灯下黑”问题。有的金融机构党员干部执行廉洁纪律不到位，廉洁风险问题突出；有的心存侥幸，搞迂回战术，变着花样聚敛钱财；有的作风建设基础不牢固，“四风”问题公开表现少了，但打“擦边球”规避监督、披“隐身衣”逃避检查的现象依然存在，呈现“显性减少隐性渐深”“老问题与新问题并存”等特点。有的基层党组织不健全等问题突出，党员队伍老化、党支部战斗堡垒作用发挥不力。要针对金融领域反腐败斗争战略环境面临的新特点新变化，有针对性地制定应对措施，以达到事半功倍效果。

2. 强化金融反腐战略布局

有学者指出：“战略思维是指思维主体对关系全局的、长远的、根本性的重大问题进行分析、预见、谋划、研判，并由此形成战略思想、战略规划和战略决策的思维活动。”[①] 经典战略理论认为，只有立足实际，优化组合时间、空间和所能动用的资源等三个维度，加强战略布局，才能实现战略意图和战略目标。具体到金融系统反腐败工作：一是在时间维度上，要体现策略性，增强震慑力。战略就是运用时间和空间的艺术。“从某种意义上说，战略本身就是对机遇的寻找、把握和利用。机遇是一种无形的资源，把握机遇就要把握不确定性。”[②] 时机稍纵即逝，必须抓住有利时机因时制宜运用策略，及时发现和查

① 金一南：《胜者思维》，北京联合出版公司 2017 年版，第 153 页。

② 金一南：《胜者思维》，北京联合出版公司 2017 年版，第 208 页。

处党员领导干部顶风违纪的典型案例，形成有力震慑。二是在空间维度上，要体现立体性，增强体系力。按照中央要求，审慎稳妥推进国家监察体制改革试点工作。2016 年 11 月，中央办公厅印发《关于在北京市、山西省、浙江省开展国家监察体制改革试点方案》，部署在三省市设立各级监察委员会，从体制机制、制度建设上先行先试、探索实践，为在全国推开积累经验。国家监察体制改革是事关全局的重大政治改革，是国家监察制度的顶层设计，目标是建立党统一领导下的国家反腐败工作机构，实施组织和制度创新，整合反腐败资源力量，扩大监察范围，丰富监察手段，实现对行使公权力的公职人员监察全面覆盖，建立集中统一、权威高效的监察体系，履行反腐败职责，深入推进党风廉政建设和反腐败斗争。金融反腐工作要以国家监察体制改革为契机，进一步完善责任体系，做到责任主体清晰、内容明确、权责对等，通过层层传导压力，把职责分清、责任压实。三是在资源维度上，要体现集中性，增强聚合力。战略最重要而又最简单的准则是集中兵力，始终不忘强调聚焦。当前和今后一个时期，必须把防控金融风险放在更加重要的位置。要科学防范金融风险，着力防范和化解重点领域风险，着力整治各种金融乱象，着力加强风险源头管控，着力完善金融安全防线和风险应急处置机制。要高度重视数据管理系统的运用，做好基础数据填报、数据汇总、筛查分析、移交处理、上报督办等工作，不断提高金融反腐工作信息化、技术化水平。

3. 强化金融反腐战略执行

战略之难不在于知，而在于行。“三分战略，七分执行。”金融反腐是一项计划性、可操作性很强的工作，强化战略执行力尤为重要。要围绕金融反腐战略目标制定战略规划，分解工作计划，明确每一阶段路线图和时间表，把战略目标转化为可操作的行动和流程。要及时对金融反腐战略实施情况进行总结评估，通过总结评估，发现成绩，找出问题，提出新的目标、策略和手段。要根据金融系统内外部环境发生的变化，适时对金融反腐战略措施作出调整。既要树立大局观，具有全局意识，处理好各种关系，抓住主要矛盾，解决关键问题；又要切实担负起承担的职责，以局部工作促进全局工作、服务全局工作。要在实际工作中培养和运用战略思维，提升思考问题的高度、理论研究的深度、知识视野的广度，确保金融反腐工作沿着中央制定的战略目标不断深化。

（三）保持金融反腐战略定力

保持金融反腐败战略定力，思想定力是基础，政治定力是根本，道德定力是保障。必须从思想上政治上组织上排除干扰，“咬定青山不放松”，保持力度和节奏，踩着不变的步伐，不忘初心、继续前进。

1. 保持金融反腐思想定力

金融反腐是一场严肃的政治斗争，是意志品质的集中较量。没有顽强的意志力，就没有坚决的执行力。墨菲定律认为，如果什么事可能向糟糕的方向发展，它就会向这个方向发展。艾尔·凯西在《正念力》一书对墨菲定律提出挑战，认为如果事情能够向好的方向发展，它就不应该会向坏的方向发展。为了让事情向好的方向发展，需要投入艰苦的努力，着眼于解决关键性问题，这就是正念力。坚持反腐必胜的信念，就是正念力。十八届党中央以作风建设为切入口，制定执行八项规定，形成以上率下良好氛围，推动党风政风和社会风气明显好转。特别是推进全面从严治党，坚定不移正风反腐，立案审查了包括金融系统内的一批中管干部，坚持有权必有责、有责要担当，用权受监督、失责必追究，制定修订了一批党纪党规，把管党治党和反腐败的制度笼子越扎越紧，赢得了全党全社会认同。金融反腐要牢固树立正念力，对工作标准再高一分，对自身约束再严一点，切实履行好中央赋予的职责。

2. 保持金融反腐政治定力

全面从严治党，必须进一步严明政治纪律。金融领域发生腐败问题的根本原因在于党的领导弱化、党的建设缺失、全面从严治党不力，特别是党的领导弱化问题突出。有的党组织政治自觉不够，贯彻落实党的路线方针政策和中央决策部署不坚决；有的党组织政治定位不准，对肩负的政治职责认识不清，职能发散、聚焦不足；有的党组织政治敏锐性不强。全面从严治党永远在路上。当前，党风廉政建设和反腐败斗争形势依然严峻复杂，金融系统党风廉政建设和反腐败斗争形势同样严峻复杂。要时刻绷紧政治纪律这根弦，坚持党的领导不动摇，贯彻党的金融方针政策不含糊；要坚定政治方向，牢牢把握中央反腐败工作方针，不断推进金融系统反腐败工作向纵深发展；要站稳政治立场，在大是大非面前做到旗帜鲜明、立场坚定，面对歪风邪气敢于较真碰硬、坚决斗争。

3. 保持金融反腐道德定力

百行德为首，百业德为先。道德定力，是指在修身做人、干事创业上具有的崇高品质、高尚情怀和人格魅力，保持道德定力是金融系统开展反腐败斗争的现实需要，必须切实加强道德修养，始终坚守以人民为中心的价值取向。要持之以恒加强道德教育和警示教育活动，增强金融监管部门和金融从业人员廉洁自律的自觉性。要以对党的事业高度负责的精神，自觉践行社会主义核心价值观，讲修养、讲道德、讲诚信、讲廉耻；注重家庭、家教、家风，明大德、守公德、严私德，重品行、正操守、养心性，做到以信念、人格、实干立身。

三、加强金融监管体制机制建设和金融立法

金融强则国强，金融乱则国乱。维护金融安全，要坚持底线思维，坚持问题导向，在全面做好金融工作基础上，着力深化金融改革，加强金融监管，科学防范风险，强化安全能力建设，不断提高金融业竞争能力、抗风险能力、可持续发展能力，坚决守住不发生系统性金融

风险底线。明斯基指出："金融体系具有内在的不稳定性。"[①] 理论和实践表明，加强监管体制机制建设和金融立法，是防治金融腐败的根本途径，有利于不断压缩权力寻租空间，坚决防范和有效遏制金融领域腐败现象蔓延势头，推进标本兼治。

（一）改革金融监管体制

决定现代历史产物的是制度[②]。当前，金融自由化、放松管制的措施以及目不暇接的金融创新，使得金融中介机构能够提供越来越丰富的金融产品和服务，也使得传统的银行、证券和保险业开始相互渗透。同时，为了在全球市场保持竞争力，有的金融机构通过并购本国或外国的其他机构，逐渐发展成为跨国金融集团。[③] 在此背景下，出现了金融监管真空和漏洞，不仅使金融腐败成本低、收益高，而且难以被发现。如果监管体制不改革、监管技术不提高，金融腐败将越发猖獗。

因为各国国情差异很大，我们无法简单评说哪种监管模式更好，但要建立一个有效的金融监管框架应当注意以下问题：一是构建良好的法律框架等基础设施，形成一个与国际标准接轨的目标清晰、独立、可信的金融监管体系，才有可能促进金融市场健康发展。二是建立金融监管框架必须充分考虑一国金融发展历史、文化和现有法律体系，适应一国金融体系发展状况，并涵盖所有金融机构（尤其是金融集团）及其功能领域，并能够应对现有金融体系的各种风险。三是各金融监管机构之间必须加强协调合作，不断提高金融监管有效性。四是调整和重建金融监管框架蕴含很大风险，必须进行深入分析和研究。

---

① 引自［美］詹姆斯·K. 加尔布雷斯：《正常的终结——理解世界经济新常态》，蒋宗强译，中信出版集团 2017 年版，第 76 页。

② ［英］尼尔·弗格森：《西方的衰落》，米拉译，中信出版社 2013 年版，第 3 页。

③ 参见曹凤岐：《金融国际化、金融危机与金融监管》，《金融论坛》，2012 年第 2 期（总第 194 期），第 14 页。

同时，在操作过程中要审慎推进，避免对金融产业发展产生不良影响。从我国来说，可以从以下几方面入手：

1. 完善现行金融监管模式

我国实行“一行三会”的监管模式，是根据机构性质划分监管权限的多边监管体制，即“分业监管”。在这一监管模式下，中国人民银行、银监会、证监会和保监会是法定主体监管部门，与国家发改委、财政部、审计署等其他监管部门一起，共同确立了严格的分业经营、分业监管格局。但随着改革开放和金融混业不断发展，分业监管的缺陷开始显现。“所有成长都要求毁灭，不打破鸡蛋，就不能做蛋卷。”①分业监管已经难以适应现代金融市场发展要求，在金融业综合经营趋势明显的背景下，如果没有完善的协调机制相配套，分业监管必然会导致监管真空，形成灰色交易地带。分业监管导致监管部门相互间信息不畅通甚至以邻为壑，易于产生“搬仓硕鼠”；综合监管与功能监管不足，容易导致犯罪分子有空可钻。必须按照中央要求，深入研究并积极稳妥推进金融监管体制改革。

一是构建有力有效的宏观审慎管理制度。设立国务院金融稳定发展委员会，强化人民银行宏观审慎管理和系统性风险防范职责。建立以宏观审慎为核心，货币政策与审慎管理相协调，有效防范系统性金融风险的金融管理体制，实现监管与救助相统一、长期目标和短期利益相协调。统筹监管系统重要性金融机构和金融控股公司，统筹监管重要金融基础设施，统筹金融业综合统计。建立健全针对金融监管者的监督问责制度，金融监管部门尽可能剥离其发展职能而专事监管职能，纠正重事前审批、轻事中事后监管的倾向。

二是加强综合监管。适应金融业综合化发展趋势，通过改革加强

① ［美］安·兰德：《源泉》，高晓晴、赵雅蔷、杨玉译，重庆出版社 2013 年版，第 461 页。

不同监管者之间的分工合作，建立跨部门的综合监管协调机制，强化统筹协调能力，完善产融结合管理制度，建立跨行业跨市场金融风险预警处置机制，建立有效的综合经营风险监测防控机制，克服跨业监管缺失的现象，防范和化解系统性风险。金融管理部门要努力培育恪尽职守、敢于监管、精于监管、严于问责的精神，形成有风险没有及时发现就是失职、发现风险没有及时提示和处置就是渎职的严肃监管氛围。要健全风险监测预警和早期干预机制，加强金融基础设施的统筹监管和互联互通，推进金融业综合统计和监管信息共享。

三是功能监管与机构监管并重。各监管部门要做好制度漏洞排查工作，及时弥补监管短板。按照机构监管与功能监管并重的原则，打造纵横交错、经纬交织的监管网络。机构监管要实现金融机构的全程纵向监管，并重点关注不同机构对系统性风险的差异化影响，制定有差异的监管规则。功能监管应统一相同功能金融产品和相同业务属性金融服务的行为规则和监管标准，减少监管套利，避免监管真空，维护市场效率和公平竞争。

四是完善金融消费者保护等行为监管框架。完善目前行业分割的行为监管格局，各监管机构要加强金融消费者权益保护政策协调，充分发挥消费者保护对金融机构的外部监督作用。

五是完善部门间金融反腐协作。金融反腐不同于一般性的金融业务工作，它具有突出而鲜明的政治意义，直接关系到维护和巩固党的执政地位这一根本性问题。只有纪检监察机关（机构）、司法机关、行政机关、金融行业以及其他相关行业之间形成紧密协作，才能加大金融反腐力度。除了要协调好金融监管部门之间的关系，还要协调好与税务、财政、审计和司法等其他非专业监管机构之间的关系，通过立法使定期部际联席会议制度法制化，促使各方达成共识，明确交叉业务中的监管职责，一旦发生风险，把握最佳处置时机，采取统一行动形成监管合力，坚决整治严重干扰金融市场秩序的行为，严格规范金融市场交易行为，规范金融综合经营和产融结合，加强互联网金融监管，强化金融机构防范风险主体责任，防范和化解金融风险。当前，要抓紧对两个重点问题进行治理整顿：首先是对非法集资、无照乱办金融、地下钱庄等违法违规行为进行清理排查，保持高压态势。坚决取缔非法金融机构，禁止非法金融活动。其次是加大打击内外勾结现象力度。由国务院负总责，人民银行具体负责，银监会、证监会、保监会等监管部门积极配合，严格核查利用金融产品嵌套和金融通道业务逃避监管、违规放大杠杆的投资行为，严厉惩治金融监管部门和金融机构人员大搞利益输送和幕后交易，体制内的内鬼和体制外的金融大鳄相互勾结，破坏干扰金融市场稳定的行为。针对近期国内通过发行代币形式包括首次代币发行（ICO）进行融资的活动大量涌现，投资炒作盛行，涉嫌从事非法金融活动，严重扰乱经济金融秩序的行为，2017 年 9 月 4 日，中国人民银行、中央网信办、工业和信息化部、工商总局、银监会、证监会和保监会等七部门联合发布《关于防范代币发行融资风险的公告》，明确规定任何组织和个人不得非法从事代币发行融资活动，自公告发布之日起，各类代币发行融资活动应当立即停止。已完成代币发行融资的组织和个人应当作出清退等安排，合理保护投资者权益，妥善处置风险。有关部门将依法严肃查处拒不停止的代币发行融资活动以及已完成的代币发行融资项目中的违法违规行为。

2. 优化金融监管措施

目前，所有的金融监管都是严入宽出，把监管重点放在市场准入上，没有建立严格的市场退出机制。同时，监管标准不统一，导致金融机构存在监管套利空间。比如，银行资金通过不正当渠道流入证券市场，虽然其中有可能发生过腐败交易，但多年来鲜见被查处的案例。此外，金融监管不力也是不争的事实，长期以来，我国实行以行政手段为主、法律和经济手段为辅的方式，重外部监督，忽视了金融机构内部监督。要以强化金融监管为重点，以防范系统性金融风险为底线，加快相关法律法规建设，完善金融机构法人治理结构，加强宏观审慎管理制度建设，加强功能监管，更加重视行为监管。要把主动防范化解系统性金融风险放在更加重要的位置，科学防范，早识别、早预警、早发现、早处置，着力防范化解重点领域风险，着力完善金融安全防线和风险应急处置机制。

3. 树立正确的金融监管理念

“任何市场，创新永远走在监管之前，监管的艺术在于既不限制市场的创造力，又能敏锐地嗅到新的市场风险而防患于未然。”[①] 监管的唯一原则应当是合规性，至于风险则应当是金融机构自身的事情。事实上，只有有了合规性监管，才能保障低风险和低发案率。原因在于：一是合规性最便于操作，违规必然意味着风险隐患，包括操作风险和腐败；二是风险监管是越俎代庖，在提高被监管者机会主义倾向的同时，也使监管部门自身背上了包袱——如果揭了盖子，等于自身没有控制好风险，这也就加大了监管部门自身的道德风险，避免触及风险背后的诸多恶性问题。

4. 提高监管部门独立性

从我国金融监管部门看，一方面不能独立于政府部门，从国有银行到城乡信用社，全国所有的存款类金融机构，具备从部、局、处到科的对应行政级别，监管部门很难真下重手；另一方面，不能独立于被监管机构，监管部门出于“保护机构”的目的，很难真正有积极性去发现或查处违法违规行为。这就造成了本应更容易被监管部门发现的违法违规金融交易行为却发现不了的情况发生。多数是在纪检机构查实相关当事人腐败行为后，违法违规操作问题才浮出水面。

一个好的金融监管体制改革方案，必须包含周密的实施方案，核心问题是金融监管部门的独立性。监管独立性之所以重要，主要有两个方

① 万建华：《金融 e 时代——数字化时代的金融变局》，中信出版社 2013 年版，第 235 页。

面原因：一是具备必要的专业技能，能够及时应对复杂情况下出现的问题；二是可以使监管免受政治干预，体现监管行为的透明度和稳定性。说到底，强化金融监管部门独立性能够提高政策制定的可信度。

具体来说，监管独立性进一步体现为目标的独立性和工具的独立性。通常情况下，政府可以明确一定的监管目标，至于如何实现这一目标，可以由监管机构独立作出决定。我们平时所说的监管独立性是指工具的独立性，主要体现在独立的规制权、监督权以及机构和预算等。当然，监管机构的独立性是相对的，即使在一些监管独立性很强的发达国家，监管机构也会有意识地实行“自我施加的约束”，主动适应和配合政府的政治和经济政策。

从实际操作来看，提高金融监管部门独立性应当辅之以问责制，确保监管部门能够依法行使职权、有效履行职责。一方面，金融监管部门对作出的决策应当能够给予合理解释，这是体现其责任的重要内容。另一方面，金融监管部门不仅要对赋予其职责的政府或立法机关负责，更要对监管对象和公众负责，这也是体现其责任的重要内容。尽管实行问责制的原则和理念为社会各界所接受，但在实践中还面临很多具体困难。实施严格的问责制，需要完善立法和执行上的监督、严格的程序要求、公众参与、独立的司法审查等一系列配套制度，而这些条件在大多数国家并没有完全到位。

（二）建立反洗钱机制

要认真研究和准确把握新形势下腐败案件发生的特点和规律，建立健全腐败案件及时揭露和发现查处机制，重点要健全完善反洗钱机制，更加有效地查处腐败案件。中国人民银行于2003年作为国务院反洗钱行政主管部门，开始承担反洗钱职责，建立反洗钱制度体系。多年来，人民银行反洗钱工作立足中国国情，借鉴国外经验，确立了反洗钱法律、监管法规和组织机构的基本架构，在法律框架、组织机构、监管制度、案件调查和国际合作等方面取得了显著成效，基本建立起我国反洗钱体系。

1. 充分认识反洗钱在反腐败斗争中的重要性

《中华人民共和国反洗钱法》（以下简称《反洗钱法》）规定，反洗钱是指为了预防通过各种方式掩饰、隐瞒毒品犯罪、黑社会性质的组织犯罪、恐怖活动犯罪、走私犯罪、贪污贿赂犯罪、破坏金融管理秩序犯罪、金融诈骗犯罪等犯罪所得及其收益的来源和性质的洗钱活动，依法采取相关措施的行为。

从刑法理论看，腐败属于上游犯罪，洗钱属于下游犯罪。腐败作为洗钱的上游犯罪的一种，借助洗钱逃脱法律制裁。反腐败必须打击洗钱，这已成国际社会共识。《联合国反腐败公约》作为全球反腐败斗争共同纲领，不仅将打击洗钱纳入了反腐败范畴，还从全球反腐败预防机制、资产返回与追还机制、国际司法合作与执法合作机制等角度，对反洗钱给予特别关注。

一是构建洗钱预防制度，有利于发现和遏制腐败犯罪。实践证明，在腐败定罪后再去追缴犯罪所得，非法资金早已被转移。越来越多的国家认识到，应充分利用反洗钱措施，构建洗钱预防制度，强化对腐败犯罪活动发现机制。在资金出现异动时就发现并报告犯罪线索，通过追踪监测资金流动，进一步追查资金的来源和上游腐败犯罪，遏制腐败活动。

二是严格执行反洗钱客户身份识别和记录保存制度，有利于识别和震慑腐败分子。金融机构履行客户身份识别、大额和可疑交易报告等反洗钱义务，会对犯罪分子的心理形成有力震慑。有的腐败分子把成箱的现金藏在家中或是把成捆的受贿赃款沉到鱼塘而不敢存入银行，这都显示了反洗钱对腐败行为的震慑威力。

三是依法运用反洗钱调查手段，有利于追缴腐败非法所得。随着支付技术不断发展，跨境资金转移非常便捷，越来越多的腐败活动借助跨国洗钱将大量非法所得转移出境。《反洗钱法》赋予人民银行调查可疑交易活动的权力，可对客户要求转往境外的账户资金采取临时冻结等措施，有利于在紧急情况下堵截犯罪资金的转移和外逃。同时，反洗钱国际合作也在腐败资金的跨国追缴方面发挥重要作用。

2. 反洗钱工作取得显著成效

自 2006 年《反洗钱法》颁布以来，中国反洗钱工作“十年磨一剑”，充分发挥预防打击腐败、洗钱活动作用，维护了我国金融安全和经济社会稳定。

一是建立健全既立足国情又符合国际标准的反洗钱法律制度体系。在刑事立法方面，我国早在 1997 年颁布的《中华人民共和国刑法》（以下简称《刑法》）上就已确定了洗钱罪，并先后 5 次修订洗钱犯罪和资助恐怖活动罪的有关条款，最高人民法院有针对性地出台了三部司法解释。在洗钱预防制度建设方面，央行单独或会同相关监管机构制定并发布了《金融机构反洗钱规定》等一系列反洗钱监管制度，形成了系统完整的洗钱预防制度体系。

二是建立运行顺畅的反洗钱工作机制。我国于 2004 年建立了由人民银行牵头、最高人民法院等 22 个部门参加的反洗钱工作部际联席会议机制。

三是开展持续深入的反洗钱监管。我国已建成全面覆盖银行、证券期货、保险、非银行支付等领域的反洗钱监管体系，从洗钱风险管控的实际需要出发，指导、督促金融机构及从业人员做好反洗钱工作。

四是提升金融机构反洗钱履职能力。金融机构克服反洗钱工作基础薄弱、经验人才缺乏、配套制度不完善等重重困难，不断加大反洗钱方面投入，改进业务操作和反洗钱风险管理措施，反洗钱履职能力和工作实效大幅提升。

五是广泛深入开展国际合作。我国先后担任欧亚反洗钱和反恐怖融资组织（EAG）副主席和亚太反洗钱组织（APG）联合主席，目前是 FATF（反洗钱金融行动特别工作组）的决策核心——FATF 指导小组 9 国成员之一。截至 2016 年年底，中国已先后与 42 个国家（地区）的对口机构正式建立起反洗钱和反恐融资金融情报交流合作关系。

3. 进一步完善反洗钱机制

反洗钱机制是反腐败体系的重要组成部分，进一步完善反洗钱机制、充分发挥反洗钱效力是新时期反腐败体系建设的必然要求。

一是完善反洗钱制度体系。研究将腐败等上游犯罪本犯纳入洗钱罪的主体范围，建立有关等量价值查封与没收的制度规定。推动完善现金管理制度，建议人民银行、海关、财政、工商等部门研究制定大额现金出入境报告制度，防范资金跨境转移。加强房地产、律师、会计师、贵金属交易等领域风险监测，探索建立符合中国实际的特定非金融行业反洗钱监管制度。落实《关于促进互联网金融健康发展的指导意见》，建立健全互联网金融重点行业反洗钱监管制度。

二是加强协调，形成合力。结合金融监管体制改革进程，更好发挥人民银行和金融监管部门合力，建立职责清晰、权责对等、分工协作、配合有力的金融业反洗钱监管体制。加强与公安、税务、海关等执法部门的合作，加强可疑交易分析研判和线索移送，充分发挥金融情报机构效能。

三是继续深入开展反洗钱国际合作。切实履行成员义务，积极应对 FATF 反洗钱和反恐怖融资第 4 轮互评估。以此为契机，严格对照反洗钱国际标准，结合我国实际，切实提高反洗钱工作合规性和有效性。积极参与反洗钱国际（区域）组织内部治理改革和重大决策。继续加强反洗钱双边交流与合作，推进与主要国家建立反洗钱监管合作机制。针对涉贿资金跨境流动、贪腐官员出境外逃等行为，建立审查涉贿资金、抓捕引渡贪腐官员互助合作机制。在加强与主要发达国家金融反腐信息交流的同时，进一步加强与发展中国家及周边区域金融反腐情报交流与合作，形成高效率的境外反腐防线。积极学习参考目前已经有独立金融信息情报组织系统的国家成功做法，充分借鉴这些国家信息情报组织建设的有益经验，建设有中国特色的金融反腐败信息情报组织。

（三）强化金融审计监督机制

审计作为一种监督机制，是指由国家授权或接受委托的专职机构和人员，依照法律规定的职权和程序，对审计对象的财政收支、财务收支和经营管理活动及其相关资料的真实性、合法性、效益性进行审计监督。

1. 金融审计监督在金融监管体系中具有重要地位

《中华人民共和国宪法》第九十一条规定，国务院设立审计机关，对国务院各部门和地方各级政府的财政收支，对国家的财政金融机构和企业事业组织的财务收支，进行审计监督。这是对国家审计的基本定义。在此基础上，《中华人民共和国审计法》（以下简称《审计法》）第二条规定，国务院各部门和地方各级人民政府及其各部门的财政收支，国有的金融机构和企业事业组织的财务收支，以及其他依照本法规定应当接受审计的财政收支、财务收支，依照本法规定接受审计监督；审计机关对前款所列财政收支或者财务收支的真实、合法和效益，依法进行审计监督。

金融审计是国家审计的重要组成部分，也是金融监管体系的重要环节。同一般的金融监管机构相比，金融审计具有独立性、综合性和再监督性。《审计法》有关条款从审计职责的角度对金融审计作出规定。其中，第十八条规定：审计署对中央银行的财务收支，进行审计监督。审计机关对国有金融机构的资产、负债、损益，进行审计监督。第二十一条规定：对国有资本占控股地位或者主导地位的企业、金融机构的审计监督，由国务院规定。根据第二十五条规定，金融审计对审计监督范围内的机关、单位等的负责人履行经济责任的情况进行审计监督。中央办公厅、国务院办公厅《关于完善审计制度若干重大问题的框架意见》《国务院关于加强审计工作的意见》和《关于深化国有企业和国有资本审计监督的若干意见》等，对金融审计的权限、内容和方式等作出了更为具体的规定。从实践看，金融审计的具体业务内容包括：预算执行审计、领导人员经济责任审计、资产负债损益审计、重点商业银行跟踪审计、国家重大政策措施和决策部署落实情况跟踪审计、专项审计调查。

2. 金融审计在金融反腐中的作用和当前存在的问题

近年来，审计机关在总体国家安全观指导下，以“维护安全、促进发展、规范管理、防范风险”为目标，认真履行金融审计职责，发现了大量金融领域寻租腐败行为和违法犯罪活动。比如，金融机构中具有贷款审批权或财务支配权的管理人员，利用内部权力制衡机制不健全，进行权力寻租；在主管或参与业务经营过程中，利用管理和监督中存在的薄弱环节，实现利益输送、中饱私囊；基金管理公司管理人员利用知悉的内部投资决策信息，私下同步炒作相关股票牟利；上市公司及其实际控制人和投资咨询中介机构相互勾结，利用虚假信息或者资金优势进行内幕交易，攫取不当利益，等等。此外，审计还发现了大量金融机构违规经营问题，如商业银行在信贷、票据和不良资产处置等业务中违规问题仍较为突出，证券基金期货经营机构违规开展业务和从业人员违反从业规定情况比较普遍，保险公司违规办理业务情况屡禁不止。总的来看，金融审计在发现、揭露和推动查处金融腐败方面发挥了不可替代的重要作用。同时，通过对审计情况进行深入分析，揭示问题产生原因，查找制度或管理漏洞，进一步促进了预防金融腐败、防范金融风险、维护金融安全。

随着我国金融行业不断创新发展，金融审计工作面临很多新情况新问题新挑战，金融审计监管体制机制制度还存在很多不协调、不适应的情况。第一，审计理念相对滞后。现行国家金融审计主要关注某一地区某一金融机构一般性经营管理和财务收支合规合法性，没有针对当前金融业务跨市场、跨行业、跨领域发展格局，围绕金融功能、金融产品制定总体审计规划和计划，特别是对金融创新工具、衍生产品和国家金融政策的制定运用、实施效果等缺少有效审计与评价。第二，审计监督存在盲区。从审计对象看，相当一部分金融机构特别是基层分支机构，没有被列入金融审计范围。从审计内容看，目前，金融审计较多关注传统金融业务，相当一部分国际金融业务、金融创新工具和衍生产品等仍处于审计监督盲区，而这些领域恰恰是国际游资热钱等冒险进出的首选管道和各种金融腐败案件频发之处，对国家金融安全构成重大威胁。第三，审计方式相对滞后。当前，金融审计主要采用特派审计人员方式，缺少现代化技术运用，导致审计工作相对滞后，审计过程中容易出现信息流失、资源浪费等问题。第四，审计协调机制不畅。各方在审计工作中的职责不清，缺乏强有力的协调机制保障，尚未有效调动社会和金融机构自身所具有的审计力量，特别是在审计成果运用和问责等方面，需要人民银行及相关监管部门和金融企业，乃至纪检监察机关（机构）共同努力。第五，审计人员素质有待提高。国家每年出台大量金融、财政、财务等方面政策法规和会计、审计准则，但有的金融审计人员专业结构单一，知识储备更新不及时、实践运用不到位，影响了金融审计效果，难以达到预防重大金融腐败和金融风险的目的。

3. 强化金融审计监督

针对以上问题，必须进一步健全完善金融审计监督机制，在金融反腐中发挥更大作用。

一要拓展审计范围。实施以金融功能产品为主的跨市场跨行业跨领域组合式大金融审计，及时摸清国际游资热钱进出渠道和规模、虚假存贷和贴现、违规证券期货和外汇交易、虚假信用卡和网银交易、表内业务表外化等金融功能产品对国家金融安全的危害和风险。①

二要完善金融审计体系。在突出政府审计机构主体作用的同时，注重加强金融机构内部审计和注册会计师的补充作用。进一步明确评价依据和工作标准，强化内部审计的权威和独立性，坚持以风险为导向，及时发现风险、控制风险、完善风险管理程序，发挥对金融腐败的预防、遏制作用。

三要健全协调协作机制。有效整合各种金融审计和金融监管资源，加大金融审计部门与人民银行、银监会、证监会、保监会等金融监管部门的协调协作，实现资源互通、成果共享，在更高层面、更广领域推动形成“大金融审计”格局。健全完善金融审计问责制，真正把经济责任审计贯穿于所有审计项目之中，解决好金融审计中的长期不作为问题。

四要创新审计方式。结合金融市场发展创新，及时调整和优化审计方式，变被动为主动，变事后查漏为事前事后审计评估并行。针对互联网金融高速发展现状，广泛采用信息化审计手段，开展计算机审计、互联网审计，提高审计监督的及时性、有效性、针对性。

五要进一步加强队伍建设。加强人才统筹，盘活金融审计人力资源，选配银行、证券、保险等金融行业人员和各行各业财务人员参与金融审计工作，聚焦金融企业和金融业务核心环节，实现精准发现、定点突破。加大金融审计干部培训力度，优化知识结构、补齐业务短板，全方位提高发现问题、综合分析的能力素养，使金融审计力量配备跟上现代金融创新的节奏和步伐。

（四）完善金融立法

完善金融立法是贯彻党的十八届四中全会关于推进全面依法治国

---

① 参见章丁万：《构建大金融审计格局　创新大金融审计思路（二）——关于将国家金融安全作为国家金融审计首要任务的若干思考》，《审计与理财》，2008 年第 11 期，第 13－14页。

的必然要求，是推进金融领域法治化进程的客观需要，也是加大腐败成本、提高执法效率的有效途径。要站在依法治国的政治高度，把握金融领域立法规律，使金融立法工作更好地适应金融业改革创新发展需要，提高金融服务实体经济能力，同时为金融反腐提供有力支撑。

1. 当前我国金融立法基本情况

目前，我国已经形成了法律、行政法规、司法解释、部门规章和规范性文件以及行业自律规则等层次的金融法律制度框架体系。一是全国人大及其常委会制定了包括《中国人民银行法》《商业银行法》《保险法》《中华人民共和国票据法》《证券法》《信托法》《中华人民共和国证券投资基金法》（以下简称《基金法》）《银行业监督管理法》《反洗钱法》等10余部金融类专门法律，以及《刑法》《公司法》等基础性法律。二是国务院制定了《期货交易管理条例》《证券公司监督管理条例》《证券公司风险处置条例》《非法金融机构和非法金融业务活动取缔办法》《外汇管理条例》《外资保险公司管理条例》《外资银行管理条例》《存款保险条例》等30余部金融类专门行政法规。三是最高人民检察院、公安部出台了《关于经济犯罪案件追诉标准的规定》，最高人民法院出台了《关于审理证券市场因虚假陈述引发的民事赔偿案件的若干规定》《关于审理期货纠纷案件若干问题的规定》《关于审理洗钱等刑事案件具体应用法律若干问题的解释》，最高人民法院、最高人民检察院出台了《关于办理内幕交易、泄露内幕信息刑事案件具体应用法律若干问题的解释》等金融类专门司法解释十余件。四是中国人民银行、银监会、证监会、保监会、外汇局等金融监管部门制定了250余部规章，并发布了1100余件规范性文件。五是金融行业协会等自律组织还制定了大量的自律规则。

总的来说，这些法律、行政法规、司法解释、部门规章和规范性文件以及自律规则，涵盖中央银行、商业银行、证券、期货、保险、信托、外汇等各金融领域，建立了中央银行、银行业、证券期货业、保险业、外汇管理等各领域基本制度，构建了相应的金融监管体系。归纳起来，表现为以下几个特点：

一是与我国金融业分业经营、分业管理的体制相适应，形成了分行业立法模式。基于我国金融业发展阶段、监管能力和水平等因素，我国对金融业实行分业经营、分业管理。与此相适应，我国金融立法具有明显的分行业立法特点，除《中国人民银行法》等中央银行法律制度外，分别形成了以《商业银行法》《银行业监督管理法》为主体的银行业法律制度，以《证券法》《基金法》《期货交易管理条例》为主体的证券期货业法律制度，以《保险法》为主体的保险业法律制度，以及以《信托法》为主体的信托业法律制度。

二是内容上既包括规范金融市场主体之间权利义务活动的民商事规则，也包括规范金融监管部门对市场主体进行监督管理的行政规范。我国金融立法中关于金融活动的民商事规则，包括存款人权益保护、资本市场的交易规则、保险活动中当事人的权利义务等方面的规定；关于金融活动的行政规范，包括监管职责、监管措施、行政处罚等方面的规定。

三是立法层级上以中央立法为主。我国金融监管职责集中于中央层面，金融立法也相应以中央层面的法律、行政法规以及部门规章为主。近年来，随着地方人民政府开始承担一定的金融监管职责，有的地方结合当地情况开展了地方性金融立法，个别地方为推动金融改革试点制定了地方性金融法规，如《上海市推进国际金融中心建设条例》《温州市民间融资管理条例》等。

四是立法路径上往往是试点先行，及时总结经验后，再提升规则的法律位阶。以资本市场为例，资本市场在发展初期就是以区域性试点为主，在地方试点的基础上，对于认识一致、条件成熟的，作出具体规定；对于争议较大或时机、条件尚不成熟的，暂不作规定。

五是立法方式上注重法律移植。作为后发型市场，我国的很多金融法律制度都是在学习借鉴境外成熟市场经验的基础上，结合中国国情并加以改造后确立下来的，如信托制度、独立董事制度、存款保险制度等。

2. 金融立法存在的主要问题

随着金融业的改革创新发展，金融业面临着新的形势与实际需要，金融立法还存在许多与之不相适应的问题。有学者认为：“立法上的不足极易造成群体性的灰色选择，形成大面积的金融腐败，从而扭曲市场行为，损害金融效率，恶化金融界的职业操守，甚至可能为腐败分子打开脱逃之路。”①

（1）部分法律制度不健全、不完善

一是新兴金融业务领域存在制度空白。互联网金融、金融控股公司、新三板市场、区域性金融市场等方面，存在法律制度空白，有的缺乏专门的法律法规，有的法律配套法规尚未出台。

二是一些重要金融领域立法的层级较低，效力和权威性不够，不适应实际需要。比如期货市场的主要法律依据是《期货交易管理条例》，但行政法规难以对期货交易涉及的基本民事法律关系、民事法律责任以及终止净额结算等衍生品核心交易机制等方面作出必要安排；私募债、私募股权投资基金、银行卡、第三方支付、场外衍生品市场等领域，仅有部门规章、规范性文件和行业规则，难以适应加强监管、规范市场、保护投资者和消费者合法权益的实际需要。有的部门习惯于用通知、指导意见，乃至内部函件的形式来取代规范的立法。

三是一些金融立法不能反映金融业客观规律，内容过于强调原则性，针对性、可操作性不强。特别是层级越高的立法往往越强调原则性，而在实践中大量发挥作用的制度往往层级较低，导致立法的规制

① 李扬：《纪检监察工作对于抑制金融腐败具有重要作用》，《中国监察》，2009 年第 12 期，第 38 页。

力较弱。如规章只能规定 3 万元以下的行政罚款，并且不能对民事责任作出规定。

四是对金融违法行为的规制不够周延、完备。法律对金融违法行为的规定总体偏向于粗疏，对许多具体的金融行为缺乏有针对性的严密规范；对于一些扰乱金融市场秩序的新型社会危害行为缺乏明确规定，监管执法实践中难以将其纳入行政处罚和刑事追责的范畴；对有些违法行为构成要件的规定不够科学，不能有效覆盖新的违法行为情形和手段，难以根据现行立法规定进行认定处罚。

五是法律规定的金融违法成本较低。行政责任和刑事责任设置偏轻，民事赔偿责任的规定也比较缺乏，过低的违法犯罪成本，不足以有效震慑违法犯罪行为。例如，对于上市公司虚假信息披露，欺骗或者误导投资者的违法行为，《证券法》对上市公司规定的行政罚款最高只有 60 万元，对直接责任人员的行政罚款最高只有 30 万元；构成犯罪的，《刑法》规定对责任人个人最高处 3 年有期徒刑并处最高 20 万元罚金，对公司没有规定罚金。

六是制度设计受经济社会发展转型期影响较大，体现金融市场规律不足。主要体现在市场化的法律要求不到位，政府作用发挥机制不健全，容易引发利益输送、官员腐败。比如，我国大量的上市公司还属于国有控股，国有控股企业发行上市、并购重组中，有关部门、地方政府往往发挥巨大的作用，给官员贪腐留下了空间，诱发权力寻租。许多地方政府创办商业银行、小贷公司、私募基金、区域市场等金融机构或类金融机构，将其当成政府的钱袋子，往往会为了地方利益干预金融市场正常运行，进行利益输送，严重的甚至导致金融风险。

（2）分机构分行业的监管立法模式存在缺陷

在 20 世纪 90 年代，我国确定了分业经营、分业管理的金融管理体制，并在随后制定的《商业银行法》《保险法》《证券法》等法律中得到了确认。随着金融业的发展，创新程度不断加大，传统的金融业务边界逐渐变得模糊，金融机构综合经营的趋势越发明显，以分机构分行业为基础，划分主体类型的监管立法模式，难以适应市场发展的要求。

一是按主体类型来制定规则的思路无法实现功能监管，导致监管套利。以理财产品为例，银行理财、证券公司资管计划、证券投资基金、信托公司集合资金投资计划等业务性质相同或相似，但因发起主体和监管部门不同，分别适用不同的监管规则、接受不同的监管。又如，债券发行交易分别适用《证券法》《中国人民银行法》《企业债券管理条例》等规定，实行不同的发行交易管理制度，准入规则不统一、监管规则不统一，容易形成监管机构之间进行“监管竞争”，市场主体竞相寻求“监管套利”，钻法律空子，导致金融风险的跨行业传递、扩散。

二是按主体分类的做法导致人为割裂市场，扭曲了市场信息传导机制，造成信息失真与受阻，很容易出现监管“盲区”。2015 年股市异常波动中，大量银行理财产品、互联网 P2P 资金以及其他民间资金，通过伞形信托、私募结构化产品以及其他各种形式的配资实现场外杠杆交易，导致入市资金过度杠杆化，造成市场风险不断积聚，市场波动持续放大。由于分业监管体制下，各监管部门难以对其进行单独监控，导致整治举措滞后。

三是重主体审批，轻行为规范。许多制度偏重于对主体进行规范，如对金融机构的设立条件、业务资格审批、内控制度等方面规定较为全面，但对金融机构业务行为方面规范比较缺乏，导致实践中对金融机构行为进行监管的法律依据不足。

四是不同行业金融立法之间缺乏有效协调、统一。在我国当前立法机制下，法律由全国人大及其常委会制定，行政法规由国务院制定，司法解释由司法机关制定，规章由监管部门制定，层次较多；同时，在不同行业立法过程中，金融监管部门往往为了自己部门利益或者自己监管的行业利益而争得不可开交。突出表现为：一方面，一些本来应当统一的金融制度得不到统一规定。如资产管理行业，国家早就提出要探索建立统一的资产管理业务监管规则，但是至今难以落实。又如融资融券业务，《证券法》规定未经批准不得从事融资融券业务，但以配资方式融资炒股等非正规融资融券长期存在。另一方面，立法过程中的意见分歧往往得不到有效统一。在立法过程中一般需要达成共识才作出规定，达不成共识就不作规定，但能够达成共识的制度，往往不能有效解决实际问题。特别是对于立法过程中一些需要及时作出决断的问题，往往因无法达成共识而未及时作出决断，导致问题久拖不决。

（3）立法供给机制不够及时有效、适应性不强

金融市场发展变化和创新较快，需要及时对法律作出修改完善，这是国际上金融立法的普遍做法。但目前我国的立法机制还难以完全适应金融立法要求。

一是法律法规的“立改废释”机制未能有效运转，导致部分法律制度滞后于实践发展，部分法律制度长期缺失。一方面，一些制定时间较早的金融法律法规一直未作修改，如20世纪八九十年代出台的《现金管理暂行条例》《金银管理条例》《储蓄管理条例》《金融违法行为处罚办法》《非法金融机构和非法金融业务活动取缔办法》《企业债券管理条例》等行政法规，许多内容已与当前实际情况严重脱节，很多条款已无法执行。另一方面，一些金融市场监管急需的法律法规，如《上市公司监督管理条例》还没有出台。

二是缺少快速有效弥补制度与实践之间差距的立法机制。例如，《证券法》从1998年制定至今，仅有过一次大修、三次小修，无法满足快速发展创新的金融业务和持续深化的金融领域改革对制度供给的需求。此外，由于采用集中修法的方式修法，导致积累的问题多、争

议大，修法周期长、成本高，进一步拉大了制度规范与实践创新之间的距离。

三是金融市场的授权性立法安排总体偏少、效用发挥不足，导致金融市场中存在大量的规范性文件和自律性规则。而自律性规则的法律地位、法源效力均缺乏明确的制度安排，进一步彰显了立法供给机制适应市场发展变化需求的能力不足。

3. 进一步完善金融立法的对策

加强我国金融立法，是推进金融法治化进程的必然要求。随着我国法制建设工作日益完善，金融领域立法工作，除应当满足市场监管的基本需求，解决“有没有”的问题之外，还应当进一步提升立法质量，解决“好不好”的问题。一方面，应当遵循法制建设的一般规律，立足我国国情，坚持问题导向；另一方面，要处理好政府监管与市场自治、鼓励创新与防范风险、加强监管与促进发展的关系，兼顾不同金融行业法律特点与金融市场整体布局，使金融立法有效适应金融业改革创新发展需要。

一是强化对金融立法的统一领导和组织协调。加强党对金融立法的领导，协调统一立法机关、司法机关和行政机关立法工作。考虑到金融风险跨地域传递的特性，应当将金融立法权限集中到中央层面，限制地方金融立法权，防止立法权分散导致的规则漏洞、规则冲突和监管套利。

二是加强重点领域立法，填补制度漏洞与不足。立法应当与改革相衔接，主动适应经济社会发展需要。针对部分金融领域基础性制度缺失问题，建议尽快制定出台《中华人民共和国期货法》《私募基金管理暂行条例》《上市公司监督管理条例》等市场急需的法律法规，积极探索制定有关金融控股公司、新三板市场、区域性金融市场等方面法律法规。加强对依法规范互联网金融、投资理财产品等新兴金融业态的研究，条件成熟时适时启动相关立法，解决新兴金融领域无门槛、无规则、无监管问题，消除监管空白，实现金融风险监管全覆盖。提高支付结算、银行卡等领域立法层级，更好适应实际需要。加强金融机构行为规范方面立法，为监管市场主体行为、追究违法主体责任提供更充分的规则依据。进一步提高金融领域立法市场化程度，妥善处理政府和市场的关系，减少政府对资源的直接配置，使市场在资源配置中起决定性作用，着力解决市场体系不完善、政府干预过多问题。金融监管部门要规范制度出台形式，加强内设机构对外发文管理，明确监管部门不得以规章、规范性文件之外的其他形式对外发布具有监管规则性质的文件。

三是增强金融立法效率。全面梳理现有金融法律法规，根据当前金融业改革发展创新的实际需要，尽快修改《证券法》，适时修改《刑法》《公司法》相关规定，修改完善《中国人民银行法》《商业银行法》《企业债券管理条例》等法律法规。针对金融业发展快、创新多的特点，为避免法律制度滞后给金融业发展创新造成障碍，给金融监管留下空白，建立试行金融法律快捷修订机制，对市场急需的金融立法开通绿色通道。同时在法律法规中完善授权机制，对需要在执行中具体掌握或在实践中探索的相关事项，充分授权国务院或有关金融监管部门制定具体办法，避免频繁修改。

四是提高金融立法工作能力和水平。在立法过程中，要广泛听取金融机构及其从业人员、自律组织、专家学者以及金融消费者的意见，深入研究、准确把握金融市场客观规律，努力使各项法律制度符合金融市场规律，增强针对性。法律法规条文要避免过于原则，杜绝模糊化处理，做到界限清晰、规则明确，给市场主体和金融消费者明确预期，便于遵守和执行。细化完善金融违法行为的认定标准，明确违法行为构成要件，完善违法行为的兜底性条款，增强立法的周延性，强化对新型违法行为和违法手段的认定和追责。进一步丰富执法机关监管和查处违法行为的手段，切实增强监管执法的威慑力。探索针对性更强的法律责任实现方式，通过更有效的利益约束机制，加大对金融违法犯罪行为的处罚力度和震慑作用。

（五）推进金融领域改革开放

金融领域由于其行业特性形成了一定的垄断性，具有较大的寻租空间，需要通过进一步改革开放，推进金融行业市场化、法制化、国际化建设，简政放权，构建公正透明的规则体系，从源头上抑制金融腐败问题发生。

金融领域市场化改革核心是推动更多金融资源走向资本市场，通过市场来配置资源。这不仅可以有效改善我国金融结构，提高金融资源配置市场化程度，也能够减少个体对金融资源的控制力，压缩寻租空间。“十三五”规划明确提出了“完善金融机构和市场体系，促进资本市场健康发展，健全货币政策机制，深化金融监管体制改革，健全现代金融体系，提高金融服务实体经济效率和支持经济转型的能力，有效防范和化解金融风险”的总体目标，同时对金融细分领域的发展方向提出了具体要求。2017 年 7 月召开的全国金融工作会议也明确提出，要加强党对金融工作的领导，坚持稳中求进工作总基调，遵循金融发展规律，紧紧围绕服务实体经济、防控金融风险、深化金融改革三项任务，创新和完善金融调控、健全现代金融企业制度，完善金融市场体系，推进构建现代金融监管框架，加快转变金融发展方式，健全金融法治，保障国家金融安全，促进经济和金融良性循环、健康发展。这些改革纲领均指向一个更加完善、高效、市场化的金融体系。

中国金融业发展历程证明，改革和开放是相辅相成的。提高金融行业国际化水平，有利于促进我国金融市场在“开放、竞争、合作”格局下，变得更加开放、规范、透明。我国金融市场进一步开放，不仅可以加速提升自身“免疫力”和竞争力，而且可以在与国际金融机构同台竞技、与国际金融市场接轨过程中，提升金融监管水平，规范行业发展，完善治理结构，提高金融机构风险防范能力，形成更加健康的发展环境，切实减少腐败发生概率。

近年来，我国金融业对外开放不断取得新突破。2015 年 11 月 30 日，人民币获国际货币基金组织批准加入 SDR（特别提款权）。人民币加入 SDR 意味着人民币储备货币地位获得正式认定，有助于增强各国将人民币纳入外汇储备的意愿，也有助于企业和个人在跨境贸易和投资中使用人民币。这是人民币国际化进程的关键性一步，是中国金融体系历经几十年改革开放不懈努力的结果，标志着我国金融体系与全球金融体系进一步融合。

“十三五”规划强调，要“扩大金融业双向开放”。具体包括：“有序实现人民币资本项目可兑换，提高可兑换、可自由使用程度，稳步推进人民币国际化，推进人民币资本走出去”“推进资本市场双向开放，提高股票、债券市场对外开放程度，放宽境内机构境外发行债券，以及境外机构境内发行、投资和交易人民币债券”“提高金融机构国际化水平，加强海外网点布局，完善全球服务网络，提高国内金融市场对境外机构开放水平”等。通过“走出去”和“请进来”两个方面推进金融业开放，是提升我国金融业整体竞争力和稳健程度的现实需要。同时，对改善金融环境、遏制金融腐败也具有十分重要的意义。

四、运用现代信息技术强化金融反腐

党的十八大以来，党风廉政建设和反腐斗争取得了显著成绩，不敢腐的目标初步实现，不能腐的制度日益完善，不想腐的堤坝正在构筑。从一些腐败案例看，有的腐败分子利用各种方式包括银行资金账户等手段，内外勾结套取资金，或是通过虚假贸易等方式进行关联交易，巧立名目转移资金，给国家造成巨大经济损失。阳光是最好的消毒剂。在治理官员腐败方面，最重要的“阳光”就是数据，数据是最新式的反腐利器[①]。运用大数据技术，可以有效识别交易关联方，为金融反腐提供重要信息。

世界的本质是数据。大数据时代来临前，数据使用就受到重视。“保险业堪称是这个世界上的大数据始祖，因为在‘大数据’这个名词还没流行之前，他们早已使用大量数据进行建构和评价风险。”[②]《大数据时代——生活、工作与思维的大变革》一书作者提出：“大数据的核心就是预测。”[③] 也有学者认为，数据治国“是指要凭借对数据的有效收集、处理和分析来治理国家，决定国家的大政方针和具体政策”。[④] 2015年9月5日，国务院公开发布了《促进大数据发展行动纲要》，目的是要通过促进大数据发展，加快建设数据强国，释放技术红利、制度红利和创新红利，提升政府治理能力，推动经济转型升级。加强金融系统反腐工作，要善于收集数据、分析数据、挖掘数据、理解数据、运用数据，打造“数字化”反腐铁笼，不断提高监管水平。块数据理论强调，权力数据化和数据权力化是未来政府发展的基本趋势和内容，依托大数据实现政府行政流程的再造以及制度安排的优化是廉洁政府建设的要义。在大数据时代，企业或个人关联交易行为信息已被多维度记录下来，而人脑已无法处理、收集和利用这么庞大的数据，必须运用基因图谱技术，通过对企业与企业之间、企业与个人之间、人与人之间的经济活动行为轨迹分析，发现金融风险和腐败行为特征。要推进金融科技创新，建立金融业云计算、大数据应用技术规范。尤其要加快开发金融主导下的全方位大数据反腐系统，建立“照镜”计划，从“资金异动、账

---

① 大数据战略重点实验室：《块数据 2.0——大数据时代的范式革命》，中信出版集团 2016 年版，第 251 页。

② ［美］苏珊·契斯蒂、亚诺·巴伯斯：《金融科技圣经》，唐祖荫、刘奕呤、陈世杰译，城邦文化事业股份有限公司——商业周刊 2016 年版，第 272 页。

③ ［英］维克托·迈尔－舍恩伯格、肯尼思·库克耶：《大数据时代——生活、工作与思维的大变革》，盛杨燕、周涛译，浙江人民出版社 2013 年版，第 16 页。

④ 涂子沛：《大数据》，广西师范大学出版社 2015 年版，自序第 1 页。

户异动、资产异动”入手，完善金融反腐信息情报系统，为预防金融腐败提供助力，增强金融监管干部和从业人员自我约束意识。

（一）大数据基因图谱技术

企业或个人经济行为表现根植于其关联关系，而关联关系就像DNA（脱氧核糖核酸）一样，其特征决定了企业或个人未来行为，并最终演化为不同的关联风险。通过对风险定量分析，可以发现、预警金融风险和腐败行为。大数据基因图谱技术通过鉴定企业经济行为，测定行为特征表现，找出与其有相同特征的交易对手，然后用图示方式表达出来。即以企业和个人作为单个节点，在每个节点上标注其经济交易行为数据和时间窗口，通过复杂网络算法和决策引擎技术，计算出企业关联关系基因图谱，再对每个关联群的活动轨迹进行定量分析，得出金融风险的类型和程度。

企业经营是由人操控的，企业风险由市场风险、操作风险、信用风险组成。对错综复杂的企业关联关系进行分析，实质是分析个人与企业的关系。在企业投资网络中，复杂的自然人多处投资、多家公司兼职、多层次隐性控制，实际上表现为人的行为风险。如对企业和个人的电话、地址、家族关系关联分析，可以清晰得出人的经济活动轨迹，再通过对这些轨迹进行定量分析，可以发现腐败行为的蛛丝马迹。证券市场有“三敏感”的说法，即敏感人、敏感信息、敏感账户。只要证明嫌疑人的特定身份属于敏感人，在内幕信息敏感期，其账户有敏感异常交易行为等基本事实，嫌疑人无正当理由或正当信息来源，就可认定构成内幕交易。在大数据监测系统下，这样的内幕交易就有了突破口。图7－1所示的大数据基因图谱技术，可以得出该企业为中介机构类型，是以经营为目标的企业。而图7－2所示的企业属于投资机构类型，形成复杂的圈中圈，是典型的以资金为目标的企业，这类企业不论是金融风险还是腐败风险都应高度关注。通过可视化技术，可以形象地展示与中介企业和投资企业相关联的其他机构或人员的复杂关系。

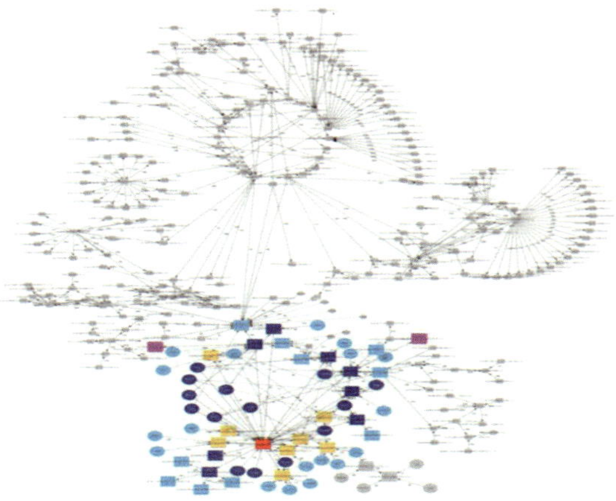

图7－1　某中介企业关联图谱

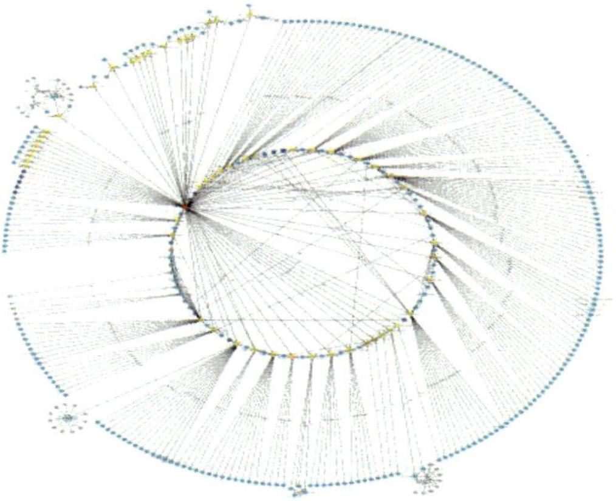

图7－2　某投资企业关联图谱

（二）大数据金融腐败预警框架

金融领域违法违规行为带来的系统性风险及社会危害极大。盘根错节的利益群体、多重控制的复杂经济网络、跨区域多领域运营等因素，使得互联网金融、新金融业态下的腐败风险、欺诈风险极为隐蔽，依靠传统监管方法，根据因果关系、逻辑演绎等手段，无法快速达到识别异常风险起源、规模、传导机制及事前预警的目的。

大数据金融反腐，采用多元异构、跨域关联，基于全量数据，利用关联图谱技术，通过股权控制、高管关系、资金往来、社交信息等，描绘目标企业、法人的社会经济利益网络拓扑图。同时，通过多维度标记拓扑图各节点涉诉信息、舆情信息、行政处罚等诚信黑名单数据，把握结构性风险、市场风险、操作风险、违约风险，实现图谱可视化，可以量化、模拟、演绎金融反腐中的多种风险（如内幕交易、洗钱、利益输送、非法集资、涉毒涉恐等）。不同时点企业及个人的社会经济利益关系不同，通过大数据动态实时监测，可以描绘监测目标的风险状态，高维度俯视风险起源、传导、爆发、处置的全流程。

具体来说，大数据金融反腐创新应用的框架如下：一是梳理金融反腐领域中的痛点、难点；二是集成监管要求及重要风险领域的多维数据；三是通过机器学习风险事件的数据特征，建立黑白名单训练集；四是通过统计金融经济专业技术，结合机器学习建立风险监控模型；五是定性、定量化输出风险监控结果；六是结合监管流程，建立反腐风险识别、追踪、监管、处置、预警一体化的大数据应用平台。通过充分运用计算机爬虫技术、图计算技术、自然语言处理技术、机器学习技术、行为特征抽取及预测技术、大数据集成分类聚类脱敏清洗挖掘融合技术、三维自动交叉验证技术、大数据处理建模技术和算法技术、预报预测预警技术、在线监控技术、大数据可视化技术、交互技术、黑箱处理技术、仿真技术、结构化半结构化非结构化信息结构化技术、隐含信息可视化技术等手段，为金融反腐提供帮助。

（三）建设金融腐败预警核心指标体系

一是建立舆情联动监控指标。通过对每日舆情信息分析，设计出金融机构经营异常行为指标，运用大数据基因图谱技术，实时进行关联分析，对于超过指标阈值的机构进行预警。

二是建立线索追踪模型及处置机制。对于获取的案件举报线索，包括自然人、法人、事件和行为信息，从事件和行为信息中提取自然人、法人数据，以自然人、法人为核心，通过大数据基因图谱技术，整合民政、户籍、社交网络、舆情、投资关系、管理关系、重大经营活动、通话记录、出入境等数据，建立被举报自然人或法人的分项关联图谱，交叉确认，建立灰度值阈值模型，对于超过指标阈值的进行预警，为人工定性确认提供更多线索和灰名单。实行反腐监管要素数据全覆盖，构建全面的工商、关联方、诉讼、税务、社保、民政、专利、产权、招聘、招中标、社交、交易流水数据库等，为企业、个人实时画像、识别腐败、欺诈风险提供大数据监测预警分析平台。利用机器学习异常风险事件，抽取金融腐败特征行为，快速捕捉核心控制人、核心关联人、核心企业，分析违法违规企业股权关系、风险网络节点、异常流水特征和资金端与资产端错配，以及高管代持、司法事件、广告舆情、资本市场交易等。通过事前预警、事中监控，多维度、快速高效、交叉核验，实现金融反腐反欺诈监测预警功能。

三是建立识别高危企业的监控指标。运用大数据基因图谱技术，建立一套识别金融风险高危企业指标，通过对高危企业风险监控追溯到与其交易的金融机构。

四是建立金融招标采购腐败预警指标。财务数据可以造假，公开招标、投标信息则让企业间重大商品交易关系无所遁形。通过整合多个招中标网站数据，运用算法挖掘招中标关联关系，迅速识别交易路径，对于偏离路径的金融机构给予及时预警。

（四）利用“区块链”等金融科技领域新技术

近年来，金融领域出现了一些新的技术趋势，合理利用这些技术可成为重要的反腐利器。例如，金融科技已受到关注。金融科技是“金融”和“科技”的高度融合，涉及支付清算、电子货币、网络借贷、区块链、众筹等领域。据估计，到2020年，全世界每分钟大约会有100万笔交易进行支付。金融科技的未来取决于五大游戏规则，即客户体验、金融与科技的结合、资料货币化、加密技术以及法规修订的改变。在高度变化的环境中，每一项对金融业的未来都举足轻重，但这些因素的影响到底有多深则远未可知。①

当前，金融科技领域最前沿的技术之一——区块链技术，引起了各国监管机构和金融机构的广泛关注。可以预计，“在不久的将来，当区块链技术在金融业的应用日益普及时，金融调控的组织架构将面临一轮深刻的调整”。② 区块链是一个由使用密码学方法相关联产生的数据块构成的弱中心化数据库，任何发生在区块链网络上的交易均会以约定的算法记录到系统上。通过网络共识算法，每笔基于区块链交易的新信息都会向全网广播，并经各个节点逐一确认、保存，将收到的交易信息形成新区块，确保区块链系统信息不可篡改、无法作假、可以追溯。概括起来，有四大技术特征：一是去中心化，精髓是不允许出现不受约束的权力；二是分布式账本，目的是让谁都说了算、谁说了都不算；三是智能合约，核心是构建一套网上的规则和法律，把不守信、违约的人，以至于将来所谓不受管理的“超级机器”扔进虚拟世界的“监狱”，让他们失去在互联网上存在的价值和自由；四是不可篡改的时间戳，既能把道德、规则和法律植入人脑，也能植入机器，做到可追溯、可信任，让网络空间的道德、规则和法律有一个可证明的载体。③ 加拿大“数字经济之父”唐塔普斯科特认为，“区块链作为一个不可篡改的资金流向管理账本，让机构具有更多的可追责性。”④ 同时，节点在验证时盖上时间戳，提供交易时间证明，保证同笔交易的唯一性。区块链就是根据时间顺序相连接的区块构成的完整

---

① 参见［美］苏珊·契斯蒂、亚诺·巴伯斯：《金融科技圣经》，唐祖荫、刘奕吟、陈世杰译，城邦文化事业股份有限公司—商业周刊2016年版，第310－312页。

② 深圳前海瀚德互联网金融研究院：《区块链金融》，中信出版集团2016年版，序言第3页。

③ 陈刚：《区块链——信息革命的新拐点》，参见央视网2017年5月25日。

④［加］唐塔普斯科特、亚力克斯·塔普斯科特：《区块链革命——比特币底层技术如何改变货币、商业和世界》，凯尔、孙铭、周沁园译，中信出版集团2016年版，第20页。

交易信息链条。

2015 年以来，部分国际化大型金融机构开始积极探索应用区块链技术对传统金融业务进行改造升级。我国金融机构对于区块链技术仍处于探索阶段，但越来越多的金融机构已经意识到区块链技术的重要性，并在相关领域开展应用研究。2017 年 5 月 15 日，中国人民银行发布消息称，已成立金融科技委员会，旨在加强金融科技工作的研究规划和统筹协调。深入研究金融科技发展对货币政策、金融市场、金融稳定、支付清算等领域的影响，切实做好我国金融科技发展战略规划与政策指引。强化监管科技应用实践，积极利用大数据、人工智能、云计算等技术丰富金融监管手段，提升跨行业、跨市场交叉性金融风险的甄别、防范和化解能力。业界普遍认为，区块链技术在供应链金融①领域有非常广阔的应用前景。由于供应链金融具有参与方多、贸易链长的特点，所以供应链金融风控的重点在于贸易的真实性，及上下游企业整体的信用评估。基于区块链技术的可信任性、透明性以及基于时间戳的可追溯性提供的供应链金融解决方案，将有效缩短现金周转周期，降低交易失败成本，并且通过组建区块链网络，供应链上所有交易被记录在链条上的公共区块中，各方都可以确认交易的真实性，避免中心机构的垄断。

区块链技术“不可篡改、无法作假、可以追溯”的特点，若能合理利用，对抑制腐败、打击腐败将起到积极作用。一是当区块链技术广泛应用于支付后，支付信息在区块链系统上的完整记录，保证交易信息可以追溯，可以实时统计资金的流向和用途，准确追踪交易信息；二是运用区块链系统可以提升金融机构内控水平，实现数据实时监控，减少操作风险和道德风险的发生；三是可以实现永久保存监管记录和

---

① 供应链金融是指利用融资和风险缓释的措施和技术，对供应链流程和交易中营运资本的管理和流动性投资资金的使用进行优化。参见曲翔、王吉如：《进击的供应链金融》，《金融世界》，2016 年第 11 期，第 96－99 页。

审计痕迹，能够马上识别任何细微的造假，为监管和审计等提供便利，有效提高金融机构内控和内审能力。

总而言之，在大数据等新技术助力下，金融反腐将是整个反腐败工作中最容易实现控制的部分，也是最有可能率先取得重大突破的领域。目前，金融领域反腐败工作已经进入深水区，并有望率先取得成绩，摸索出规律，积累好的经验，为其他领域反腐败工作提供借鉴。

第八章

金融反腐中的巡视监督制度

治其微，则用力寡而功多；就其著，则竭力而不能及。

——宋·司马光《资治通鉴》

本章提要

- 本章主要阐述：在我国金融反腐中，必须用好巡视利剑，加强对金融系统巡视监督。
- 巡视制度在我国源远流长，历史悠久。党的十八大以来，巡视制度不断深化。实践证明，巡视制度有效管用，只能加强，不能削弱。
- 巡视监督能强化党对金融工作集中统一领导，推动金融系统更好地贯彻落实中央经济工作方针政策，促进金融系统“两个责任”落实到位。
- 在推进金融巡视工作中，要注重防止“隧道视野效应”“路径依赖负效应”“衰减效应”和“破窗效应”，促进标本兼治。
- 金融系统存在廉洁风险、道德风险、社会稳定风险、经济安全风险，要通过加强巡视监督，遏制和防范金融系统腐败，坚决守住国家经济安全和政治安全的底线。

我国金融系统实行的是党对金融系统的集中统一领导体制，按照中央全面从严治党要求和巡视全覆盖部署，要充分发挥巡视利剑作用，加强对金融系统的巡视监督，坚决遏制和切实防范金融领域腐败问题。

一、巡视制度的渊源及其发展

“巡”即往来查看，“视”即视察、观察。从字面意思理解，“巡视”即往来走动、视察，英文中对应的词语是“inspection”。13 世纪的古法语词源表示检阅、审查之意。1350 年至 1400 年，中世纪英语和拉丁语词源均表示检查、调查之意。西方国家有与中国巡视制度类似的监察特使制度，英文是 ombudsman。瑞典是 ombudsman 制度的创始国。1809 年，瑞典议会从“具有杰出法律才能和秉性正直的人士”中选举一人担任监察专员，代表议会来监督政府官员，调查公民对法院和行政机关的投诉，以限制国家工作人员不合法、不公正行为，在世界上首先建立了监察专员制度。芬兰于 1919 年参照瑞典模式建立了这一制度；丹麦于 1946 年修宪规定在国会设置专门委员会监督政府，其后在 1953 年宪法修正案中设立监察专员制度。挪威于 1962 年建立监察专员制度。同年，新西兰成为第一个采用监察专员制度的英语国家。随后，这一制度开始传播到世界各地。截至 2004 年，全世界有 120 多个国家在国家层面上设立了监察专员制度。

巡视制度在我国源远流长。党的十六大以来，经过多年的实践探索，巡视工作取得了显著成效。特别是党的十八大以来，党中央对巡视工作高度重视，巡视工作在坚持中深化、在深化中坚持，利剑作用不断彰显，得到了全党全社会充分肯定。党的十八届六中全会审议通过的《中国共产党党内监督条例》规定："中央和省、自治区、直辖市党委一届任期内，对所管理的地方、部门、企事业单位党组织全面巡视。""中央巡视工作领导小组应当加强对省、自治区、直辖市党委，中央有关部委，中央国家机关部门党组（党委）巡视工作的领导。省、自治区、直辖市党委应当推动党的市（地、州、盟）和县（市、区、旗）委员会建立巡察制度，使从严治党向基层延伸。"在党内法规层面实现了"三个第一次"，即第一次提出在党委一届任期内实现巡视全覆盖，第一次明确中央和国家机关部门党组（党委）巡视工作，第一次强调市县巡察工作。实践证明，中央建立巡视制度的决策完全正确，巡视制度有效管用，只能加强，不能削弱。

（一）巡视制度的发展历史和背景

一是中国古代巡视制度。中国古代巡视制度最早萌芽于尧舜时期，主要形式是帝王亲自巡守（也作"巡狩"，孟子认为"天子适诸侯曰巡狩"）。据《尚书·尧典》记载，尧向舜禅位后，舜"岁二月，东巡守"，"五月南巡守"，"八月西巡守"，"十有一月朔巡守"，"五载一巡守。群后四朝，敷奏以言，明试以功，车服以庸"。《史记·五帝本纪》对此也有"五月，南巡守；八月，西巡守；十一月，北巡守：皆如初"等记载。可见，当时巡视已成为帝王宣示权力、考察政绩、监督官员的重要方式，而且每五年要进行一次全面的巡行视察。秦汉时期，伴随着封建君主制度的确立和完善，巡视制度逐步形成和发展。汉武帝时期（公元前 110 年）实行刺史出巡制，在中央设立十三刺史，作为巡视地方的常驻、专职监察官，是古代巡视制度正式确立的标志。汉武帝还临时派出官员巡视，因出巡时穿着绣衣，又称"绣衣直指"。据《汉书·百官公卿表》记载："侍御史有绣衣直指，出讨奸猾，治大狱，武帝所制，不常置。""巡视"一词在《后汉书·皇甫规传》中就有明确记载："规亲入庵庐，巡视将士，三军感悦。"隋唐时期巡视制度不断完备，与隋朝一样，唐朝也出台了《巡察六条》："其一察官人善恶；其二察户口流散，籍账隐没，赋役不均；其三察农桑不勤，仓库减耗；其四察妖猾盗贼；不事生产，为私蠹害；其五察德行孝悌，茂才异等；其六察黠吏豪宗并纵暴，贫弱冤苦不能自申者"。唐代御史韦思谦说："御史出使，不地动山摇，震慑州县，为不任职。"从宋朝开始，随着封建专制集权的加强，巡视制度不断发展，特别是到了明清时期得到进一步强化。宋代在地方设立监司，监司要在一年（或两年）内巡遍所辖地区。元代将全国分为 22 道监察区，每道设提刑按察使一人，负责对所属地区经常性巡察任务。元世祖忽必烈实行"两都巡幸制"：冬天在元大都（今北京）办公，元大都是所谓"冬都"；夏天在元上都（古开平，今内蒙古锡林郭勒盟）办公，元上都即夏都。明朝建立了御史巡按制度，巡按御史作为皇帝的钦差，"代天子巡狩"。张居正在《请申旧章饬学政以振兴人才疏》中说："该管地方，每年务要巡视考核一遍。"清朝沿袭并创新了明朝的巡视制度。古代巡视制度是维护封建统治的手段，存在着天然的历史局限性，但其历经数千年延续发展，在加强对权力的监督方面，积淀了丰富的历史经验，值得认真总结借鉴，取其精华，弃其糟粕，为我所用。

二是建党初期对巡视制度的探索。早在中国共产党成立之初，就探索开展了党的巡视工作。1922 年 7 月，党的二大通过的党的第一个章程，就提出建立中央特派员制度。1925 年 1 月，党的四大初步明确了中央特派巡行员承担的巡视任务。1925 年 10 月，党的第四届中央执行委员会决定设立"中央特派巡行的指导员"。1928 年 10 月，中央以通告形式下发了巡视条例。1931 年 5 月，中央制定《中央巡视条例》，就中央巡视员的条件、基本任务、工作方法、职权、教育和纪律等方面作出了具体规定（见图 8 - 1、图 8 - 2）。1938 年，党的六届六中全会通过的《关于各级党部的工作规则和纪律的决定》指出：

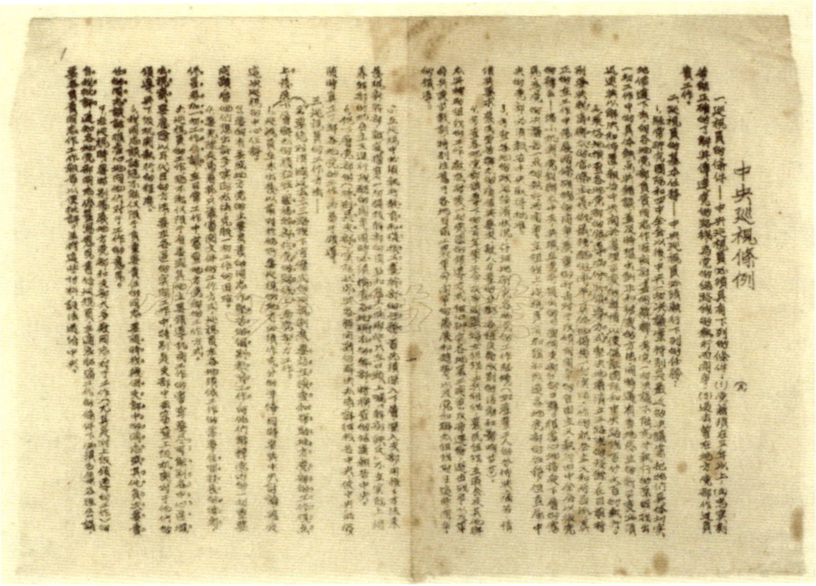
中央巡視條例

图 8－1　《中央巡视条例》（第一页）①

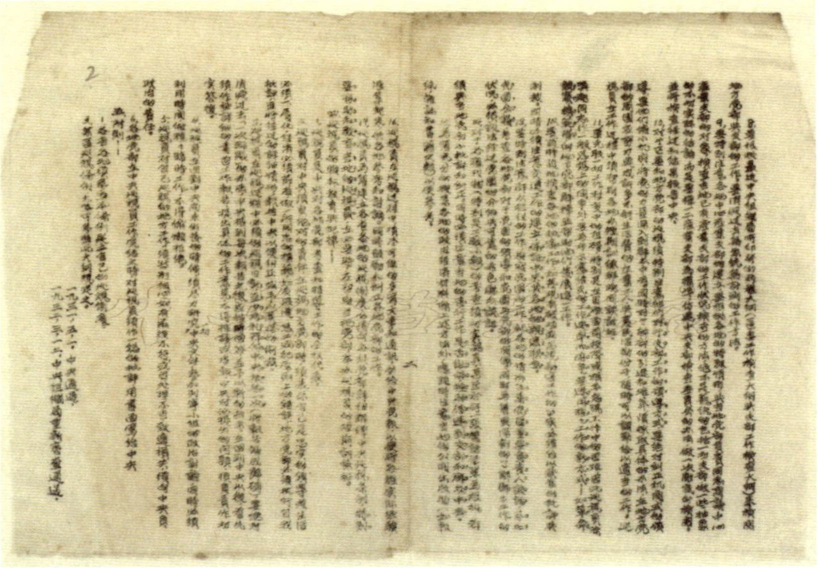

图 8－2　《中央巡视条例》（第二页）

① 图片来源：这是保存在中央档案馆的《中央巡视条例》油印件照片。

"上级党委得向下级党委派遣巡视员，传达上级党委的意见，考察下面的情形报告上级党委。"在严酷的革命战争年代，巡视制度为党领导人民取得新民主主义革命胜利提供了重要保障。

三是新时期巡视制度的建立和发展。党的十一届三中全会以后，我国进入了改革开放新的历史时期。针对新的历史条件下党的建设出现的新情况、新问题，党中央及时提出要聚精会神抓党的建设，一手抓改革开放、一手抓惩治腐败。时任中央政治局常委、中央纪委第一书记陈云提出了"执政党的党风问题是有关党的生死存亡的问题"的著名论断。1990 年 3 月，党的十三届六中全会作出的《中共中央关于加强党同人民群众联系的决定》指出："中央和各省、自治区、直辖市党委，可根据需要向各地、各部门派出巡视工作小组，授以必要的权力，对有关问题进行监督检查，直接向中央和省、区、市党委报告情况。"1996 年 1 月，中央纪委第六次全会工作报告指出："中央纪律检查委员会根据工作需要，选派部级干部到地方和部门巡视，其任务是了解省、自治区、直辖市和中央、国家机关部委领导班子及其成员贯彻执行党的路线、方针、政策以及廉政情况，有关情况直接报告中央纪委，中央纪委及时报告党中央。"①1996 年 4 月至 1998 年 8 月，中央纪委先后派出 7 批巡视组，对 18 个省（区）和中央国家机关部委探索开展巡视。2001 年 5 月至 2002 年 10 月，中央纪委、中央组织部联合派出巡视组，对 6 个省（区）开展巡视试点。2002 年 11 月，党的十六大正式提出，"建立和完善巡视制度"。2003 年 12 月，中央颁布实施了《中国共产党党内监督条例（试行）》，把巡视确立为党内监督的一项重要制度；中央和各省区市先后组建专职巡视机构，全面推开巡视工作。2007 年 10 月，党的十七大进一步强调，要"完善巡视制

① 尉健行：《论党风廉政建设和反腐败斗争》，中央文献出版社、中国方正出版社 2009 年版，第 263 页。

度”，并把巡视制度写入党章，以党内根本大法形式确定下来。2009年，中央颁布《中国共产党巡视工作条例（试行）》，成立中央巡视工作领导小组，并将中央纪委、中央组织部巡视组更名为中央巡视组。在党中央坚强领导下，巡视工作经历了酝酿、试点、全面展开和深入发展的重要过程，巡视工作体制机制初步建立、工作制度初步完善、巡视队伍初具规模、巡视成效初步显现。

（二）党的十八大以来巡视创新和深化

党的十八大以来，以习近平同志为核心的党中央从依然严峻复杂的反腐败斗争形势出发，把巡视工作摆在更加突出的位置，旗帜鲜明、立场坚定、意志品质顽强、领导坚强有力。党中央对巡视工作高度重视，中央政治局常委会议听取每一轮巡视情况汇报，习近平总书记每次都发表重要讲话，从党和国家全局的战略高度出发，对加强和改进巡视工作发表了一系列内涵丰富、思想深刻、要求明确的重要论述，确立了中央巡视工作方针，明确了政治巡视定位，为巡视工作提供了强大思想武器和行动指南。中央巡视工作领导小组认真落实中央部署和习近平总书记系列重要讲话精神，自觉把中央要求贯彻到巡视工作中，切实增强“四个意识”，提高政治站位和政治觉悟，完善工作格局，扎实推进巡视全覆盖，坚决把全面从严治党战略部署落到实处，有力推动了巡视工作深入开展。巡视工作是全面从严治党的一把利剑，也是全面从严治党实践、理论、制度创新的重要成果，是党建工作的一个亮点，体现了党的领导、党的原则、党的方针，推动了中央精神落实。

按照十八届中央12轮巡视的总体安排，2017年上半年，实现一届任期内巡视全覆盖目标，展示了党内监督没有禁区、没有例外的鲜明立场和坚定决心。在推进巡视全覆盖过程中，巡视组始终坚持问题导向，深入揭示党的领导、党的建设、全面从严治党方面存在的突出问题，发现了一批领导干部问题线索和“四风”方面典型问题，揭露了山西“塌方式”腐败案、湖南衡阳破坏选举案、四川南充拉票贿选案和辽宁拉票贿选案，中央纪委执纪审查的中管干部案件中超过60%的线索来自巡视。对巡视发现的共性问题，及时移交中央和国务院有关部门，促进加强监管、完善制度、堵塞漏洞，为全面深化改革提供了问题导向参考。干部群众普遍认为，现在的巡视是真体检、真发现问题、真反馈、真整改，做到了利剑高悬、震慑常在，有力提振了全党全社会反腐信心，推动了管党治党迈向标本兼治。

伴随着十八届党中央全面从严治党战略部署的推进和巡视实践发展，巡视工作经历了三次理论和实践深化，从巡视定位、巡视目标、体制机制、巡视范围、组织方式、工作方式、巡视制度、成果运用、责任体系、工作格局等方面进行了全方位、全环节、全过程创新（见图8-3）。

一是巡视定位创新。共历经“三次深化”。第一次深化围绕“四个着力”①，着力发现违反政治纪律和政治规矩、廉洁纪律、组织纪律、群众纪律、工作纪律、生活纪律和“四风”问题，把发现问题、形成震慑作为主要任务，有效解决了过去巡视“任务宽泛、内容发散”的问题。第二次深化围绕“六项纪律”②，突出纪在法前、纪严于法，抓早抓小，强化了巡视遏制作用。第三次深化围绕政治巡视，聚焦坚持党的领导、加强党的建设、全面从严治党，突出严肃党内政治生活，净化党内政治生态，提出了“三个根本”③ “三个政治”④ 和

---

① 根据2015年8月3日中央修订印发的《中国共产党巡视工作条例》第十五条规定，“四个着力”即是着力发现以下问题：（一）违反政治纪律和政治规矩，存在违背党的路线方针政策的言行，有令不行、有禁不止，阳奉阴违，拉帮结派等问题；（二）违反廉洁纪律，以权谋私、贪污贿赂、腐化堕落等问题；（三）违反组织纪律，违规用人、拉票贿选、买官卖官，以及独断专行、软弱涣散、严重不团结等问题；（四）违反群众纪律、工作纪律、生活纪律，搞形式主义、官僚主义、享乐主义和奢靡之风等问题。

② “六项纪律”即：党的政治纪律、组织纪律、廉洁纪律、群众纪律、工作纪律和生活纪律。

③ “三个根本”即加强党的领导是根本目的，加强党的建设是根本途径，全面从严治党是根本保障。

④ “三个政治”即在政治高度上突出党的领导，在政治要求上加强党的建设，在政治定位上聚焦全面从严治党。

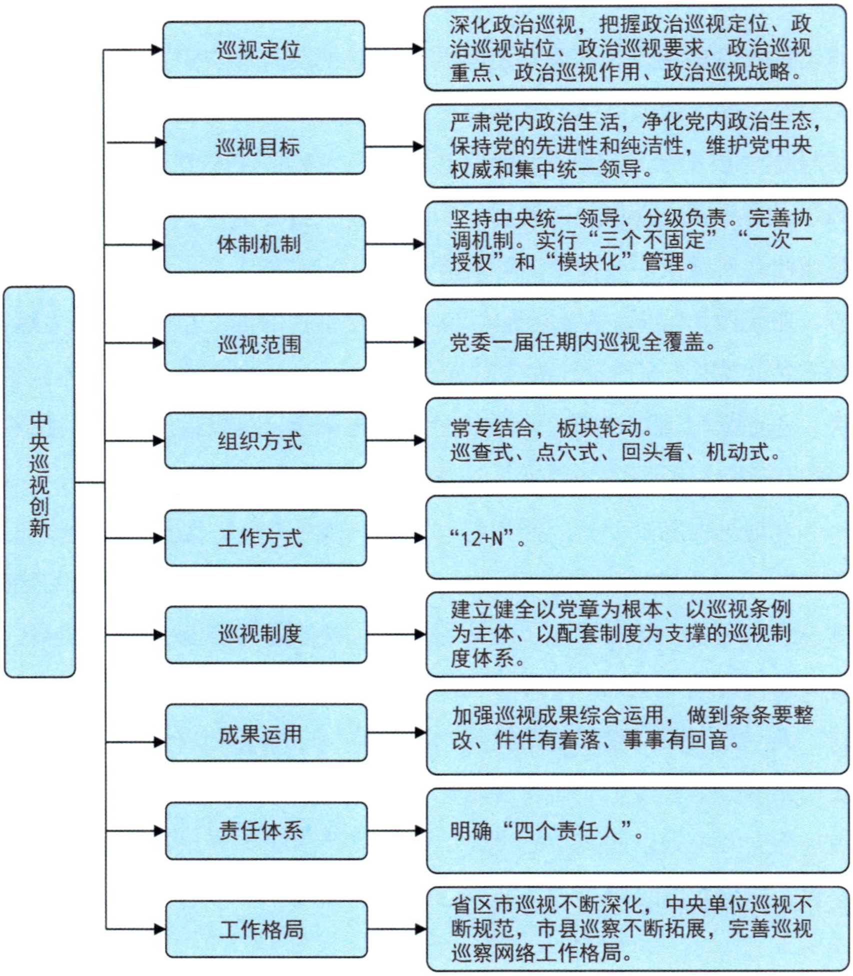

图8－3　中央巡视创新图解

“三向要求”① 等重要思想，明确了政治巡视内涵、重点及特点，抓住了根本性、全局性、方向性问题，有力促进管党治党迈向标本兼治。具体有“六个把握”。第一，把握政治巡视定位。着眼于实现党的历史使命，把坚持党的领导作为根本目的，加强党的建设作为根本途径，

① “三向要求”即坚定政治方向、坚持问题导向、坚守价值取向。

全面从严治党作为根本保障。在政治高度上突出党的领导，在政治要求上抓住党的建设，在政治定位上聚焦全面从严治党。第二，把握政治巡视站位。要以“四个意识”为政治标杆，把维护党中央集中统一领导作为根本政治任务，把贯彻“五位一体”总体布局和“四个全面”战略布局作为基本政治要求，突出巡视监督政治作用。第三，把握政治巡视要求。立足于巩固党执政的政治基础、社会基础和群众基础，坚定政治方向、坚持问题导向、坚守价值取向，坚定不移深化政治巡视。第四，把握政治巡视重点。突出党的领导弱化、党的建设缺失、全面从严治党不力等“三大问题”和“两个责任”，以及被巡视党组织和党员领导干部这个“关键少数”，不断提高政治巡视的针对性和实效性。第五，把握政治巡视作用。发挥巡视震慑遏制治本作用，发挥政治“显微镜”和政治“探照灯”作用，推动建立“不敢腐、不能腐、不想腐”的体制机制。立足震慑，发挥利剑利器作用，对被巡视党组织全面“政治扫描”，用政治“显微镜”查找问题，找出“老虎”和“苍蝇”的踪迹，坚持有腐必惩、有贪必肃，做到利剑高悬、震慑常在。立足遏制，发挥政治导向作用，坚决减少腐败存量，遏制腐败增量；实践监督执纪“四种形态”，把握“树木”和“森林”的关系，抓早抓小，唤醒被巡视党组织和党员领导干部党章党规党纪意识，推动全面从严治党从宽松软走向严紧硬。立足治本，发挥标本兼治作用，对发现的普遍性、共性问题进行分析梳理，用政治“探照灯”透过现象看本质，加强总结归纳，向被巡视党组织和有关部门提出意见建议，堵塞制度漏洞，扎紧制度篱笆。第六，把握政治巡视战略。巡视是加强党内监督的战略部署，是促进标本兼治的战略举措，要保持不忘初心的战略定力。

二是巡视目标创新。推动各级党组织和党员领导干部严肃党内政治生活，净化党内政治生态，保持党的先进性和纯洁性，坚决维护以习近平同志为核心的党中央权威和集中统一领导。巡视工作增强政治敏锐性和政治鉴别力，把政治纪律和政治规矩摆在首位，重点监督检查党组（党委）维护以习近平同志为核心的党中央权威、坚定理想信念宗旨情况，制定和实施正确路线方针政策情况，在思想上政治上行动上与党中央保持高度一致。加强对《关于新形势下党内政治生活的若干准则》执行情况的监督检查，重点了解遵守“十二个不准”情况，不断增强党内政治生活的政治性、时代性、原则性、战斗性，促进提高党的自我净化、自我完善、自我革新、自我提高能力。同时，督促被巡视党组织和党员领导干部筑牢理想信念“压舱石”，树立正确用人导向“风向标”，抓住密切联系群众“生命线”，坚决铲除腐败“污染源”，扎紧纪律规矩“铁笼子”，推进构建良好政治生态，让党内正能量充沛，让歪风邪气无所遁形。

三是体制机制创新。党的十八大以来，巡视工作从完善领导体制、工作机制和管理机制入手，取得了扎实成效。首先是完善领导体制，坚持中央统一领导、分级负责。中央和省区市成立巡视工作领导小组，分别向中央和省区市党委负责并报告工作。明确巡视工作领导小组组长由同级纪委书记担任，副组长一般由同级党委组织部部长担任。强化巡视办职能，赋予“统筹、协调、指导巡视组开展工作”等职责，省区市党委巡视办作为党委工作部门设在同级纪委。其次是完善协调机制，着眼于提高工作的有效性、增强制度的规范性和完善机制的体系性，中央巡视建立了“十个协调机制”，即与中央纪委相关部门建立线索移交和办理反馈机制、巡视组后勤保障机制、巡视舆情应对处置机制、巡视建议审查机制、与中央组织部建立领导干部个人事项抽查机制、与审计署建立审计事项协调配合机制、与有关方面建立信访应急处理机制等。最后是完善管理机制，重点实行“三个不固定”和“模块化”管理，即组长不固定、巡视对象不固定、巡视组和巡视对象关系不固定，巡视组组长不搞“铁帽子”，一次一授权，每轮动员部署会宣布授权任职决定书；中央巡视组由中央纪委、中央组织部、审计署、金融监管等部门，以及省区市纪委、中央纪委派驻纪检组等方面人员构成，巡视组根据人员特点进行分工，形成相对独立的模块开展工作。

四是巡视范围创新。党的十八届三中全会要求，改进中央和省区市巡视制度，做到对地方、部门和企事业单位全覆盖。党的十八届六中全会修订的《中国共产党党内监督条例》，明确规定党委一届任期内巡视全覆盖。中央要求把一届任期内实现巡视全覆盖作为政治目标和政治任务，做到“两个重点盯住”。首先，明确中央巡视范围，重点盯住“三类人”。按照全覆盖要求，中央巡视组在对省区市四套班子巡视的基础上，将省一级高级人民法院、人民检察院党组主要负责人，副省级城市四套班子主要负责人，以及中央部门、中管企事业单位党组（党委）领导班子及其成员纳入监督范围。重点盯住政治问题和腐败问题交织，十八大后不收敛不收手，问题线索反映集中、群众反映强烈，现在重要岗位且可能还要提拔使用的领导干部。其次，明确省区市巡视范围，重点盯住市县“一把手”。对省区市党委巡视对象和范围作出了相应规范，并把市县一级作为巡视监督的重中之重，加强对市县领导班子特别是“一把手”的监督，使他们自进入主要领导干部行列起，就受到严格的管理监督，有利于贯彻中央决策部署，夯实党的执政基础。

五是组织方式创新。党的十八大以来，中央巡视在安排任务、推进工作、加快进度上不断创新，达到了出奇制胜效果。在安排巡视任务上，突出常专结合。既有常规巡视，也有专项巡视。对 31 个省区市和新疆生产建设兵团以常规巡视为主，对中央部委和中管企事业单位以专项巡视为主。在推进巡视工作上，突出“板块轮动”。明确了 12 轮巡视的总体安排，将中央一级巡视对象分为地方、部门、央企、金融和事业等 5 个板块，通过“板块轮动”逐步推进。在加快巡视进度上，突出专项巡视。先后采取“巡查式”“点穴式”“回头看”“机动式”等方式，灵活机动安排，实现精准突破。“巡查式”，即同类同步安排、分批集中汇报，既有“一托二”（每轮一个组巡视两个单位），也有“一托三”（一个组同时巡视三个单位）。“点穴式”，即对体量较大的中央单位，有针对性地选择下属一两个部门，以点带面进行巡视。“回头看”，即选择部分本届巡视过的省区市杀“回马枪”，发挥政治导向作用，放大和延伸震慑效果。“机动式”，即通过“小队伍、短平快、游动哨”的方式，针对某个具体问题和所涉及的人、事、资金、单位开展巡视，发挥更大威慑力。

六是工作方式创新。巡视深入了解问题线索，是对巡视干部能力、智慧和胆识的考验，必须创新工作方式。巡视条例规定了巡视组开展工作的“12 + N”种方式，其中听取汇报、个别谈话、受理信访、调阅资料、开座谈会、列席会议、问卷调查、下沉走访、提请协助等 9 种方式，是党的十八大前实践证明行之有效的方式。党的十八大后，又新增了抽查领导干部个人事项报告、询问知情人和专项检查等 3 种方式，进一步拓宽了发现问题的途径。通过“下沉一级”了解问题线索，拓宽发现问题视野；将信访受理对象由“被巡视党组织领导班子及其成员”延伸至“下一级党组织领导班子主要负责人”等，提高巡视组发现问题的能力。

七是巡视制度创新。党的十八大以来，巡视利剑经过 5 年磨砺，威力更加彰显，成为党内监督制度化的成绩。首先，修订巡视条例。巡视工作坚持实践探索在前、归纳提炼在后，2015 年 8 月，党中央修订印发《中国共产党巡视工作条例》，对巡视机构设置、工作职责、方式权限、纪律要求等作出规范，对影响制约巡视工作的体制机制提出针对性措施；2017 年 7 月，中央印发《关于修改〈中国共产党巡视工作条例〉的决定》，全文发布修改后的《中国共产党巡视工作条例》，进一步明确了政治巡视定位、党委一届任期内巡视全覆盖、巡视监督内容、中央和国家机关巡视以及市县巡察工作等要求，使巡视条例真正成为巡视工作“强有力的指导、强有力的规范”，成为党内监督的利器。其次，完善配套制度。依据巡视条例，制定《中央巡视组工作流程》和《中央巡视组专项巡视工作流程》，将巡视准备、了解、汇报、反馈、移交、整改等六大环节细化分解为50个工作步骤；制定问题线索分类处理意见、规范巡视报告意见等近50个单项制度，对巡视过程每个环节、每个步骤的工作内容、要求和标准实施固化，形成环环相扣、相互制约的流程体系，把复杂问题简单化、简单问题定量化、定量问题流程化、流程问题制度化。最后，健全工作规则。根据中央巡视工作领导小组要求，中央巡视办修订完善《中央巡视工作领导小组工作规则》《中央巡视组工作规则》《关于被巡视党组织配合中央巡视工作的规定》《中央巡视工作领导小组办公室工作规则》等4项制度，从巡视机构自身做起，扎紧制度笼子，逐步建立健全以党章为根本、以巡视条例为主体、以配套制度为支撑的巡视制度体系。

八是成果运用创新。巡视成果就是巡视了解的问题和线索等重要情况，以及相关意见和建议。根据中央要求，加强巡视成果综合运用，做到条条要整改、件件有着落、事事有回音。加强问题线索分类处置，按照干部管理权限进行移交。加强巡视反馈，采取向被巡视党组织领导班子和主要负责人“双反馈”的工作方式，严肃指出问题，传导压力。中央巡视工作领导小组副组长和成员参加巡视反馈，充分体现中央巡视的政治性、权威性、严肃性，有效发挥政治巡视的震慑力、警示力、促进力。加强巡视整改，建立“双责任”“双报告”“双公开”制度，开展巡视整改督查，增强整改的政治性、实践性、针对性，做到即知即改、立行立改，严查严改、全面整改。“双责任”，是指落实整改，党委（党组）负主体责任，纪委负监督责任。巡视前，针对巡视发现的共性问题，闻风而动、即知即改；巡视中，针对巡视发现的违反中央八项规定精神和“四风”问题，扭住不放、立行立改；巡视后，针对巡视组综合反馈意见，统筹研究、严查严改、全面整改。

“双报告”，是指既要由党委（党组）报送整改情况报告，也要由党委（党组）主要负责人以个人名义报送整改履职报告。“双公开”，是指整改情况既要在被巡视地区和单位进行党内通报，又要向社会公开，接受党内和社会监督。

九是责任体系创新。巡视落实“有权必有责、权责要对等”要求，构建职责明确、责任清晰、标准具体、追责有据的巡视工作责任体系，重点是明确“四个责任人”①。在组织领导责任上，开展巡视工作的党组织承担主体责任，既是领导主体，也是工作主体。党委（党组）书记是全面从严治党主体责任第一责任人，把加强对巡视工作的领导作为落实主体责任的重要抓手，确保组织领导到位、任务部署到位、工作责任到位、措施落实到位。在组织实施责任上，巡视工作领导小组组长是组织实施巡视工作的主要责任人，按照中央和省区市以及中央单位党委（党组）关于巡视工作的决策部署，研究解决巡视中的问题和困难，组织巡视组深入了解问题，做到指导督促到位、组织力量到位、工作措施到位、协调推进到位、运用成果到位。在巡视监督责任上，巡视组实行组长负责制，组长是巡视监督第一责任人，对巡视工作过程负全责、负总责。在巡视整改责任上，被巡视党组织是巡视整改最关键的责任主体，主要负责人是落实整改工作第一责任人。此外，在支持配合责任上，纪检监察机构和组织（人事）等部门负有支持配合巡视的责任，巡视前要提供情况、巡视中要提供支持、巡视后要抓好移交事项办理。

十是工作格局创新。加强对省区市和中央单位巡视工作的领导，坚持巡视巡察整体谋划、一体推进，完善巡视巡察网络工作格局。重点抓好“三个传导”，即示范传导、检查传导、制度传导，省区市巡

---

① “四个责任人”即党委（党组）书记是全面从严治党主体责任的第一责任人、巡视工作领导小组组长是组织实施巡视工作的主要责任人、巡视组组长是落实巡视监督责任的第一责任人、被巡视党组织主要负责人是落实巡视整改的第一责任人。

视不断深化。2017 年 7 月《中共中央关于修改〈中国共产党巡视工作条例〉的决定》明确规定："中央有关部委、中央国家机关部门党组（党委）可以实行巡视制度，设立巡视机构，对所管理的党组织进行巡视监督。"目前，有 60 多家中央单位探索开展了巡视工作，中央单位巡视工作不断规范。各省区市高度重视巡察工作，与巡视工作统筹规划、统一安排、统一部署，取得重要进展，31 个省区市和新疆生产建设兵团以及 15 个副省级城市均建立了巡察制度，市县巡察不断拓展，有力推动了全面从严治党向基层延伸。

（三）对金融系统开展巡视是党内监督的重要举措

十八届党中央将中管金融单位党组织纳入巡视对象开展巡视，这是党内监督的重要创新。

一是金融领域反腐败斗争形势严峻复杂。改革开放以来，我国金融主体种类不断丰富，市场体系、监管体系日益完善，初步形成了以商业银行为主，包括银行、证券、保险、信托等多元化市场主体结构，股票市场、债券市场和衍生品交易市场在内的多层次市场体系，以及以"一行三会"和外汇管理局为主体的金融监管体系，资产总量不断增大，对国民经济的支持和服务能力越来越明显，在经济发展中的地位和作用越来越突出。与一般商业机构不同，银行等金融企业具有优势地位，资金配置等权力集中，利益涉及面广，一旦出现腐败问题，危害极大。随着金融业高速发展，金融机构和监管部门违纪违法问题不断发生，金融领域党风廉政建设和反腐败斗争形势同样严峻复杂。

二是巡视是对金融系统权力监督的重要手段。目前，针对金融腐败，我国已经初步形成了较为有效的组织与制度规范体系，具体来说，主要有六大支柱抑制金融腐败：金融机构自身的自律监管；专门金融监管机构的外部专业社会监管；由财税、审计构成的外部社会监管；纪检监察机关的专责监督；公、检、法机关的法律监督；社会监督。随着六大支柱不断强化，其对惩治和防范金融腐败发挥了越来越明显的作用。① 巡视是党章赋予的重要职责，是加强党的建设的重要举措，是从严治党、维护党纪的重要手段，是加强党内监督的重要形式。作为党内监督的战略性制度安排，巡视对金融系统权力监督发挥了重要作用。

三是在对金融单位巡视中明确了政治巡视定位。党的十八大以来，巡视定位不断深化和聚焦。在第八轮巡视时（即对包括金融单位在内的部分中央单位开展巡视时），进一步明确了巡视的政治定位。要求重点检查被巡视党组织和党员领导干部尊崇党章，严格按党章规定办事情况；坚定理想信念宗旨，牢固树立“四个意识”情况；贯彻落实党的路线方针政策以及党的十八大和十八届中央历次全会精神，维护党中央权威和党的集中统一领导情况；落实全面从严治党主体责任和监督责任，发挥党的领导作用情况。巡视是政治巡视，不是业务巡视，巡视监督的重点是党的领导机关和领导干部特别是主要领导干部，也即巡视监督的对象是行使权力的“关键少数”。利用党章赋予巡视机构的监督权，加强对金融系统党内监督带有根本性和基础性，对金融系统反腐败工作具有重大意义。

四是中央巡视对中管金融单位实现了全覆盖。党的十八大以来，中央巡视组对中国人民银行、中国银监会、中国证监会、中国保监会、国家外汇管理局以及国家开发银行股份有限公司、中国进出口银行、中国农业发展银行、中国工商银行股份有限公司、中国农业银行股份有限公司、中国银行股份有限公司、中国建设银行股份有限公司、交通银行股份有限公司、中国投资有限责任公司、中国中信集团有限公司、中国光大集团股份公司、中国人民保险集团股份有限公司、中国人寿保险（集团）公司、中国太平保险集团有限责任公司、中国出口

① 参见李扬、周子衡：《纪检监察工作对于抑制金融腐败具有重要作用》，《中国监察》，2009 年第 12 期，第 38 页。

信用保险公司、上海证券交易所、深圳证券交易所等22家中管金融单位党组织开展了巡视。实践证明，巡视在强化金融系统党的领导、促进加强金融系统全面从严治党，发现金融系统腐败问题、形成有力震慑，推动深化金融改革、构建绿色金融体系，促进完善金融监管体制、防范金融风险等方面发挥了重要作用。

五是中管金融单位内部巡视成效明显。根据中央巡视工作领导小组统一部署，在中央和省区市巡视工作示范带动下，中国人民银行、中国银监会、中国证监会、中国保监会以及部分中管金融企业开展了内部巡视。各金融单位均设立巡视办，采取专兼结合方式组建巡视组。部分中管金融企业二级单位或直管企业探索以巡察方式推动全面从严治党向基层党组织延伸。总的来看，金融单位对巡视工作组织领导不断加强，巡视机构建设逐步完善，政治巡视持续深化，巡视政治监督效果初步显现。

二、通过巡视促进金融系统全面从严治党

金融是现代经济社会运转的关键产业，其基础性作用是对社会资源的优化配置，对现实生产力的形成和实体经济的效率产生根本性影响。金融稳定涉及股市、债市、汇市、衍生品市场和流动性等问题，与群众利益息息相关。如果因党员干部违纪违法行为或腐败问题导致资源错配，就会产生重大社会影响，威胁金融安全，严重时还会引发区域性、系统性金融风险。从巡视中管金融单位情况看，有的单位党规党纪、财经纪律成为制度“稻草人”，威慑力不足，破纪直至破法屡屡出现，这与金融单位党委履行主体责任不到位、管党治党不力是分不开的。习近平总书记强调，“要做到惩治腐败力度决不减弱，零容忍态度决不改变”，要求中央巡视组认真履职，落实监督责任，敢于碰硬，善于发现问题，发挥震慑力，遏制腐败现象蔓延势头。中央

巡视组通过把握金融行业特点，掌握金融腐败的根源及其特征，发挥巡视制度的独特优势，提高巡视政治站位，创新巡视组织方式和工作机制，有效发现以贷谋私、内幕交易、操纵市场等腐败问题，减少腐败黑数①，坚决促进消除腐败存量、遏制腐败增量，通过巡视反馈和督促整改，倒逼金融单位党组织把全面从严治党向纵深推进，助力金融更好更快发展。

（一）提高巡视监督针对性

提高巡视针对性是用好巡视利剑、形成震慑的前提。巡视注意分析金融行业专业性、交叉性、广泛性、多层性等特点，在巡视中有的放矢、因业施策。

一是把握金融业务的专业性。金融领域业务特性鲜明，专业化特点明显，无论是宏观形势和微观经济分析，还是经纪业务、自营业务、投行业务、资管业务，都需要充足的理论知识和专业背景，从业人员学历较高、智商也较高，有的还是跨领域复合型人才。有时单笔业务涉及多个金融部门、多个专业岗位，业务繁杂。有的结构化金融产品的设计具有隐蔽性，无须对外公开，一般情况下只有部分公司内部员工了解整个设计框架，局外人通常无法了解。随着信息技术发展，有的业务环节融入很强的专业化技术手段，进一步加大了监管难度。

二是把握经营范围的交互性。目前，金融业整体呈综合经营趋势，银行、证券、保险等机构业务互相渗透、互有交叉，一些金融企业纷纷成立子公司、分公司，开展证券、基金、保险、信托、金融租赁和投行等业务。特别是近年来金融创新层出不穷，一方面为市场参与者提供了更多的投资渠道和产品服务，另一方面也容易诱发规避监管、转嫁风险、圈钱套利等不法行为。

---

① 腐败黑数，是指确已发生但未被发现，或虽已被发现但未被惩处，因而没有被统计到腐败案件中的腐败官员数占腐败官员总数的比例。

三是把握地域分布的广泛性。各金融企业组织架构复杂、地域分布广泛，点多面广。有的金融企业营业部延伸到乡镇一级，有的在国（境）外设立分支机构，形成辐射全国、面向海外的机构体系和业务网络。股权结构多元化、人员构成复杂化，管理层级多、链条长，控制力逐级递减，难以对基层单位领导人员特别是“一把手”实施全方位有效监督。

四是把握监管模式的多层性。各中央金融监管部门均实行垂直管理。中国人民银行实行“总行—分行—省会城市中心支行—地（市）中心支行—县（市）支行”五级监管模式。中国银监会分为会机关、银监局、银监分局、监管办事处4个层级，实行逐级管理模式。中国证监会分为会机关，各省（区、市）、计划单列市36家证监局和沪、深专员办两个层级。中国保监会分为会机关，各省（区、市）、计划单列市36家保监局，以及在苏州等5个地市设监管分局三个层级。国家外汇管理局在各省（区、市）、部分副省级城市设立分局或外汇管理部，在部分地市设中心支局，在部分县（市）设支局，分支机构与当地人民银行分支机构合署办公。各部门监管层级多样、对象复杂，但权力集中，日常监督难以到位。

（二）提高巡视监督精准度

有效提高巡视监督的精准度，必须了解金融腐败的主要表现及其根源。金融腐败主要包括资金交易腐败和监管腐败。资金交易腐败是利用资金配置权力的稀缺性进行的非规范融资交易行为，而金融监管腐败则是利用行政权力的稀缺性进行的以权谋私、以权换利行为。金融腐败以其独特的存在形态严重危害公共利益，一方面，金融腐败直接侵害金融资源；另一方面，极大地浪费金融资源，降低了金融资源的利用效率，没有使资金注入真正面临资金瓶颈的行业和企业，严重阻碍了经济增长，甚至动摇金融基础，导致金融危机。[1] 透过金融领域权力市场化现象看其本质，根本上还是权力背后所代表的资源配置能力，主要体现在两个方面：一是政府对金融资源的配置权。金融业垄断性很强，是典型的不完全竞争市场。政府一般通过利率、贷款分配、股票及债券发行以及行业准入等方面的管制，配置整个社会金融资源。在政府监管的背后，事实上反映的是政府对资金配置权的一种垄断。二是金融单位对资金的配置权。这种权力包括两种情形：其一是政府赋予的垄断权力，即政府管制下，金融业拥有的行业独占性和配置资金的权力；其二是金融单位本身占有和使用资金上的便利。为了争夺金融（资金）资源，供需双方形成了一个特殊的交易市场。[2] 巡视要结合金融行业特点和近年来金融领域发生的违纪违法问题，把监督“探头”聚焦廉洁风险点，突出重点，提高巡视发现问题的精准度。

（三）强化巡视监督震慑力

为强化震慑效果，巡视工作把上级监督的权威性、异体监督的震慑性、现场监督的实效性充分发挥出来，提高监督效果。

一是上级监督的权威性。巡视的权威由党章赋予，体现的是党集中统一领导的权威。中央巡视组代表中央，由中央直接派出，背负着中央的权威和信用，体现的是中央的政治态度、责任担当和管党治党决心。这种自上而下监督、中央“派”的权威和“上位”监督的特点使巡视威力陡增，发挥了尖兵和利剑作用。

二是异体监督的震慑性。与传统的同级纪检机构监督不同，巡视组由上级党组织派出，向巡视工作领导小组报告工作，具有相对独立

---

① 国家开发银行：《金融业反腐败机制浅析》，选自《中国监察学会金融分会 2014 年度理论研讨优秀论文集》，2015 年，第 323 页。

② 参见黄新华、李德国：《金融服务、市场建设与预防腐败的基础理论和关系研究》，《上海金融学院学报》，2012 年第 3 期，第 25 页。

性。巡视虽然“依靠”被巡视党组织开展工作，但不是“依赖”，“不能一口锅里吃饭”，这是巡视工作的使命使然。按照党内法规规定的方式，巡视工作能够相对独立地发现和检查被巡视党组织自身不想、不愿、不会甚至不能查的问题，防止“虎藏深山撼不动，苍蝇乱飞仍从容”，对金融单位腐败行为能够形成震慑。

三是现场监督的实效性。巡视组开展专项巡视工作，一般集中两个月左右时间，进驻被巡视金融单位开展现场监督，通过召开动员会、听取汇报、列席会议、召开座谈会、受理信访举报、个别谈话、走访调研、问卷调查、深入了解等方式，与被巡视单位党员领导干部和干部职工深入接触，接受同业及知情人举报，有效提高巡视监督效果。

三、提高巡视政治站位要防止“四个效应”

巡视是党内监督的重要方式，是全面从严治党战略部署的重要内容。金融领域是巡视监督的重要板块之一，巡视工作必须始终保持战略定力，坚定不移深化政治巡视，进一步创新体制机制，把全面从严的要求和措施贯穿于统筹谋划、推动工作全过程，体现在严明纪律、落实责任各方面，促进标本兼治。具体要防止“四个效应”。

（一）防止“隧道视野效应”

“隧道视野效应”，是指一个人若身处隧道，他看到的就只是前后非常狭窄的视野。“隧道视野效应”给我们的启示是：不能缺乏远见和洞察力。提高站位，才能深谋远虑；拓宽视野，才能窥斑见豹；开阔思路，才能举一反三。党的十八大以来，随着实践发展，巡视工作发生了很多变化。变化就要深化，深化就要转化。统筹谋划巡视工作要主动适应各种变化，在思想认识、责任担当、方法举措等方面紧跟中央要求，坚决贯彻中央关于巡视工作的决策部署，切实防止“隧道视野”。一要提高站位。巡视是对党组织和党员领导干部的“政治体检”，必须提高政治站位，聚焦坚持党的领导、加强党的建设、全面从严治党。政治巡视的重要任务是保证全党同以习近平同志为核心的党中央保持高度一致，切实增强“四个意识”，自觉向党中央看齐，向党的路线方针政策看齐，向党中央决策部署看齐，坚决维护以习近平同志为核心的党中央权威和党中央集中统一领导。要以“五位一体”总体布局、“四个全面”战略布局和新发展理念为标尺，对照看齐找差距，透过现象看本质，善于从政治上驾驭问题、归纳问题，重点看党的领导是强还是弱、党的建设是实还是虚、全面从严治党是严还是宽，充分发挥巡视政治导向作用，确保党始终成为中国特色社会主义事业的坚强领导核心。二要拓宽视野。巡视工作要有强烈的政治意识，认清政治巡视的新使命、新要求，坚持以政治标准而不是业务标准来衡量党组织和党员干部行为，注意发现个性问题、找准要害问题、深挖根源问题，推动被巡视党组织真正把抓好党建作为最大政绩，把加强党的领导体现在工作的方方面面，严格党内政治生活和组织制度，盯住问题、扫清盲区、堵塞漏洞，使管党治党从宽松软走向严紧硬。三要开阔思路。巡视工作要历史地看待问题、客观地对待问题、如实地评析问题、发展地解决问题。对发现的问题要有总体把握，搞清“树木”与“森林”、共性与个性的关系，通过层层剥笋、深刻分析，透过现象看本质，从个别到一般，挖出深层原因，从中找到破解难题的办法和答案，提出问题导向参考的改革建议。

（二）防止“路径依赖负效应”

“路径依赖”理论是美国经济学家、诺贝尔奖获得者道格拉斯·诺思创立的，是指一种制度一旦形成，不管是否有效，都会在一定时期内持续存在并影响以后的制度选择，形成路径依赖正效应或路径依赖负效应。路径依赖正效应是指初始制度设计比较合理，且随着条件改变而进入良性发展路径，实现经济增长，达到收益递增的目的；路径依赖负效应是指由于原初制度配置不科学，致使其沿着错误的路径越走越远，陷入“闭锁”的路径循环状态，导致社会发展迟缓，经济停滞不前。路径依赖正效应是人们所期望的，而负效应则是要避免的。具体到巡视工作，同样有借鉴意义。党的十八大以来，党中央根据反腐败斗争依然严峻复杂的形势，及时对巡视工作思路进行调整，巡视制度在实践中不断探索创新、丰富完善。中央每一轮巡视，都随着实践发展，修订完善相关制度。实践证明，这些制度和方法有效管用，发挥了全面从严治党利剑作用。习近平总书记反复强调，巡视要奔着问题去，哪里有问题就巡视哪里，让他们摸不着规律。这就要求巡视工作既要尊重规律，用好实践证明行之有效的制度和方法，发挥路径依赖正效应；又要不断调整操作路径，让被巡视对象摸不着规律，克服路径依赖负效应。要主动适应新形势，深入研究分析金融单位特点和规律，善于抓住政治巡视的着力点、准确把握开展工作的突破点、形成工作方法的创新点，不断探索创新发现和推动解决问题的方法与手段，有效防止路径依赖负效应。

（三）防止“衰减效应”

“衰减效应”，即是往平静的湖水里扔进一粒石子，泛起的波纹会波及很远的地方，但波纹在扩散传播过程中，能量会逐渐消耗、速度会逐渐降低、影响会逐渐减小。“衰减效应”也称“涟漪效应”。全面从严治党，党委负主体责任，纪委负监督责任。从落实“两个责任”来说，如果压力传导不下去，就会形成“衰减效应”，党要管党、从严治党就会成为一句空话。从现实情况看，由于管党治党责任落实不力，包括金融系统在内，不同程度存在“上面九级风浪，下面纹丝不动”的现象。具体表现为“三个衰减”：一是巡视震慑力衰减，“上面雷声大、下面雨点小”；二是纪律约束力衰减，对违纪违规行为认识不到位、处理不到位，“高高举起、轻轻落下”；三是制度执行力衰减，“只听楼梯响、不见人下来”，“严格不起来，落实不下去”。管党治党、从严治党，宽起来容易、严起来难，松起来容易、紧起来难，软起来容易、硬起来难。责任不会自动落实，需要一定的动力与压力。动力来自担当，压力来自传导。要用监督传导压力，用压力推动巡视监督落地。十八届六中全会强调，各级党组织应当把信任激励同严格监督结合起来，促使党的领导干部做到有权必有责、有责要担当，用权受监督、失责必追究。党内监督的重点对象是党的领导机关和领导干部特别是主要领导干部。从巡视看，问题表现在下面，根子在领导班子和领导干部。有的金融单位领导干部在遵守党规党纪、执行中央八项规定精神等方面打折扣、搞变通，片面强调特殊性。党领导下的金融机构是以公有制为主体的经济基础的重要体现，行业、领域有差异，但管党治党没有例外，不能因为是市场主体或上市公司，强调经济和市场属性，而忽略党性原则和政治立场，必须"一把尺子量到底"。通过巡视监督，促使金融单位党组织树立"抓好管党治党是本职、不抓管党治党是失职、抓不好管党治党是不称职"的观念，自觉履行责任，坚定不移惩治腐败，持之以恒纠正"四风"，把金融系统存在的管党治党失之于宽、失之于软的不良局面尽快扭转过来。

金融行业资金密集、机构庞大、管理复杂，更需防范廉洁风险，切实发挥好金融单位党组织的领导作用十分迫切。世界各国在金融领域的竞争已经达到白热化程度，金融领域所聚集的行业精英和领导干部往往是各种势力甚至外国势力拉拢腐蚀的对象，一旦他们沦为外国资本的操盘手，必将损害国家的金融体系和经济安全。对金融领域党风廉政建设和反腐败斗争，要加强宣传舆论引导，对反腐同群众利益无关、反腐影响经济发展、反腐是权力斗争等模糊认识和错误言论，必须加以辨析、引导，驳斥错误言论，化解消极情绪，消除偏见误解，说清楚我们党反腐败不是看人下菜的"势利店"，不是争权夺利的"纸牌屋"，也不是有头无尾的"烂尾楼"，为深入开展党风廉政建设和反腐败斗争营造良好舆论氛围。要督促金融单位党组织和纪检机构把管党治党责任担起来，把党纪党规和财经纪律严起来，加强对党员干部的日常管理和监督，实践监督执纪“四种形态”，抓早抓小，消弭隐患。对履责不力的金融单位党组织明确提出整改要求甚至移交纪检监察机关问责，促使被巡视党组织真正做到对党负责，对本系统、本单位政治生态负责，对干部健康成长负责。尤其要督促被巡视党委（党组）把巡视整改主体责任作为全面从严治党主体责任的具体化，党委（党组）书记和班子成员要坚决把自己摆进去，坚持以下看上，联系责任担当找到症结，发挥“关键少数”作用，自觉为党担责、为党尽责、为党负责，主动承担责任，带头落实整改，把爱党、忧党、兴党、护党落实到各项工作中，坚决防止把整改主体责任推给下级单位，更不能把层层传导压力变成层层推卸责任。被巡视党委（党组）要把责任传导给所有班子成员，压给下属单位的书记。对不担当不负责、拒不整改或整改不到位的，按照《中国共产党问责条例》严肃问责，在逐级加压、敢于承压、主动受压的层层传导中，增强责任意识，激发担当精神，把“两个责任”落实到位，防止“衰减效应”发生。

（四）防止“破窗效应”

“破窗效应”，是指如果房子的一扇窗户破了不去修补，过不了多久，其他窗户也会莫名其妙地被人打破。“破窗效应”给我们的启示是：如果环境中的不良行为被放任存在，就会诱使仿效，甚至变本加厉。从纪律建设来说，如果对党员干部身上的苗头性、倾向性问题不管不顾，同样存在“破窗效应”的隐患。久而久之，还会影响到其他党员干部，导致违纪违规行为升级、范围扩散。古人说：“禁微则易，救末者难。”意思是说，禁止事情于开端时容易，抢救事情于终结时困难。严明纪律，必须做到“零容忍”惩治、“零盲点”监督、“零死角”防控，切实防止“破窗效应”。一要“零容忍”惩治。对巡视发现的金融单位党员领导干部踩“红线”、越“底线”、闯“雷区”的违纪违规行为，及时移交纪检机构，坚决严肃查处，不以权势大而破规，不以问题小而姑息，不以违者众而放任，不留“暗门”、不开“天窗”，做到“法立而不犯，令行而不逆”。二要“零盲点”监督。把纪律建设摆在更加突出位置，坚持纪在法前、纪严于法，实现纪法分开，把纪律和规矩挺在管党治党最前沿、正风反腐最前面。坚持对金融系统干部严管厚爱，言出纪随，发现问题就揪住不放，出现苗头就及时纠正，咬耳扯袖，红脸出汗，抓早抓小，就像古人所说，“过则正之，失则改之”，有了过错就把它纠正过来，有了失误就把它改正过来，防止党员从“破纪”走向“破法”，避免“要么是好同志、要么是阶下囚”。三要“零死角”防控。不断深化巡视监督，完善巡视巡察立体监督网络，推动全面从严治党向基层延伸，把全面从严治党落实到金融单位每个支部、每名党员，让党员干部自觉遵守纪律规矩、接受监督约束，在党纪规范下办事、在严格监督下用权，戒尺常悬头顶，警钟长鸣于耳。既要在思想上高标准，也要在行为上守底线。始终把党的纪律要求牢牢刻印在心上，做到必知必守必行，坚决防止“破窗效应”。

四、通过巡视防范金融系统潜在风险

通过对中管金融单位党组织进行巡视，在推动金融系统落实中央经济金融政策方面起到了重要作用，发现了许多普遍性、倾向性问题。有的落实金融扶贫不到位，有的对实体经济和小微经济支持力度不够，有的围绕国家重大战略部署配置金融资源滞后等。通过严肃反馈问题，督促整改，推动金融单位深化供给侧结构性改革，更好地发挥市场配置金融资源的决定性作用，结合金融系统实际，创造性落实好中央关于稳增长、调结构、促改革、惠民生、防风险的各项决策部署，围绕“五位一体”总体布局、“四个全面”战略布局和“一带一路”战略等调控宏观政策、配置金融资源，制定和执行好货币政策、利率政策和汇率政策，强化金融扶贫、支持“三农”等政策性职能作用。特别是通过巡视监督，有助于遏制金融系统腐败，防范廉洁风险、道德风险、社会稳定风险、经济安全风险，守住国家经济安全和政治安全的底线。

（一）防范金融系统廉洁风险

廉洁风险，是指党员干部和国家公务人员凭借所拥有的公共权力在执行公务或日常生活中出现腐败行为的可能性。从其产生根源来说，主要是人的意识形态及其作用于人的结果的反映。金融系统廉洁风险点多面广，具有隐蔽性、专业性、智能性的特点。巡视发现，金融系统权力寻租腐败比较严重，廉洁风险突出。银行业“以贷谋私”问题突出，一些基层机构存在以贷谋私问题，一些部门和分支机构利用创新性业务谋取私利。证券业内幕交易、虚假信息披露、操纵市场等问题严重，特别是利用内幕信息买卖股票获利。保险业“靠险吃险”，虚假承保、虚假退保、虚挂保费、虚列费用、虚假理赔的“五虚”问题突出。监管部门利用行政审批权、监督检查权、行政处罚权谋利问题易发多发。有的部门权力监督约束不严，对滥用审批和处罚自由裁量权、向所属企事业单位转移行政监管权等问题反映较多，隐含腐败风险；有的监管部门对重点部位、关键环节和敏感岗位监督制约不够有力，执纪问责力度不够大。针对巡视发现的问题，巡视组进行了严肃反馈，并督促整改。比如，中央巡视组向某银行党委反馈的问题之一是“内部管理和风险防范不到位，一些基层机构存在以贷谋私问题”。该行党委成立了由党委书记任组长的巡视整改领导小组，从转变思想理念入手，启动了信贷经营管理架构调整，通过改进体制机制、完善业务流程、强化责任追究等，扎实推进信贷风险防控工作。再比如，巡视发现某保险公司存在“弄虚作假套取费用，利用保险资源为小团体谋利；一些领导干部亲属参与保险业务谋利”等问题。该单位党委认真开展整改，启动了农险问题整改，对 2013 年以来发生的 67 起农险司法案件，强化对相关责任人的问责；针对中介管理、费用管理等领域深入整改，整改虚假中介金额达 1.4 亿元。

（二）防范金融系统道德风险

金融系统道德风险是由利益冲突防范不力催生的。利益冲突是指国家公职人员在公共行政过程中，受到私人利益因素干扰，价值判断和政策取向偏离公共利益需求，私人利益与公共职责相抵触，进而影响其职务行为的公正性和廉洁性。巡视发现，金融单位一些领导干部亲属违反任职回避规定在系统内任职，有的挂名“吃空饷”、拿高薪，甚至利用职务影响搞利益输送。近年来，监管机构领导人员主动“下海”到监管对象任职情况较多，有的明显违反任职回避规定，形成“猫鼠一家”，利益冲突、权力勾兑难以防范，影响监管公正性和有效性。对于巡视发现的问题，有关单位进行了认真整改，认真核实领导干部个人有关事项报告，排查近亲属在上市公司、基金公司、证券公司等利益相关单位工作情况，摸清底数，深入分析评估利益冲突情况。在此基础上，制定了员工任职回避和公务回避规定，强化刚性约束，切实防范利益输送、利益冲突，同时严格执行领导干部个人有关事项报告制度，对不按规定报告的予以严肃处理。

（三）防范金融系统社会稳定风险

金融系统基层违纪违规问题突出，有的侵占挪用客户资金，有的非法集资，有的违规理财，直接损害群众利益，“啃食”群众获得感，严重影响社会稳定。在对某银行巡视中，巡视组发现，近年来理财产品、租赁保险等新兴业务发展迅速，但监管相对滞后，一些人员借机钻空子，违纪违规甚至违法问题时有发生；部分理财产品发行不够透明，存在暗箱操作嫌疑；2014 年以来发生多起飞单私售事件。巡视针对问题督促整改，该银行党委印发了《关于严格结构化理财产品销售有关规定的通知》等多个文件，明确禁止理财产品设计与投资管理部门主动推荐本行员工及其关系人购买结构化产品；及时督促提示有关机构对重要岗位人员进行轮岗交流。在巡视某保险公司党委时，发现基层分支机构存在违纪违规问题。该公司在巡视整改过程中，着力加强对相关问题专项治理，在所有的地市、县区级机构同时推行内控体系框架模型，将廉洁风险纳入控制范围，加快构建严格规范的工作流程控制体系。通过健全控制体系和强化问责“双管齐下”，解决基层违纪违规案件易发多发问题。

（四）防范金融系统经济安全风险

2008年金融危机后，大力改革金融体系、再造全球金融稳定框架的呼声渐高，各国和国际组织达成了加强监管的共识。加强金融监管已经成为全球大势所趋。巡视发现，金融监管机构协调机制不顺畅、信息共享不充分，系统性风险监控机制没有建立、风险预警和管控不到位问题明显；分业监管与混业经营的矛盾越来越突出，对金融创新业务的监管滞后，研究不够、应对不力，存在监管漏洞和死角；监管力量配置不合理，机构设置和人员分布“头重脚轻”，地市级、县一级监管力量更为薄弱，对村镇银行、小额贷款公司等中小金融企业以及大量发生在基层的金融业务，难以实施有效监管，有的小企业捅出“大窟窿”，发生连锁反应，导致风险在局部蔓延，处置不当会严重危及经济安全。国内专家学者在这方面也有深入研究，时吴华在《金融国策论》一书指出，我国金融监管“越位”“缺位”“乱位”共存，未能理顺与市场的关系，市场结构和市场功能存在缺陷，市场效率和公信力不足①。随着经济社会的发展和经济金融工作不断深化改革，防范金融安全风险是一个长期的过程，不可能一蹴而就。按照中央巡视反馈意见，相关金融企业及金融监管机构正着眼于构建长效机制，建立健全相关制度加强整改，以尽快解决协调机制不畅、金融创新监管滞后、监管力量配置不合理以及“越位”“缺位”“乱位”共存等问题。

---

① 时吴华：《金融国策论》，社会科学文献出版社2015年版，第250页。

证券期货监管系统廉政风险防控金字塔模型研究[①]

课题总负责人：黎晓宏

组　　　　长：祁　斌　赵树林

协　调　人：黄运成　王文胜　黄　明

① 本课题于 2013 年 9 月 25 日完成。课题参与人：黄明、马险峰、赵菊峰、邵同尧、姚远、李杰、雍旭（中国证监会研究中心）；李桂芬、程蓉、张友忠、孙晓光（中国证监会纪委监察局）；曾旻睿、胡煜、冯丹荔（北京证券期货研究院）。

摘　要

反腐败问题是人民关注的重大政治问题。这个问题解决不好，就会对党造成致命伤害，甚至亡党亡国。我们党始终高度重视党风廉政建设和反腐败工作，习近平总书记在十八届中央纪委二次全会上强调，要加强对权力运行的制约和监督，把权力关进制度的笼子里，形成不敢腐的惩戒机制、不能腐的防范机制、不易腐的保障机制。当前，我国正处于经济体制深刻变革、社会结构深刻变动、利益格局深刻调整、思想观念深刻变化的特定历史阶段，由于各方面体制、机制和制度不完善，腐败现象呈易发多发态势。中央政治局常委、中央纪委书记王岐山指出，党风廉政建设和反腐败工作要全党动手一起抓。既要坚持打持久战，也要打好歼灭战。因此，亟须建立健全结构合理、配置科学、程序严密、制约有效的权力运行机制和廉政风险防范机制，有效预防腐败问题发生，应对党和国家面临的重大挑战。

与资本市场相关的腐败问题具有特殊性和典型性。资本市场是现代经济运行的核心平台，处于市场经济最前沿，对廉政建设提出了很高要求。首先，资本市场是各种利益主体博弈的场所，监管部门与市场主体、上市公司与证券期货经营机构、投资者与金融中介、国有企业与民营企业等利益格局错综复杂，潜在的廉政风险较高；其次，金融市场的博弈往往是以信息优势作为获取利益的工具，即便是巨量资金的移动也发生在一瞬间，而且是无形的。加之电子化交易平台以及近年互联网金融的引入，使得诸如内幕交易、利益输送等腐败活动具有隐蔽性，在技术上和法律上判别难度较大。

证券期货监管系统各级党委始终高度重视党风廉政建设和反腐败工作，注重廉政风险防范并且取得了巨大成绩，有效保障了我国资本市场稳健运行，在短短的二十多年时间里成长为世界上最重要的资本市场之一。由于我国资本市场仍处于初级发展阶段，监管领域和证券期货市场还存在诸多体制性、机制性、结构性等深层次问题，市场化约束机制还有待进一步完善，反腐倡廉建设任务依然艰巨。必须在加强市场建设的同时加强廉政建设，在防控市场风险的同时防控廉政风险，在开展业务建设的同时开展思想建设，全面推进惩防体系建设，为多层次资本市场加快发展提供重要的政治保障。

为深入探索证券期货监管系统廉政风险防控工作，有必要建立一套综合的廉政风险防控体系，全面提高党风廉政建设和反腐败工作的科学性和系统性。为此，我们认真研究现代金融市场关于金融风险度量和防控的实践成果，借鉴加拿大皇家银行风险防控“金字塔”体系和高盛集团资产管理风险总量控制模型，结合证券期货监管系统实际，构建与证券监管体制运行方式相匹配的“金字塔”模型，逐层分解、逐级把控廉政风险，以期提高证券期货监管系统廉政风险防控的科学化、制度化和规范化水平。

探索证券期货监管系统廉政风险防控金字塔模型具有重要的理论和实践意义。首先，对于保持资本市场繁荣发展，促进我国经济社会转型，确保实现党的十八大提出的2020年实现全面建成小康社会的宏伟目标起到重要保障作用；其次，我国正在深入推进简政放权的行政体制改革，廉政模型的建立，有助于证券监管系统梳理权力运行机制，有助于在重点领域深化改革并保障改革的可持续推进；最后，证券期货监管系统廉政风险防控金字塔模型首次将廉政风险防控机制进行理论和模型提炼，并与现代信息技术相结合，实现“通过制度约束权力、依靠流程固化权力、运用科技监督权力”的目标，为相关单位和部门加强反腐倡廉建设和深化行政体制改革提供参考。

第一部分 导 论

反对腐败、建设廉洁政治，是我们党一贯坚持的鲜明立场，是人民关注的重大政治问题。这个问题解决不好，就会对党造成致命伤害，甚至亡党亡国。① 面对腐败现象易发多发态势，如何更加科学有效地防治腐败，不仅是党和国家面临的重大挑战，也是摆在证券期货监管部门面前的重大课题，必须建立健全廉政风险防控体系，为资本市场科学发展提供坚强保障。

一、研究背景

党的十八大明确提出要“加快发展多层次资本市场”。坚决贯彻中央战略部署，切实履行证券期货监管部门“两维护、一促进”重要职责，实现资本市场“中国梦”，必须不断防控证券期货监管系统廉政风险，进一步加大预防腐败工作力度，全面提高各级监管干部拒腐防变、抵御风险的能力和水平。

（一）加强廉政风险防控是构建监管部门惩治和预防腐败体系的重要举措

加强廉政风险防控，是中央的一贯要求，也是推进惩治和预防腐败体系建设的重要抓手。2011 年年初，中央纪委印发了《关于加强廉政风险防控的指导意见》（以下简称《风险防控指导意见》），明确提出廉政风险防控工作的指导思想、工作原则、目标要求、方法步骤和主要内容，并在全国范围部署开展这项工作。党的十八大

① 胡锦涛：《坚定不移沿着中国特色社会主义道路前进 为全面建成小康社会而奋斗——在中国共产党第十八次全国代表大会上的报告》，人民出版社 2012 年版，第 54 页。

强调，要坚定不移地反对腐败，永葆共产党人清正廉洁的政治本色，做到干部清正、政府清廉、政治清明。实现“三清”目标，必须全面推进惩治和预防腐败体系建设，加强廉政风险防控，更加科学有效地防治腐败。资本市场透明度高、社会参与度高、政策敏感度高，容易成为社会关注的焦点。监管部门能不能切实加强党风廉政建设和反腐败工作，直接影响到监管部门的公信力，直接影响到资本市场的安全稳定运行。随着监管工作转型，必须围绕市场发展这个中心，加快构建惩治和预防腐败体系，推动监管机构职能向创造良好发展环境、提供优质公共服务、维护市场公平正义转变，通过构建权责清晰、流程规范、风险明确、措施有力、制度管用、预警及时的廉政风险防控机制，不断提高监管部门预防腐败能力，促进资本市场科学发展。

（二）加强廉政风险防控是规范监管部门权力运行的客观要求

权力导致腐败，绝对权力导致绝对腐败。中国证监会是一个行政审批权相对较多的部门。近年来，中国证监会加快了行政审批制度改革，仅2012年就下放和取消了35项行政审批项目。但根据全行业市场化、规范化和法制化程度，仍旧保留了一些审批事项。此外，还有大量日常监管权、行政处罚权、稽查执法权。这些权力对利益相关者影响巨大，一家公司上市可能会造就几个亿万富翁，几十个千万富翁；违规处罚少则几百万元，多则上亿元。由于涉及利益巨大，监管干部容易成为公关对象，利用权力寻租现象仍然没有得到根治。切实加强对权力运行的制约和监督，迫切要求加强廉政风险防控，规范权力运行，防止权力滥用风险。

（三）加强廉政风险防控是遏制监管部门腐败现象滋生蔓延的现实需要

这些年，在党中央坚强领导下，中国证监会党委认真抓好党风廉政建设和反腐败工作。在全系统各级党委和纪检监察机构共同努力下，反腐倡廉工作取得了较好成效，没有出现影响恶劣的窝案、串案，但个体腐败案件仍时有发生。面对反腐败斗争的长期性、复杂性、艰巨性，要建立群众满意的监管机构，树立监管部门廉洁高效的形象，必须积极探索有效惩治和预防腐败的新思路新途径新办法，建立一套符合监管系统特色的廉政风险防控体系，对监管干部监督在前，防范在先，坚持“老虎”“苍蝇”一起打，使各级监管干部自觉做到位高不擅权、权重不谋私，坚决遏制证券期货监管系统腐败现象滋生蔓延的势头。

二、研究意义

（一）资本市场对经济发展的重要作用

资本市场是现代金融的核心，相对于银行信贷为主的间接融资市场，资本市场是以股权融资为代表性产品的直接融资市场。资本市场的核心地位体现在以下几个方面。

第一，资本市场的重要性来自资本的自身属性。“资本”一词在英文中自带有中心的意义。根据宏观经济学的经济增长理论，“资本”、人力资源、自然资源和技术构成了经济增长的四大要素。从微观经济活动视角看，从最初级的一个人开展小本经营所需的本金，到跨国企业多个资本市场流动的股份或股本，一切生产活动的源头是资本。有了资本，企业才有能力购买厂房设备和雇佣工人，才能在现代金融条件下通过杠杆作用增加负债，以构成完整的资产负债结构，银行信贷市场才得以成立。资本市场作为培育企业资本的市场，其最核心作用也在于此，整个金融系统投融资活动也发源于此。

第二，资本市场是引导先进生产力的有力推手。根据新增长理论，作为宏观经济增长的四要素中的资本和技术本身具有内在联系，技术也可说是一种经济产物。资本市场为企业提供的资本，是长期且具有很强抗风险能力的，是企业进行技术创新和变革的基础。最典型的案例莫过于最近数十年来以美国华尔街为代表的资本市场和以硅谷为代表的高新技术产业，其良性互动促进了美国经济持续增长。以信息技术为代表的高科技产业，是现代经济先进生产力代表，具有高风险、高投资和高回报特点。美国投资银行家和风险投资人从众多中小企业中选择有潜力的企业进行资本投资，成功培育出苹果、微软、英特尔、亚马逊、谷歌、脸谱等一系列世界知名高科技企业巨头，引领了全球经济发展趋势。美国硅谷的成长和高科技企业群的成功依托于美国成熟的资本市场体系，发达的资本市场也构成了美国核心竞争力。

第三，资本市场能够高效率配置金融资源，实现储蓄向投资转化，降低金融体系的流动性风险。资本市场所具有的配资功能能够支持先进生产力发展。现代资本市场形成了完整的信息披露机制、价格形成机制、风险控制机制、监督机制和投资转换渠道等制度设计。资本市场发行证券，通过制度化的合约设计，把社会储蓄的大量闲散资金转移到有集中融资需求并且社会为之看好的经济领域，有效促进了经济发展。资本市场是一种市场化的择优选拔体系，能够有效降低资金集聚和流动所需的交易成本及信息不对称成本，将投资者的储蓄配置到市场最需要的地方。此外，资本市场能降低金融体系中的流动风险。流动风险是金融体系中的重大风险，绝大部分实体财产和金融资产的流动性要远低于资本市场所提供的股票、债券等证券，资本市场的二级市场可以提供便利交易的场所。①

第四，资本市场对于优化公司治理具有重要的推动作用。资本市

① 参见陈双：《直接融资的经济增长效应研究》，湖南大学 2012 年博士学位论文，第 27－48 页。

场监管者、中介服务商及投资者等都会推动企业良性发展，资本市场中的股票融资能够分散企业原有股东的经营风险，债券融资渠道能够改善筹资企业资本结构降低其财务风险。资本市场对于信息披露的高质量要求，也是对企业经营状况的无形监督，企业经营状况通过证券价格得以反映，增加了金融体系中资产价格真实性，提升了金融体系效率。资本市场为企业提供的股权或期权设计能够促进企业形成良好的激励机制和治理结构。投资银行能够为企业提供优秀的管理和财务顾问服务，使得企业超越原来的作坊式经营而进行现代化、规范化运作。资本市场不仅能够为企业融资和并购提供便利，也时刻让企业保持来自外部竞争或收购的压力。

第五，资本市场的人力资源聚集效应。资本市场为企业家和投资人都建立了完善的退出机制和激励体系，促进了金融中介功能效率的发挥。[①] 资本市场充分调动了企业家和技术人员创新积极性，极大改变和缩短了科技和产业间变现难度与距离。正是有了资本市场强大的财富放大效应，才激励了众多企业家和科技人员源源不断投入到科技创新潮流中去，才可能培育出比尔·盖茨、马云等一批现代企业家。

在世界范围内对比分析可以发现，资本市场的发达程度和先进生产力发展直接相关，主要体现在以下两个方面：一方面，以主银行制度为主的日本和以全能银行制度为主的德国，尽管都是世界一流发达国家，但在高端技术上始终和美国有一定差距，这与这些国家以银行为主的金融体系效率有明显关系。银行体系和高科技产业很难形成紧密结合，银行经营具有稳健性和谨慎性，一般会关注成熟企业，无法为高风险的高科技产业提供贷款，很难发现处于初创期的高新技术企业，无法为高新技术提供孵化培育环境。同时，银行资金运营管理体

---

① 马险峰：《资本市场：概念、主体和基本功能》，《当代经济科学》，1997 年第 3 期，第 12－17 页。

制较为集中，也缺乏对市场千千万万中小企业进行筛选的灵活性和积极性。英国也是以资本市场体系为主的国家，但市场容量和活跃度与美国相比有较大差距。另一方面，即便是以银行为主导的日本和德国，其资本市场相对于众多发展中国家而言，也是相对发达的。日本东京证券交易所、德国法兰克福证券交易所等都是世界大型证券市场，其所在地是全球金融交易中心。得益于资本市场的支持，以汽车、电子为代表的日本制造业和以汽车、电器、机械为代表的德国制造业在世界经济舞台上长期扮演了重要角色。

（二）我国资本市场发展的历程和贡献

我国资本市场历经短短20多年的发展，从无到有、从小到大、从区域到全国、从默默无闻到具有世界影响力，得到了迅速发展，取得了长足进步。2004年年初，国务院发布的《关于推进资本市场改革开放和稳定发展的若干意见》（也称“国九条”）将发展资本市场提升到国家战略任务高度，为解决一些长期存在的问题指明了方向，为资本市场改革和发展奠定了坚实基础。

依托于世界第二大经济体，我国资本市场规模已位居世界前列。资本市场已成为我国经济要素市场化配置的重要平台，推动了我国现代金融体系建设，极大地促进了我国经济发展，对社会发展有着全方位影响。与此同时，资本市场也引入了“家庭理财”等全新理念，为广大居民参与投资并获得财产性收入提供了重要渠道，也有助于社会保障体系建设，尤其是养老金保值增值。

（三）我国资本市场面临的机遇和挑战

党的十八大提出了2020年国民经济和居民收入双倍增计划，以及全面建成小康社会发展目标。我国经济社会正面临重要的转型期和发展机遇期，需要跨越“中等收入陷阱”。一国经济水平发展到人均GDP 3000～4000美元后，往往会进入矛盾多发期，即所谓的“中等收入陷阱”。2010年年末，我国人均GDP达到了4000美元，存在陷入

"中等收入陷阱"的风险，社会发展中不平衡、不协调、不可持续问题有所增多。

1. 我国资本市场面临难得的发展机遇期

加快经济转型和结构调整、解决社会民生和养老问题、改善金融结构和推动行政体制改革等，为资本市场发展提供了重要背景和广阔空间，资本市场将成为支撑我国经济社会转型的重要平台。整合经济存量、发现战略新兴产业、创造经济增量，为城镇化提供融资渠道，满足社会理财需求，协同养老体系改革等改革目标都离不开一个强大的资本市场。

资本市场有助于通过并购等市场化手段整合产业存量，通过发现战略新兴产业来创造经济增量。美国历史上 5 次并购浪潮是其产业调整的重要推动力，特别是发生在 1887 年至 1904 年间重工业化阶段的第一次并购浪潮，使得大部分行业集中度大幅提升，重复建设和低水平竞争减少，涌现出了大批企业巨头，如杜邦公司、标准石油、通用电气等，为日后美国跨国公司在全球扩张奠定了基础（见表一）。美国苹果和脸书等公司取得巨大成功，引领智能手机、平板电脑和社交网络等新兴产业迅速崛起，这些都得益于资本市场敏锐捕捉到这些产业并推动其快速成长。近几年，我国并购重组交易数量不断增加，2012 年全年达到 198 起，约为 2008 年的 4 倍。而在我国，中关村科技园将成为"21 世纪的硅谷"，诞生出诸多创新型企业，例如小米手机。

资本市场的发展可以缓解中小企业融资难问题，支持中国经济的未来。创业板市场给中小企业提供融资途径，也丰富了风险投资退出渠道，完善了金融支持创新型中小企业发展的创新机制。我国中小企业产值占 GDP 的 60%，解决就业人口占 80%，数量占据我国全部企业数量的 99%。截至 2013 年 6 月底，创业板上市企业中民营企业占比 96%，高新技术企业占比 93%，有风险投资参与的占比 64%。

表一　美国第一次并购浪潮前后主要大公司的形成①

部门	公司	并购发生年份	并购公司数目	被并购产量占行业总产量的比例（%）
钢铁	美国钢铁	1901	8	60
电器	美国电器	1900—1903	8	90
烟草	美国烟草	1890—1904	150	90
橡胶	美国橡胶	1892	12	50
石油冶炼	美孚石油	1880	400	84
糖业	美国炼糖	1893	55	70～90

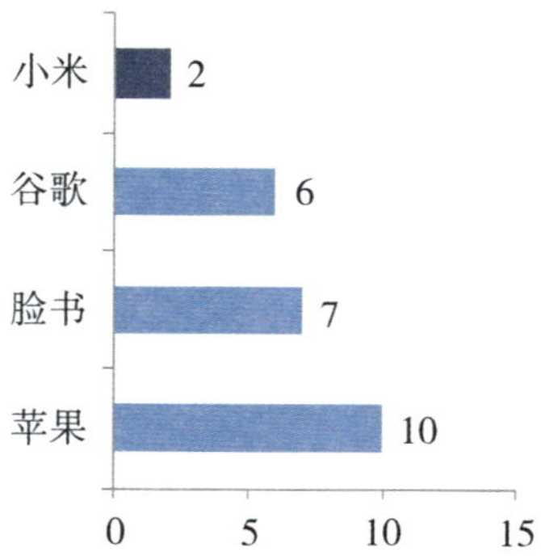

图一　销售额达到20亿美元所花年数

资本市场的发展为城镇化提供融资平台。在城镇化进程中，需要开展大规模的基础设施建设。据国务院发展研究中心预测，在中国未来20～30年的城镇化过程中需要的基础设施融资额在30万亿～35万亿元之间。资本市场既可以支持符合条件的基础设施、公共事业、能源等行业的企业发行上市，也可以通过发债、项目融资、资产证券化等方式帮助筹集资金。此外，现代农业生产也需要现代化的资本市场和风险管理机制支撑。通过发展符合条件的现代农业

① 资料来源：《美国企业并购浪潮》。

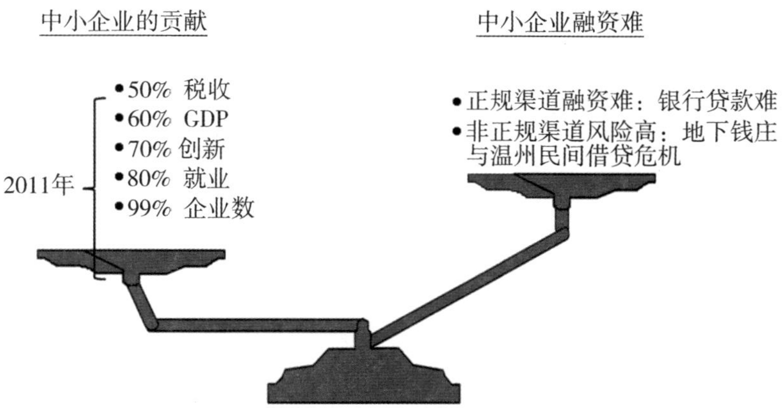

图二　中小企业的贡献与融资难问题

企业上市融资和并购重组，以及开发宜农的证券期货产品，加大对“三农”的服务。

资本市场的发展有助于满足社会理财需求，协同养老体系改革。随着资本市场获得的财产性收入在居民收入中的比重日益增加，资本市场需要功能齐备、运行稳定，为投资者提供更多管理财富的工具，使其公平公正分享经济发展成果，进而促进社会和谐稳定。预计到2020年，我国65岁以上的人口将占全体人口的12%，养老金保值增值压力巨大。养老金与资本市场协同发展可以促进养老金、资本市场和实体经济的共生共荣。从世界范围看，养老金依靠资本市场取得了较为理想的收益，美国的401（K）账户人均资产与道琼斯指数具有明显的协同发展关系，相关系数高达98%。

2. 我国资本市场发展面临的主要挑战

资本市场发展过程中面临着许多挑战，应不断进行质与量的提升，寻求发展突破，适应经济社会发展需求。

从内部因素来看，我国资本市场在金融结构中占比过小；市场发展水平有待提高，服务实体经济能力相对较弱；市场主体的竞争力有待提高；市场投资回报未能充分显现，投资者保护有待加强；对外开

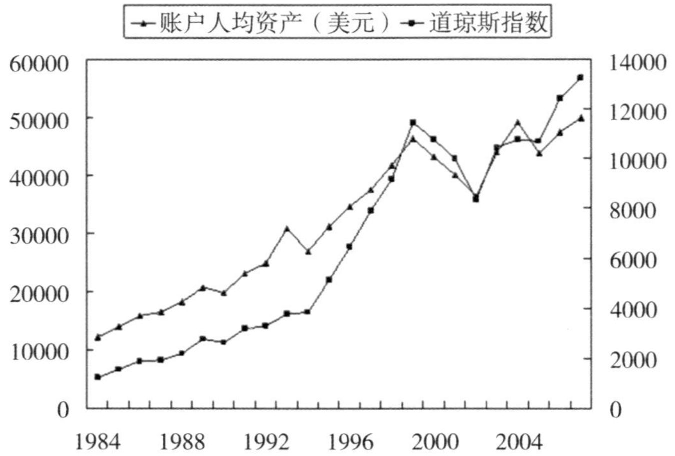

图三 401（K）账户人均资产与道琼斯指数相关性

放程度有待提高；法制建设需进一步加强，监管体制有待理顺，执法有效性有待进一步提高；市场化运行的体制机制有待进一步健全；市场诚信和股权文化建设落后于市场发展。

从外部因素来看，我国资本市场在未来一段时间还面临着一些风险和挑战。近年来，市场处于低位下行状态，投资者信心不足，社会总体舆论环境较差；金融结构失衡，银行机构强大，证券经营机构弱小，容易产生“马太效应”，使资本市场难寻发展突破；资本市场和金融体系的系统性风险随时存在，金融风险传导机制日益复杂，对资本市场风险防范提出了更高要求；资本市场生态环境有待改善，金融改革的深化和金融业态的变化也给资本市场带来了新挑战；国际资本市场也带来了竞争压力并传导了风险。在推进资本市场改革过程中应注重政策和操作性风险，把握好投资和融资、发展和稳定、市场化和风险防范、推进改革与舆论引导的平衡。

（四）我国资本市场未来的战略和举措

党的十八大明确提出，要深化金融体制改革，完善金融监管，推动金融创新，维护金融稳定，加快发展多层次资本市场等重要指导方针，对资本市场作出了战略性部署，也为资本市场改革发展指明了方向。我们要认真贯彻党的十八大精神，切实维护资本市场的公开、公平、公正，维护投资者特别是中小投资者合法权益，促进资本市场稳定健康发展，把发展资本市场作为一项重要的战略任务。

在发展过程中，要遵循以下战略：持续推动市场化改革，促进监管转型；创造良好的法治环境，加强执法和市场约束；推动长期机构投资者参与市场，发展机构投资者，保护中小投资者合法权益；加快对外开放步伐，以开放促改革；严密防范系统性风险，确保我国金融体系稳定。

在具体举措方面，要健全多层次资本市场体系，推动公募市场与私募市场、场内市场与场外市场、现货市场和期货市场的协同发展；健全市场运行机制；打造国际一流的投资银行；建设强大的财富管理行业；显著改善投资者结构；大力提高上市公司质量；加强法制建设和执法力度，打击各项违法违规活动；完善监管体系，提高监管水平；加强保护投资者合法权益；建立健全系统性风险评估、监测、预警和防范体系；加大对外开放力度与资本项目可兑换及人民币国际化协同发展。

（五）廉政风险防控对于资本市场改革发展的重要性

证券期货监管系统廉政风险防控建设对于资本市场改革发展具有重要意义。廉政风险防控有利于建立市场化机制，实现资本市场“三公”原则，并有助于确立监管部门权威和公信力。通过监管部门职能转变，廉政建设有利于规范监管行为，约束监管权力，强化简政放权，完善市场化约束机制。

相反，廉政风险防控缺位不利于资本市场的繁荣发展。首先，我国资本市场脱胎于计划经济体制，伴随并推动了从计划向市场的体制变革和转型。历史经验表明，变革和转型过程中贪腐行为易发多发。其次，资本市场是各种利益主体博弈的场所，监管部门与市场主体、上市公司与证券期货经营机构、投资者与金融中介、国有企业与民营企业等利益格局错综复杂，潜在的廉政风险较高。证券期货系统的监管干部容易成为公关对象，利用权力寻租的现象仍有发生。监管干部一旦发生贪腐行为，将会对证券期货监管机构的公信力造成极大损害，对资本市场的稳定健康发展和社会经济发展造成不良影响。要建立群众满意的监管机构，树立监管部门廉洁高效的形象，必须积极探索有效惩治和预防腐败的机制、方法和措施。

三、主要特点与研究思路

近年来，各地区各部门按照党中央、国务院部署和要求，在开展廉政风险防控方面大胆探索，取得了积极进展，但无论是学术界还是实务部门，对数量化模型化廉政风险防控体系研究基本还是空白。

本课题通过合理借鉴金融风险管理中量化和模型化的部分，对证券期货监管系统廉政风险进行梳理排查，努力构建一套风险分类清晰、层次有序、责权明确、相互协调、指标管理、系统控制的廉政风险防控体系，覆盖全系统各个层级、各个岗位。通过建立系统化模型，不断提高监管系统预防腐败工作的科学化、制度化和规范化水平。具体来说，课题的主要研究思路如下：

（一）研究借鉴国内外现代金融风险管理和廉政建设的先进理论和经验

重点学习加拿大皇家银行风险防控“金字塔”体系和高盛集团资产管理风险总量控制模型。加拿大皇家银行围绕银行经营面临的风险，建立了一套高效的风险防控“金字塔”体系。该体系囊括了风险识别系统、风险组织授权系统和风险防控机制系统。高盛模型对风险总量进行控制，并按投资类型不同，将风险逐级细分、向下授权，做到总量上控制风险，并通过分层来降低风险。

（二）全面梳理证券期货监管系统面临的廉政风险

具体包括：梳理监管系统各部门各单位职权目录和可能存在的廉政风险点以及对应的防控措施；对权力运行过程中存在的廉政风险点进行评分与等级划分；进一步清权、确权，规范权力运行流程，对重点领域进行重点防控；将每一项权力运行流程对外公示，让权力在阳光下运行。

（三）在借鉴加拿大皇家银行风控“金字塔”核心思想基础上，结合中央关于预防腐败新思路与中国证监会实际情况，构建证券期货监管系统廉政风险防控“金字塔”模型

通过构建这套防控机制，“将权力关进制度的笼子里”，把监管系统现有的廉政制度规定梳理归类，纳入“金字塔”模型，并与信息系统对接。

（四）探索证券期货监管系统廉政风险评级模型

在借鉴国内外腐败评价工作经验基础上，运用量化指标进行分析，探索建立证券期货监管系统廉政风险评级模型，进一步提高廉政风险防控模型的科学性和有效性。

第二部分 理论综述

证券期货监管系统加强廉政风险防控，既有重大的现实背景，也有重要的理论依据。实践证明，将风险管理理论和现代质量管理方法引入反腐倡廉建设，有利于更好地指导廉政风险防控工作。本部分主要对廉政风险防控的指导思想以及国际上金融风险管理理论的主要流派进行了梳理。重点介绍了 2008 年金融危机之后产生的新的风险管理应对措施，同时概述了这些理论对证券期货监管系统廉政风险防控的借鉴意义。

一、廉政风险防控指导思想

党的十八大提出，要深化行政审批制度改革，继续简政放权，推动政府职能向创造良好发展环境、提供优质公共服务、维护社会公平正义转变，建设职能科学、结构优化、廉洁高效、人民满意的服务型政府。

习近平总书记在十八届中央纪委二次全会上强调指出，要继续全面加强惩治和预防腐败体系建设，加强反腐倡廉教育和廉政文化建设，健全权力运行制约和监督体系，加强反腐败国家立法，加强反腐倡廉党内法规制度建设，深化腐败问题多发领域和环节的改革，确保国家机关按照法定权限和程序行使权力……各级领导干部都要牢记，任何人都没有法律之外的绝对权力，任何人行使权力都必须为人民服务、对人民负责并自觉接受人民监督。要加强对一把手的监督，认真执行民主集中制，健全施政行为公开制度，保证领导干部做到位高不擅权、权重不谋私。

2011 年年初，中央纪委组织召开了全国加强廉政风险防控规范权力运行现场会，会后专门颁布了《风险防控指导意见》，明确了进一步规范和深化廉政风险防控工作的指导思想、工作原则和目标要求。

为贯彻中央纪委《风险防控指导意见》精神，中国证监会纪委明确提出，要发挥制度反腐正功能，通过制度约束权力、依靠流程固化权力、运用科技监督权力；要积聚信息反腐正能量；要增强技术反腐保障力。

廉政风险与金融风险

近30年，现代金融理论最显著的进步之一发生在风险管理领域。人类对于金融风险的认识从定性到定量，从不可测度到可以测度，从无模型到建立模型，从无法管理到可以管理，发生了质的飞跃。金融风险管理领域由此产生了大量的风险度量和管理模型。

尽管廉政风险和金融风险形式迥然不同，但在本质上有相似之处。两者都是对不确定事件的测定和度量，两种风险的管理目标都是在给定条件下将风险最小化。因此，现代金融风险理论及风险管理中一些成熟的做法及思路，尤其是其中量化和模型化部分，可以借鉴运用到廉政风险管理中，这对于提高廉政风险管理的科学化水平具有积极意义。

二、金融风险管理理论

金融风险管理是一个识别、测量和控制风险的过程。其核心理念不在于避免做任何有风险的业务，而在于充分合理地评估、测量风险之后，确定相应的风险管理策略和有效的风险控制手段。1952 年，马科维茨将统计学中的期望与方差概念引入风险管理，为金融风险研究开辟了一条全新思路，改变了过去以常识、经验或感觉等定性衡量风险的方法。此后，国际金融风险管理研究蓬勃发展，并建立了比较成熟的理论框架。其中，比较重要的成果有大量运用于财务决策与风险管理方面的 CAPM 模型（资本资产定价模型）、奠定衍生产品风险管理与产品设计理论基础的毕苏期权定价模型以及衡量各种资产或者部门风险之间关联性的高斯联结模型，等等。

在金融理论基础上，自 20 世纪 90 年代起，风险价值及相关衍生模型逐渐被全球各主要金融机构及金融监管机构广泛采用。美国金融监管者通常把风险价值指标作为衡量银行资本充足率的一个重要指标。风险价值与压力测试、情景分析等一系列配套方法构成了风险管理价值体系。简单地说，风险价值是一个直观全面的风险量化指标，它的价值代表的意义是资产在给定概率水平下的某个持有期内的最坏预期损失。假如每天95%的风险价值为1000万元，意味着我们预期在每一天的交易中，有95%的可能损失会超过1000万元。风险价值是目前一种比较全面的综合度量金融风险的方法，它克服了过去的风险管理方法一般只适用于某种资产的局限性，几乎适用于所有类型的风险和各种资产。

对腐败的态度是零容忍

我们对廉政风险的管理目标是将其降到最低限度。本课题研究的宗旨是借鉴金融风险管理的方法和经验，通过提高廉政风险管理的科学化水平，更好地管理和有效降低廉政风险，而不是说从主观上去容忍腐败现象的发生。

依据分散风险和对风险总量进行控制的基本金融风险管理理论与风险价值体系，高盛集团构建了资产管理风险总量控制模型。该模型按照投资类型不同，将风险逐级细分、向下授权并分配到不同的资产类别和基金经理中去，通过分散风险，以降低总体风险。各个资产类别（如小盘股、大盘股、中盘股）的基金经理风险总量分别控制在150个、200个、150个基点，股票类别资产的总体风险则可以控制在400个基点以内。同理，债券和另类投资两个资产类别的总体风险也分别控制在400个基点以内，这样使得高盛资产管理的这个组合的整体风险得以控制在1000个基点内，实现了给定投资策略下的风险总量的最小化。

金融风险管理理论对加强廉政风险防控的启示是：和金融风险一样，廉政风险的总量也可以通过科学方法，在各个环节分别加以管理，实现最小化，再逐层进行控制，以求得系统整体廉政风险总量的最小化。就是说，可以通过科学配置权力，合理分布权力，逐层加以管理和控制，切实防控权力运行产生的风险。

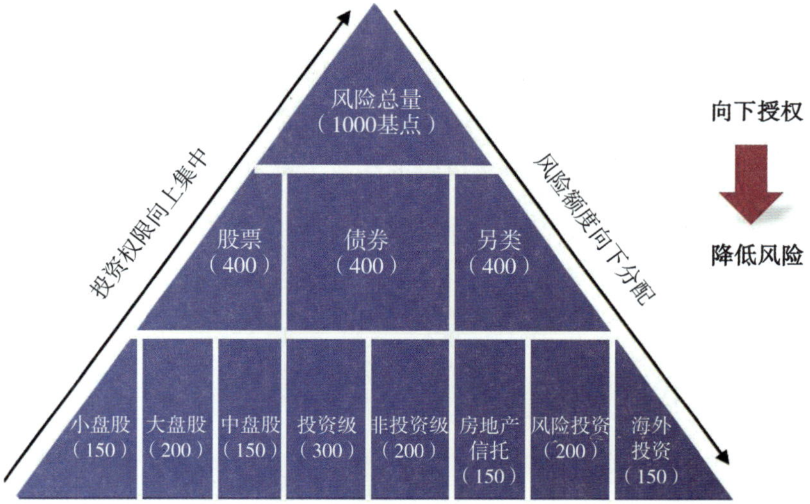

图四　高盛资产管理风险总量控制金字塔①

三、2008 年金融危机与“黑天鹅理论”

2008 年金融危机后，人们意识到，风险管理的模型往往关注大概率事件，而历史上很多金融风险或危机的爆发都是小概率事件，甚至大家普遍认为不可能发生的事件，即所谓“黑天鹅事件”。正是小概率事件导致了严重损失，人们开始审视“黑天鹅理论”等小概率事件理论，并在此基础上对现有数量模型进行修正，比如加大压力测试、注重厚尾问题与波动聚集问题等。一定程度上说，“黑天鹅理论”是风险价值体系的有效补充，因为常规风险管理的一大局限在于其无法

① 资料来源：高盛集团。

有效管理小概率事件。正如《随机漫步的傻瓜》一书所强调的那样，“黑天鹅”有三大特点：一是意外性，目前尚无科学有效的方法来进行预测；二是影响非常巨大；三是虽然它具有意外性，但我们在事后对它进行分析并得到解释，使我们有可能误以为“黑天鹅”或多或少是可以预测和防范的，使得下一次“黑天鹅”事件有可能再度发生。

“黑天鹅理论”对加强廉政风险防控的启示是：既要认真研究廉政风险防控模型，关注大概率风险的防范，也不能过度迷信模型或流程，对小概率廉政风险也不能掉以轻心，要同样高度重视，避免“黑天鹅”类的腐败事件发生。

四、现代质量管理方法

20 世纪初至今，国内外在开展政府机关和企业质量管理方面进行了大量研究，形成了全面质量管理、ISO 9000 质量管理体系、政府流程再造、标杆管理、卓越绩效模型、企业整体风险控制等重要成果。在米勒 1992 年提出的企业整体风险控制理论基础上，美国反财务欺诈委员会于 2004 年发布了《企业风险管理——整合框架》。自此，企业整体风险管理成为风险管理的核心标准，其核心理念是企业应对所有风险进行整体控制和考虑，而不是对单一风险点分散控制。同时，企业整体风险控制对梳理与优化职权职责的运行流程、查找风险点、有效防控风险等方面也给出了非常具体且操作性很强的理论指导。2006 年，诺科和史图斯对这个理论在优化资本配置、提高决策水平、增强奖惩效果以及提升公司整体价值方面的优势进行了系统阐述。加拿大皇家银行正是依据这一重要理论建立了风险防控“金字塔”模型。

现代质量管理方法对加强廉政风险防控的启示是：可以依靠一套行之有效的管理流程，降低廉政风险发生的概率。具体而言，就是要依法规范职权，科学绘制“权力运行流程图”，有效查找廉政风险点并对其进行评级，制定防控与预警措施，确保廉政风险防控持续跟进等。

五、系统论理论

系统论思想起源于贝塔朗菲提出的一般系统论原理。该理论认为，整体性、关联性以及等级结构性、动态平衡性、时序性等是所有系统的共同特征。其核心思想是系统的整体观，即任何系统都是一个有机整体，而不是各部分机械组合或简单相加；系统中各要素不是孤立地存在着，每个要素处在一定位置，起着特定作用；各要素间相互关联，构成不可分割的整体；要素总是整体中的要素，一旦将要素从系统整体中分离出来，就会失去作用；系统的整体功能是各要素在孤立状态下所没有的性质，整体大于部分之和。系统论反对要素性能好，整体性能就一定好，以局部说明整体的机械论观点。

系统论对加强廉政风险防控的启示是：如果把廉政风险点孤立起来，就不能从根本上解决反腐倡廉制度建设面临的问题，必须从整体和系统的视角，加强反腐倡廉制度建设的顶层设计。

六、加拿大皇家银行风险防控“金字塔”模型简介

加拿大皇家银行

成立于1869年，是加拿大资产量最大、市值最高的银行，也是北美领先的多元化金融服务机构。加拿大皇家银行在次贷危机期间，成功抵御了金融市场的大幅波动，2007—2009年三年合计盈利超过150亿加元（约合144亿美元）。2012年《环球金融》(*Global Finance*) 把加拿大皇家银行列入当年全球最安全的50家银行之一，并高居第17位。

加拿大皇家银行是加拿大资产最大、市值最高的银行。其在次贷危机期间，成功抵御了金融市场大幅波动，并于2012年被《环球金融》评为全球最安全的50家银行之一，这与加拿大皇家银行建立了先进的风险防控“金字塔”密不可分。

加拿大皇家银行“金字塔”模型充分吸收现代金融风险管理理论和质量管理方法精髓，结合企业运营中的实际问题，建立了风险识别、组织授权监督和风险防控三个“金字塔”系统。其风险防控的主要原则是：有效做到风险与回报的平衡是确保业务成功的关键；各个部门都要分担风险管理责任，做到各尽其责；业务决策要建立在懂得风险的基础之上；业务行为要与公司价值保持一致、与雇员准则保持一致、与风险政策保持一致；懂得客户、懂得产品、懂得如何缓解公司面临的风险；在业务决策中作出合理判断等。

（一）风险识别系统

风险识别系统的主要作用是识别加拿大皇家银行在运营中面临的风险，如信用风险、市场风险、企业竞争风险等。这些风险的可控程度不同，为便于管理，加拿大皇家银行将这些风险按照可控程度由高到低进行排列。如图五所示，其中最下方是相对来说比较小的风险，也是最易于管理的风险。比如，市场风险可通过专业操作来对冲和规避，信用风险可通过增信手段有效降低，流动性风险可通过增加持有资产中流动性高的资产类别如国债、现金等的比例加以规避。而最上方为系统性风险，即全市场整体风险。例如，2008年发生的次贷危机则超出了一个市场机构可控制的范围。影响程度低于系统性风险的是监管和法律风险，即如果金融机构被监管机构处罚或课以吊销金融牌照等更严厉的惩罚，以及企业竞争风险，即如果金融机构在市场竞争中败于对手，就会失去很多市场份额。再下一个层级的风险是战略、信誉和运营风险，即如果企业的战略、运营出现了问题，或由于丑闻而影响了声誉，则对金融机构的影响和打击也是非常严重的，但其严重程度低于监管风险和企业竞争风险，可控程度高于这两者。

图五　金融风险防控金字塔——风险识别系统[①]

（二）组织授权监督系统

加拿大皇家银行通过清晰明确的组织授权监督系统确保企业面临的风险得到有效控制。通过对风险总量进行控制，分层授权、层层监督，使得风险在不同层级都能得到有效控制。其中每个层级都有明确的职责（如图六所示）。董事会风险管理和评审委员会负责构建企业风险文化，为企业风险文化建立基本基调；集团管理层面的风险管理委员会负责制定公司发展战略，确保与风险偏好一致；集团风险管理部和资金部的职责是实施和维护整个企业的风险度量、管理和报告；业务线及辅助部门承担业务风险责任，是风险的承受者，确保业务策略与企业风险文化、偏好及政策保持一致，在确定的风险管理体制下，管理所承受的风险，并明确及时地报告风险。

① 资料来源：加拿大皇家银行年报。

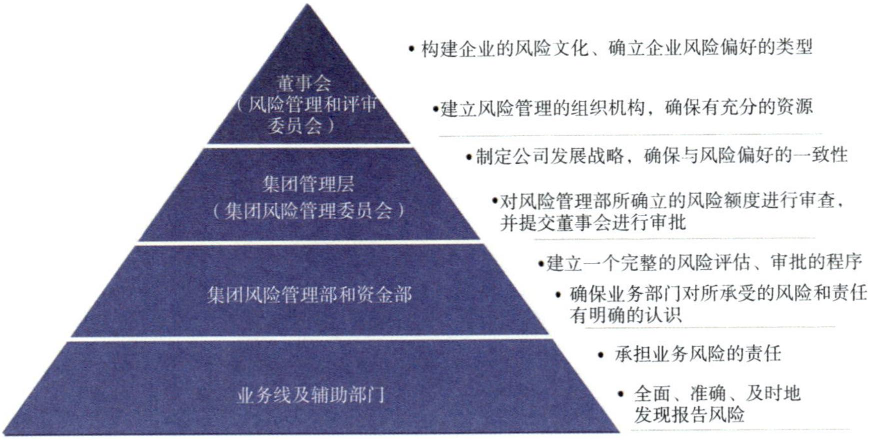

图六　金融风险防控金字塔——组织授权监督系统①

应当说，这 4 个层级的组织授权监督系统与前面的风险识别系统有一定的对应关系。例如，董事会的风险控制目标为确立金融机构良好的公司文化，确保公司稳健运行，防范系统性风险。管理层应确保公司合规经营，有效规避监管风险。同时，保证公司在市场竞争中保持良好业绩，规避企业竞争风险。风险管理部和资金部有职责在金融机构的战略、信誉和运营等方面强化风险防控机制。在最基础的各个业务部门需要对信用、市场和流动性等风险进行有效管理。

但几个层级的风险防范也会有交叉的现象。例如，管理层也应对公司的战略、信誉和运营风险负责，风险管理部会协同或监督业务部门对信誉、市场和流动性等风险进行防控。因此，在风险管理实际操作中，几个层面的职能有一定程度交叉和重叠，是一个系统性的防范体系。

① 资料来源：加拿大皇家银行年报。

（三）风险防控机制

加拿大皇家银行的公司管理层和风险管理委员会具体通过三道防线防控金融风险，如图七所示：

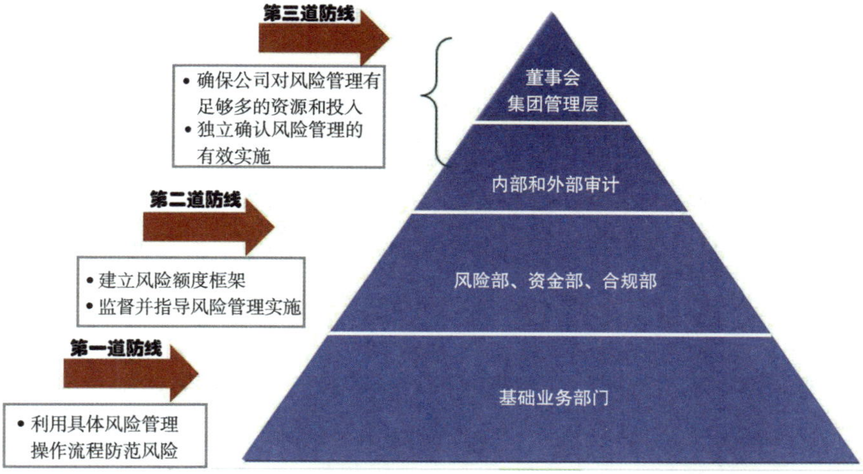

图七　金融风险防控金字塔——风险防控机制①

第一道防线是基础业务部门以及业务支持部门。它们承担风险管理直接责任，必须遵循风险政策，包括风险识别、风险测定、风险应对和风险报告。第二道防线是风险部、资金部以及合规部。它们要建立相应风险管理框架，指导风险管理实施，对于风险管理现状有独立发言权。第三道防线是内部和外部审计以及董事会集团管理层，它们要独立确认风险管理的有效实施，可以独立报告重大风险事务。

加拿大皇家银行风险防控“金字塔”模型对加强廉政风险防控的启示是：要建立一套完整的风险识别、组织监督和风险防控机制，采取刚性措施，实现廉政风险防控的系统性、协调性、公开性、实效性。

① 资料来源：加拿大皇家银行年报。

第三部分　建立证券期货监管系统廉政风险防控金字塔模型

开展廉政风险防控是证券期货监管系统加强反腐倡廉建设一项重要而紧迫的任务。其总体目标是以监管部门腐败现象易发多发的关键环节和重要部位为重点，通过教育防控、岗位防控、流程防控、制度防控、信息防控等手段，改革放权、依法确权、科学配权、阳光示权、全程控权，逐步建立覆盖会机关、派出机构和会管单位的廉政风险防控机制。

改革放权、依法确权、科学配权、阳光示权、全程控权

违纪违法行为总是与权力运行相伴相生，这是金融系统腐败问题发生的一个显著特征，也是证券期货监管系统反腐倡廉工作需要直面的问题。要做好改革放权、依法确权、科学配权、阳光示权、全程控权工作。

借鉴加拿大皇家银行金融风险防控金字塔模型，结合实际，我们建立了证券期货监管系统廉政风险防控金字塔模型。通过建立相互独立又有机联系的风险识别系统、组织授权监督系统和风险防控系统，以及地方证监局的实践，取得较好效果，检验了该模型和防控系统的有效性。同时，结合信息系统建设，对模型和防控体系作了进一步优化，使廉政风险防控机制运行顺畅，制度配套完善、执行有力，在惩治和预防腐败体系中发挥重要作用。

一、廉政风险防控金字塔——风险识别系统

（一）按性质特点对廉政风险进行细化归类

《风险防控指导意见》明确要求重点查找权力行使、制度机制和思想道德等方面存在的廉政风险。权力行使风险主要是由于权力过于集中、运行程序不规范和自由裁量幅度过大可能造成的权力滥用风险。制度机制风险主要是由于规章制度不健全、监督制约机制不完善可能导致的权力失控风险。思想道德风险主要是由于理想信念不坚定、工作作风不扎实和职业道德不牢固以及外部环境对正确行使权力的影响可能诱发的行为失范风险。

结合监管系统实际，我们根据风险性质对以上 3 类风险进行了细化归类。其中思想道德风险包括组织文化风险；制度机制风险包括体制设计风险、约束机制风险、规章制度风险；权力行使风险包括对外的行政审批权、日常监管权、稽查办案权、行政处罚权和对内的人财物管理权以及由此产生的权力配置风险和业务流程风险等。

（二）按照可控程度对廉政风险进行分层归类

按照廉政风险可控程度可以进行以下分类（见图八）。

第一层级为体制设计风险。主要是指由金融监管体制、惩防体系规划等顶层设计引发的风险。这是最高层级的风险，往往具有根本性、全局性、系统性和外部性等特征。因此，就单一机构而言，防控难度较大。

第二层级为约束机制风险和组织文化风险。约束机制风险主要是由于权力制约机制不健全，监督约束作用得不到有效发挥而产生的风险。组织文化风险主要是由于监管系统内部风气不良、文化颓废、观念不纯导致监管干部默认、接受行业“潜规则”，甚至推波助澜而可能产生的风险。

第三层级为规章制度风险、权力配置风险和业务流程风险。规章

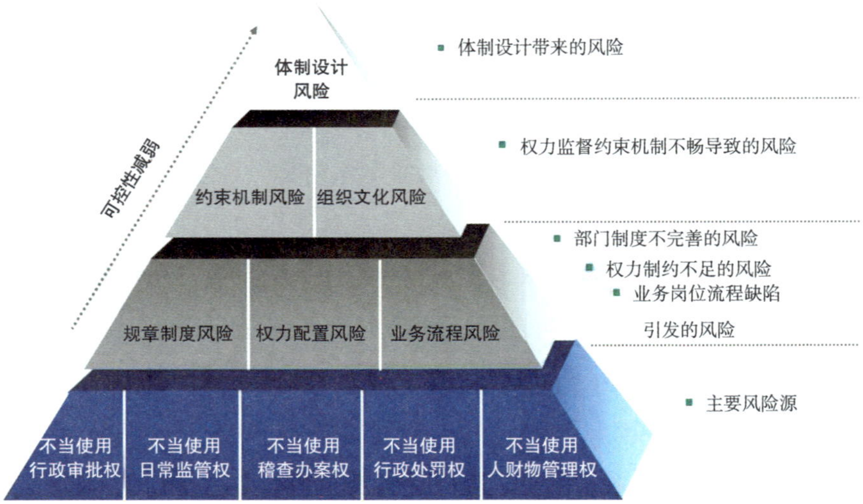

图八　廉政风险防控金字塔——风险识别系统

制度风险是指因一些环节存在制度空白，解决问题的制度没有及时建立；一些制度缺乏针对性和操作性，比较原则宽泛，缺乏具体措施；一些制度缺乏系统性和配套性，不能有效发挥作用；一些制度得不到执行，从而导致权力滥用、以权谋私的风险。权力配置风险是指由于权力配置不科学，个别岗位权力集中，自由裁量权过高，执法随意性过大而产生的权力失控风险。业务流程风险是指业务流程各环节程序标准不严格、内控机制不完善、制度落实不到位而造成的腐败风险。

第四层级为权力行使风险。从实际看，证监会对外有行政审批、日常监管、稽查办案和行政处罚等权力，对内有人财物管理等权力，而从各个岗位暴露出来的风险，均与相关权力密切相关。如利用公司上市审核、稽查执法、行政处罚和市场监察等权力谋取私利、利用市场分析数据和公司监管等敏感信息买卖股票、利用上市服务之便投资股票和输送利益等。

二、廉政风险防控金字塔——组织授权监督系统

建立一个主体明确、权责清晰、分工合理、执行有力的组织监督体系是做好廉政风险防控工作的重要保障。实践中，证券期货监管系统逐步形成了“党委统一领导、纪委组织协调、业务部门负责、在岗人员落实”的廉政风险防控组织监督体系。为加强廉政风险防控工作的组织领导，中国证监会党委成立了廉政风险防控工作领导小组，组长由会党委委员、纪委书记担任，成员单位由会机关4个部门、2个派出机构和4个会管单位组成，既有纪检监察机构和研究机构，也有业务部门和会管单位。业务部门中不但有证券期货经营机构监管部门，还有控制市场准入的审批部门。会管单位中不仅有证券交易所、期货交易所，还有证券登记结算公司以及行业自律组织。通过建立自上而下、逐级授权监督的领导体制和工作机制，做到责任到位、工作到位、指导到位、监督到位、追责到位，有效保证了廉政风险防控工作深入开展。

（一）明确廉政风险防控组织系统中各层级的工作职责

会党委负责总体工作方案，建立组织机构，优化配备资源，加强统一领导。

会纪委负责对业务部门、派出机构和会管单位的组织协调，推动证券期货监管系统廉政风险防控工作的落实，并对因工作不到位而产生廉政方面问题的行为进行惩处。

业务部门、派出机构和会管单位制定本部门、本单位落实廉政风险防控工作具体措施，严格工作标准，固化工作流程，规范日常操作。

业务岗位承担工作过程中的廉政责任，接受风险控制与监督。通过多种形式，增强在岗人员风险防范意识，提高廉洁从政的自觉性。

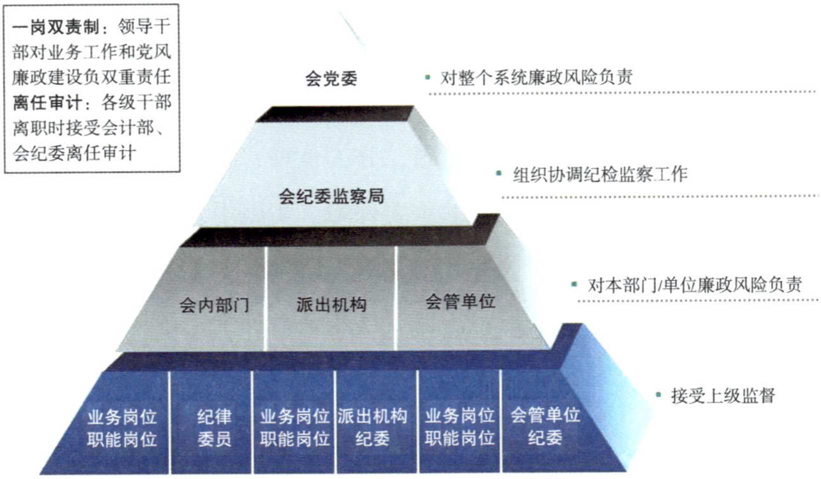

图九　廉政风险防控金字塔——组织授权监督系统

（二）落实廉政风险防控系统中各层级责任

坚持分层管理、分权制衡、分险预警、分级追责的原则。认真执行党风廉政建设责任制，明确全系统各级党委廉政风险防控政治责任。严格落实“一岗双责”，各级党政领导班子及其成员既要以身作则，率先垂范，又要带头抓好管辖范围内的廉政风险防控。各派出机构和会管单位设立纪委、会机关各党支部配备纪律委员，负责抓好本部门、本单位廉政风险防控工作的落实，预防各业务岗位或其他职能岗位的不廉洁风险。组织监管干部签订《中国证监会党风廉政建设责任书》和《中国证监会处级以下工作人员廉洁自律承诺书》，明确由业务岗位或其他职能岗位具体实施廉政风险防控措施，做到“风险定到岗、制度建到岗，责任落到岗”。

会内各部门党支部有专门的纪律委员负责纪检工作，派出机构和会管单位有纪委贯彻落实本部门、机构或单位的廉政风险防控工作，预防在业务岗位或职能岗位发生廉政风险。

（三）确保廉政风险防控组织系统中各层级的监督实效

会党委将防控廉政风险列为巡视监督的重点内容，抽调专门人员

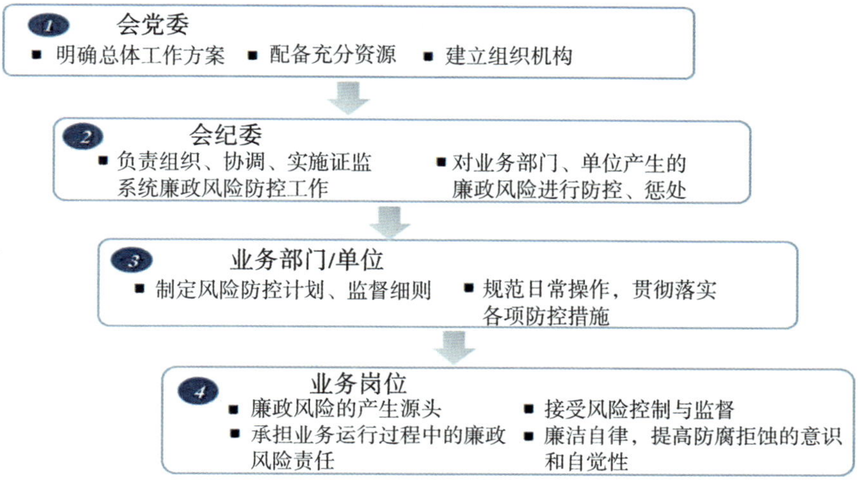

图十　廉政风险防控系统各层级职责划分

成立巡视组，对派出机构和会管单位进行巡视。巡视中发现的问题，由巡视组及时向会党委报告，并督促被巡视单位党委抓好整改落实。同时，做好派出机构和会管单位主要负责人离任审计工作，对发现的苗头性、倾向性问题及时进行预警，化解廉政风险。此外，会党委还制定了《中国证监会派出机构和会管单位反腐倡廉工作评价暂行办法》，通过一系列考核指标，对相关单位进行检查考核，强化责任，提高制度执行力，确保廉政风险防控工作的监督效果。

三、廉政风险防控金字塔——风险防控系统

围绕“审批前沿抓重点岗位、监管前沿抓派出机构、市场前沿抓交易所”的工作思路，证监会逐步建立起以“教育为先、岗位为点、流程为线、制度为面、信息化为依托”的权力制约和监督机制，进一步提高廉政风险防控的整体效能。

形成证券期货监管系统“横向到边、纵向到底”的廉政风险防控体系

截至2012年，证券期货监管系统共制定2012项廉政风险防控措施，其中会机关119项，派出机构1300项，会管单位593项。通过总结提炼，形成理论体系框架，达到风险防控“横向到边、纵向到底”，多角度、全方位覆盖的目的。

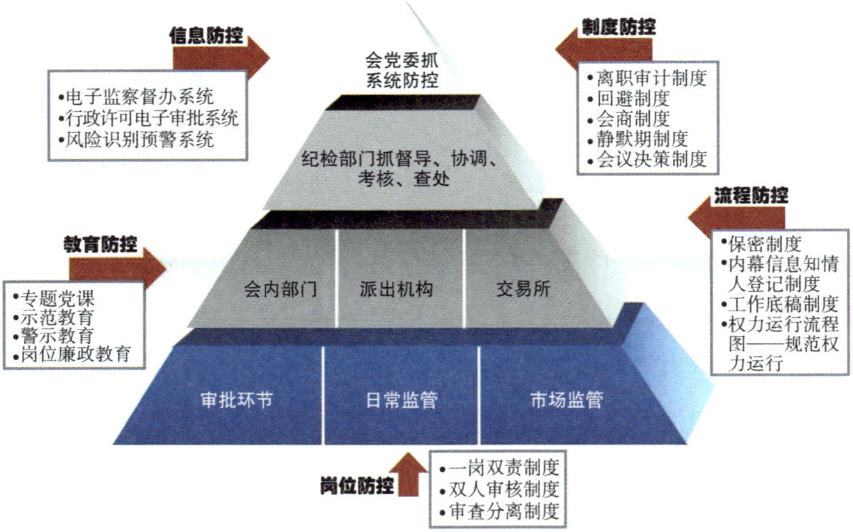

图十一　风险防控金字塔——风险防控系统

（一）建立廉政风险防控层级落实机制

会党委抓系统防控，主要是解决廉政风险防控的组织领导和整体部署问题。会党委是推动证券期货监管系统廉政风险防控工作的主导力量。

图十二　会党委在廉政风险防控层级系统中的作用

督导、协调、考核和查办案件是纪检监察机构的重要职责，也是反腐倡廉工作的重要手段。纪检监察机构通过组织开展廉政风险排查、督促整改措施落实、推动建立长效机制，不断提高预防腐败工作水平；通过查办案件，深入查找制度漏洞，充分发挥查办案件的治本功能。

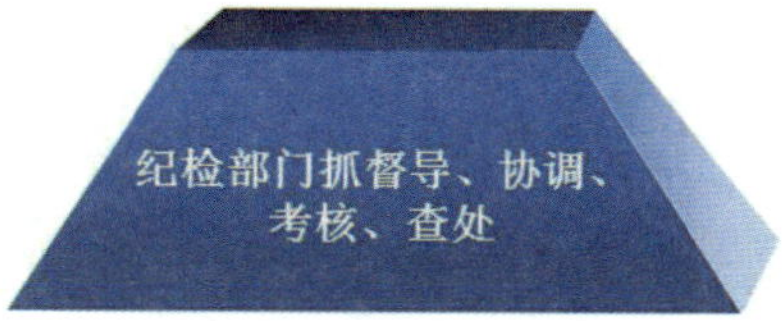

图十三 纪检监察机构在廉政风险防控层级系统中的作用

各部门、各单位围绕权、人、财等权力运行的重要部位和关键环节，深入查找本部门、本单位以及每个岗位在制度机制、业务流程、岗位职责等方面容易产生不廉洁行为或诱发腐败的“风险点”，有针对性地制定风险防控措施。

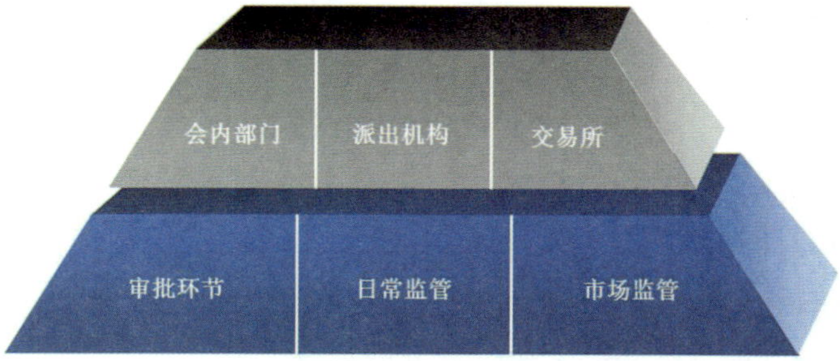

图十四 会内各部门、各单位在廉政风险防控层级系统中的作用

（二）建立廉政风险防控五道防线

建立“制度、流程加科技”的系统风险防控体系和以“教育为先、岗位为点、流程为线、制度为面、信息化为依托”的权力制约和监督机制，形成教育防控、岗位防控、流程防控、制度防控、信息防控五道防线，如图十五。

教育防控	◆加强教育、增强党员干部拒腐防变能力，是防治腐败的重要基础。要加强对全系统职工干部的理想信念和宗旨教育、党性党风党纪教育、从政道德教育，广泛宣传反腐倡廉决策部署和成果经验。
岗位防控	◆做到受理和初审隔离、初审和复审隔离。完善申请材料接收和审查部门间的约束机制，做到接收部门与审查部门分开、接收人员和审查人员分开。在将规范落实到每个岗位的同时，强调关键岗位的轮岗。
流程防控	◆坚持“阳光审批”，所有审核流程、申请标准和办理时限全部向社会公开，减少审核过程中的人为干预，确保权力在阳光下运行。
制度防控	◆严格落实回避制度、静默期制度、保密制度、内幕信息知情人登记制度、工作底稿留存制度、会议决策制度、会商制度、双人审核制度和查审分离制度等，增强制度的执行力。
信息防控	◆资本市场高度密集，必须把着力抓好信息防控作为建立基础防线的关键，逐步实现信息披露电子化、信息采集自动化、异动交易预警化。

图十五　廉政风险防控五道防线

1. 教育防控抓德治

防治腐败，教育是基础。证监会充分发挥党的政治优势，以“每月一课”制度为载体，深入开展反腐倡廉专项教育活动，加强对全系统监管干部理想信念、党性党风党纪教育和从政道德教育，广泛宣传反腐倡廉决策部署和成果经验，督促党员干部“树立底线思维”，坚守党纪国法和思想道德两道防线。

不断完善反腐倡廉教育制度，以加强对党员领导干部和关键岗位人员教育为重点，通过专题党课、示范教育、警示教育、岗位廉政教育等形式开展廉政教育，丰富教育内涵，创新活动载体，提高教育的针对性、实效性。坚持和完善党委中心组学习、反腐倡廉专题民主生活会等制度，把理想信念和廉洁从政教育融入各项制度规范之中，构建充分发挥教育说服力和制度约束力整体功效的教育机制。加强对反腐倡廉教育规律性问题研究，形成有利于监管干部坚定理想信念、弘扬优良作风、增强廉洁意识的拒腐防变教育长效机制。

2. 岗位防控抓隔离

坚持“四眼”原则，在行政审批过程中，所有行政许可事项均实行双人审核制，一人审核，一人复核；禁止审核人员就申请事项与申请人私下接触；审核人员与申请人存在应当回避情形的，必须回避；所有行政许可事项都要在行政许可部门内部会商研究，重大、复杂、疑难事项要经集体讨论，任何个人无权决定。改进行政许可受理流程，完善申请材料接收与审核部门间的约束机制，做到接收部门与审查部门分开、接收人员与审查人员分开。在稽查办案过程中，确立分工明确、有机制衡的“查审分离”体制，由稽查部门负责案件调查工作，行政处罚委员会及其办公室独立审理案件，履行行政处罚程序。

3. 流程防控抓公开

结合贯彻《政府信息公开条例》，借助电子信息系统，将行政审批、行政执法的每一个环节和实施步骤程序化，增强权力运行的透明度。凡不涉及国家秘密、商业秘密和个人隐私的，一律向社会公开，确保权力在阳光下运行，依法落实市场参与各方特别是投资者的知情权、参与权、监督权。从 2012 年 2 月 1 日起，发行部和创业板部实施发行审核预先披露环节提前制度，将发行申请人的招股说明书（申报稿）预先公告以接受社会监督。同时，公开在审企业名单和审核进度，减少企业对发行审核事项的不确定预期。

组织开展清权确权工作，绘制“权力运行流程图”，形成面向监管对象和部门与单位内部的“职权目录”。择机对外公布职权目录和权力运行流程图，让广大投资者和市场参与者了解中国证监会办事流程、执法依据和风险节点，强化社会监督，确保权力在阳光下运行。

4. 制度防控抓执行

按照惩治和预防腐败体系要求，结合会机关、派出机构和会管单位的重点工作，突出操作层面，完善防控制度，全面覆盖对外对内各项权力以及权力运行中的各个风险点，实现制度建设“横向到边、纵向到底”。尤其是围绕重大决策事项、重要干部任免、重大项目安排和大额度资金使用，健全议事规则和工作规则，规范领导班子及其主要负责人的决策权限、内容和程序，完善“三重一大”决策事项的风险防控措施，逐步形成决策权、执行权、监督权既相互制约又相互协调的权力结构和运行机制。

制度的生命在于执行。再好的制度出台以后，如果得不到执行，也是白纸一张。加强制度防控，关键是抓执行。近年来，证监会先后制定执行了任职回避、公务回避、离职回避和内幕信息管理制度，以及贯彻中央八项规定精神实施办法和廉洁从政八项要求等制度，通过巡视、审计、干部考察、述职述廉、舆论监督、行政监察、信访举报和案件分析等方式，全面收集廉政风险信息，及时发现和处理苗头性、倾向性问题，防止利益冲突，防范廉政风险，保证公权力不滥用、不私用、不越界。

5. 信息防控抓预警

“注重应用科技手段防治腐败”是建立廉政风险防控金字塔模型的重要内容。证监会把着力抓好信息化防控作为防范廉政风险的关键，通过构筑科技监控防线，切实将事后监督转为过程监督，将人为监控变为“人机双控”，实现岗位“系统授权”、流程“系统固化”、风险“系统预警”、责任“系统留痕”，综合运用风险提示、诫勉谈话、责令纠错等处置措施，增强信息防控的刚性约束力，最大限度地减少人为因素对执行工作程序、落实工作制度、监督制约权力的不利影响，充分发挥制度反腐的正功能。

证监会法律部建成诚信监督管理系统。会机关建立 OA（办公自动化）系统，将传统的文件、电话督办方式过渡到信息督办，实现监管事项的自动化管理和硬性控制，对行政许可事项实现全程动态监控、预警提醒和统计汇总。上海、广东等证监局建立行政许可审批在线运行机制，做到监管过程电子监控和留痕。上海证券交易所对信息分类实时预警、快速处理，深圳证券交易所开发风险管理信息系统，提高发现异动线索的能力和准确性。

四、廉政风险防控金字塔模型的动态管理系统

随着行政审批制度改革进一步深化和监管工作转型，证监会各部门各单位职责和职权也会发生变化和调整，客观上要求建立动态管理系统，及时调整、完善廉政风险内容、等级和防控措施。各部门各单位要根据资本市场发展和监管环境变化，按照廉政风险防控金字塔模型目标要求，借助已有的电子政务条件和电子监察系统，进一步完善技术手段，优化监控指标，分权制权、减权量权、晒权控权，切实加强对廉政风险的动态监控。

同时，应根据该模型和防控体系在实践中的应用，不断总结经验，提高认识，完善模型，优化防控体系。

简政放权　从源头上防治腐败

廉政风险防控金字塔模型是预防廉政风险的重要手段。要从源头上防治腐败，必须继续推进市场化改革，深化行政审批制度改革，简政放权，转变职能。

第四部分　探索证券期货监管系统廉政风险评级模型

运用量化指标建立廉政风险评级模型，是廉政风险防控的重点，也是难点。我们在借鉴国内外反腐败工作经验的基础上，进行了积极探索。需要指出的是，此评级模型只是一个初步的量化尝试，在实践操作中会有很多的难点，需要进一步完善才有可能加以应用。

一、创新廉政风险排查方法

排查廉政风险点，找准权力行使过程中可能产生廉政风险的重点岗位、关键环节和重要部位是廉政风险防控工作中的一项重要内容。实践中，为有效解决自查风险流于表面，难以揭示深层次风险源，或者由于对廉政风险产生的机理缺乏深刻认识，难以在排查中做到有的放矢，或者对风险程度评定避重就轻，刻意回避风险，以及由于对风险排查标准、等级缺乏科学统一的依据，导致同一职权查找出千差万别的风险点等现实问题。我们借鉴香港廉政公署等机构排查风险点的方法，按照自查、评查、审定、公示 4 个步骤开展廉政风险点排查工作。

第一步：自查风险。即各级监管干部以岗位为基础，对照法律法规、“三定”方案、岗位职责等规定，对依法确定的职权进行梳理，摸清职权底数。在此基础上，针对每一项职权和权力运行过程中的每一个环节进行系统性甄别，查找出容易诱发腐败问题的风险点，并对风险点赋予相应的高、中、低等级。

第二步：评查风险。即通过召开处室讨论会，由个人自诉风险点自查情况，处室其他人员帮助协查，对遗漏的风险点进行补充。评查过程中，重点结合信访举报以及查办案件中发现的问题，进一步查找出廉政风险易发多发的部位和环节，确定风险类型，避免风险遗漏。同时，通过处室集体讨论，对查找出的风险点高、中、低等级进行调整，防止因对风险程度认识不到位等原因，出现回避风险、量级偏轻等问题。

第三步：审定风险。即会内各部门领导班子和系统各单位党委对本部门、本单位以及岗位廉政风险点和风险等级审定后，由会纪委统一汇总，报会党委审定后，作为制定廉政风险防控措施的重要基础。

实践中，我们结合监管系统各部门、各单位职权配置和履职情况，依据权力重要程度、自由裁量权大小、腐败现象发生的概率及危害程度等因素，综合评估风险等级和确定防控责任主体。

表二 廉政风险点等级评定标准

廉政风险点等级	评定标准
高级	职权的重要程度高 岗位的自由裁量空间大 腐败现象高发岗位、部门 腐败行为危害程度大，影响恶劣
中级	职权的重要程度较高 岗位有一定的自由裁量 腐败现象较高发生的岗位、部门 腐败行为危害程度较大，影响较恶劣
低级	职权的重要程度低 岗位的自由裁量空间很小 腐败现象低发岗位、部门 腐败行为危害程度较小

按照中央纪委和证监会党委要求，进一步规范行政许可、非行政许可审批、行政处罚、稽查立案等领域的裁量权，建立裁量权基准制度，科学合理划分裁量阶次，制定具体裁量标准和实施细则，完善适用规则，避免行政审批和行政执法的随意性。

第四步：公示职权。证监会纪委已完成对会内各部门和系统各单位以及各岗位廉政风险点和风险等级汇总工作，在会党委审定后，择机对外公布“职权目录”“权力运行流程图”和裁量权基准，接受社会监督。

二、制定廉政风险防控措施

排查风险点的目的是通过查找风险隐患，发现制度中可能存在的漏洞和薄弱环节，并通过制定相应措施加以防范。

针对全系统一些部门和单位梳理出的风险点以及现有制度缺乏完善的近、远期防控规划，防控措施不全面等实际问题，会纪委明确要求各部门、各单位从“不敢腐”“不能腐”和“不易腐”三个维度着手完善相关措施。在具体工作中遵循以下5个原则：

一是标准确定。结合制度中存在的漏洞和薄弱环节，制定完善、清晰的政策、程序和指引，对每一个流程和环节的工作内容、工作标准、工作程序予以固化。

二是监督有力。使每个控制环节都成为不可逾越的关卡，做到无缝对接、有章可循，环环相扣、相互制约，使每一位监管干部做到不越权、不擅权、不专权、不弄权。

三是动态公开。通过建立网络平台，对行政权力运行过程进行动态公开，形成人人监督的良好氛围，防止权力暗箱操作。

四是程序简化。以“内容合法、程序规范、形式简明、操作方便”为标准，简化工作程序，剔除繁文缛节，提高政务效率，减少权力设租寻租机会。

五是投诉畅通。运用科技手段拓宽群众参与反腐败的渠道，借助网络积极开展网上举报、投诉受理、行风评议，解答群众咨询，收集群众意见，将执纪为民理念落到实处。

三、建立廉政风险评级模型

（一）国际上腐败程度的测量方法

对腐败程度加以测量，通过具体数据反映出腐败的重点领域和一般领域，有助于推动改革、遏制腐败。

测量腐败程度是一个比较复杂的问题，目前国际上有两种比较流行的测量方法：一是客观测量法，二是主观测量法。客观测量法主要是通过对历年来各种反腐败机构查处的腐败案件进行统计分析来测量政治腐败程度的方法。具体可以由两组指标来衡量：一组是腐败频率，表现为腐败行为主体或涉案人员的层级分布和数量分布状况；另一组是腐败规模，表现为腐败案件发案数量及其所造成的损失。客观测量法的最大问题在于，已经查处的腐败案件和涉案人员数量与实际发生的腐败案件和涉案人员数量之间存在着差距。主观测量法就是主观态度测量法，即在建立指标体系的基础上，通过发放调查问卷、网上调查、电话调查等多种方式，调查了解不同社会集团对政治腐败实际程度的主观评价。① 目前，从主观感觉的角度对腐败进行定量研究是一个权宜之计，但也有一种声音认为主观的感觉可能比客观的情况更为重要。

表三　腐败的测量方法

	客观测量法	主观测量法
测量方法	■通过对历年来各种反腐败机构查处的腐败案件进行统计分析来测量	■在建立评价指标体系的基础上，通过发放调查问卷等多种方式，了解不同社会集团对腐败实际程度的主观评价

① 参见何增科：《简析腐败面面观》，《中国监察》，2003 年第 10 期，第 41 页。

（续表）

	客观测量法	主观测量法
存在的问题	■已经查处的案件和涉案人员数量与实际发生的案件和涉案人员数量之间存在着差距 ■客观指标在测量上有一定的困难	■主观性强 ■受很多不确定因素的影响
优点	■较强的客观性 ■说服力	■可行性高 ■权宜之计

（二）证券期货监管系统廉政风险评级模型

由于腐败问题是一个十分复杂的社会问题，单纯依靠量化的方法加以测定很难取得预期效果，其局限性也不言自明。尽管如此，我们仍然试图按照两种思路探索建立证券期货监管系统廉政风险评级模型。一是可以提供一个直观的廉政风险大小参考指标；二是可以借此在部门层面建立廉政风险预警机制；三是对于廉政风险点集中、风险敞口大的部门，可以集中力量加强防控，提高监督资源配置效率，突出工作重点，突破防范难点；四是起到警示教育作用，增强监管干部的反腐意识。

探索如何建立评级模型

作为一个量化模型，如何准确、客观地设置权重并进行汇总会有一定的困难。且在实践中，由于会触及一些敏感信息，操作起来也有一定难度，本课题研究在这里提供如何建立评级模型的一些思路。

1. 证券期货监管系统廉政风险点防控评级模型

我们在对证券期货监管系统廉政风险全面梳理的基础上，借鉴国际上评价腐败行为的一般方法，建立了一套整体考虑廉政风险大小以及风险防控措施力度的综合评级办法。其特点是不仅考虑到风险发生的可能性，还考虑到风险防控措施的效力，反映出各部门、各单位廉政风险程度的相对大小。

具体来说，一个部门或单位的廉政风险大小程度可以量化提炼为：

$IRI_i = \sum_j (x_{ij} - y_{ij}) \quad (x_{ij} - y_{ij}) \geqslant 0$

其中 $y_{ij} = \sum_k \alpha_k$

x_{ij}：i 单位（部门）第 j 个风险点的风险评分

y_{ij}：i 单位（部门）第 j 个风险点的防控措施效力评分

每个廉政风险点 j 的风险评分基于该风险点的等级评定，根据风险等级不同赋予不同的权重，风险等级越高，赋予的权重越大。

同时，对于每个廉政风险点 j，都可能会有 k 个防控措施与之相对应。对于每一个风控措施，基于其防控效力的评定也会赋予相应的评分 α_k，将各个防控措施的评分相加，即得到一个反映该风险点防控措施效力的综合评分。

某个廉政风险点的风险越高，则（$x_{ij} - y_{ij}$）值越大；某个廉政风险点对应的防控措施越全面、越有效，则（$x_{ij} - y_{ij}$）值越小。将一个部门、单位所有风险点计算得到的（$x_{ij} - y_{ij}$）值相加，便可以得到一个综合反应廉政风险大小的评分。

编制证券期货监管系统廉政风险评级模型的核心思路是对系统内各部门、各单位可能存在的廉政风险进行等级评定。评级模型基于上一公式计算得出的廉政风险得分，按照单位（部门）得分由高到低排列，可将不同部门和单位的廉政风险等级划分为高、中、低 3 个大类，每个大类又可依次划分为三个层级，以高级为例，可划分为：高 +、高、高 -，如表四所示。

表四　廉政风险等级

廉政风险等级	高+	高	高-	中+	中	中-	低+	低	低-
单位、部门	部门1、部门2	……	……	……	……	……	……	……	部门n

模型的局限性

实际操作中，如何科学地量化评估一个风险点的等级和防控措施效力的确存在一定困难。例如相似的廉政风险点，由于不同部门和单位认识不同，可能会给出不同的风险等级，进而赋予不同权重。而如何对防控措施打分，也是实践中的一个难点。首先，针对同一风险点防控措施的评分相加总和不能超过该风险点的得分，否则将出现负值的现象。其次，许多防控措施并非针对某个单一的风险点，而是同时针对多个风险点。

解决这些问题，需要将理论模型与具体情况相结合，通过不断调整参数大小，找到一套相对客观的权重赋值，进而使模型能够较好地对廉政风险大小进行量化评估。

2. 证券期货监管系统廉政风险管理要素评级模型

要素分析法通常运用于商业机构的信用等级分析，它是通过对影响企业经营业绩的有关不确定要素分析评分，使风险定量化，然后加权平均得出风险等级的一种方法。借鉴要素分析法核心精神，我们探索建立了证券期货监管系统廉政风险管理要素评级模型，通过对4个可以综合反映廉政风险大小的因素进行加权平均，以量化分析一个部门或单位廉政风险大小，进而对该部门或单位的廉政风险进行等级评定。评定公式如下：

$$Y = w_1x_1 + w_2x_2 + w_3x_3 + w_4x_4$$

其中 x_i 对应4个风险要素的评分，满分为10分。

w_i 为4个风险要素所对应的权重，它们相加的和为1，可根据不同风险要素的重要程度赋予不同的权重。实践中一种简单的方法是赋予 4 个风险要素相同的权重，即 $w_i = 0.25$。

在得到各个单位、部门的评分 Y 的基础上，可以将得分由高到低排列，并对应划分为高、中、低不同等级。

廉政风险管理要素评级模型选取风险要素的原则是 4 个要素应系统地贯穿于廉政工作始末，即从事前预警到事中责任落实，再到事后监督与惩处。依照这一原则，该模型选取预警机制、落实责任、廉洁从政和查案惩处 4 个要素。其中每一个要素又被细化为与其相对应的指标，每一个要素的得分即从对应指标的得分加总而来。具体见图十六：

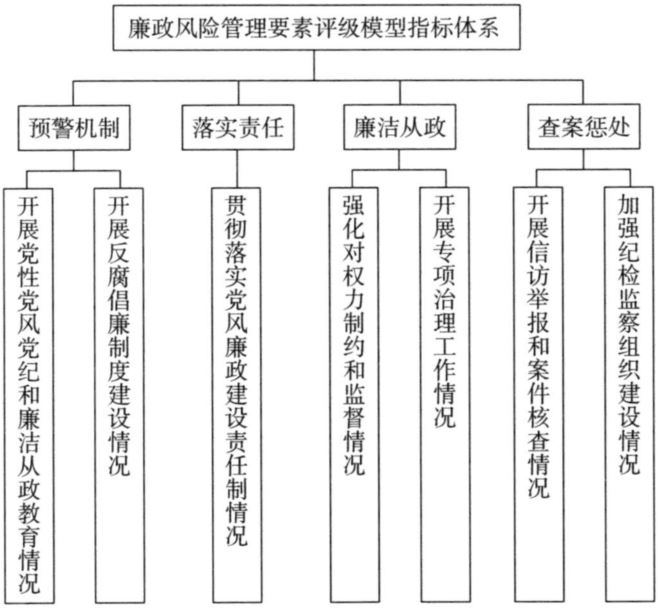

图十六　廉政风险管理要素评级模型示意图

“预警机制”从思想教育与制度建设两个方面着手，具体指“开展党性党风党纪和廉洁从政教育情况”以及“开展反腐倡廉制度建设情况”。既要加强对监管干部的党风廉政教育，促使监管干部树立底线思维，遵守党纪国法；也要加强配套制度建设，形成有效的廉政风险排查与处置机制，使廉政风险防控工作落到实处。

“落实责任”是廉政建设中的关键一环，具体指“贯彻落实党风廉政建设责任制情况”。需要根据中央要求，结合各部门、各单位具体情况，研究部署反腐倡廉工作，并建立考核措施，明确党委班子成员责任，将责任落实到位。

“廉洁从政”涵盖对权力的制约与监督以及开展专项治理工作情况，具体指“强化对权力运行的制约和监督情况”以及“开展专项治理工作情况”。通过完善监督机制，建立健全领导干部个人重大事项报告等制度；通过强化对权力运行的制约，防止权力滥用。另外，通过开展专项治理，落实廉洁自律工作。

“查案惩处”为事后处罚机制，主要是“开展信访举报和案件核查情况”。

实践中，各部门、各单位可参考下表中的细则标准对应每一项指标进行打分。

表五　廉政风险管理要素评级模型指标评分细则

预警机制10分	开展党性党风党纪和廉洁从政教育情况（5分）	认真组织干部职工学习廉政理论和法律法规，创新教育方法，开展党风廉政经常性教育活动。 大力推进廉政文化建设，研究探索廉政文化与本单位文化有机融合的方法和途径，积极营造反腐倡廉建设的良好舆论环境。
	开展反腐倡廉制度建设情况（5分）	加强反腐倡廉制度建设，积极推进惩防体系建设。 注重廉政风险防控，形成行之有效的廉政风险排查与处置机制。
落实责任10分	贯彻落实党风廉政建设责任制情况（10分）	认真贯彻落实党中央、国务院、中央纪委监察部以及会党委、会纪委监察局关于党风廉政建设的部署和要求。 认真分析本单位党风廉政状况，结合本单位实际，研究部署反腐倡廉工作并认真实施。 党委班子成员责任分工明确，考核措施详细，责任落实到位。

（续表）

廉洁从政 10 分	强化对权力制约和监督情况（5分）	完善监督机制，强化对权力运行的制约，防止权力滥用。 严格执行党内监督条例和领导干部个人重大事项报告等制度。
	开展专项治理工作情况（5 分）	认真开展专项治理工作。
查案惩处 10 分	开展信访举报和案件核查情况（5 分）	认真受理信访举报，保护举报人的合法权益。 按照干部管理权限，调查处理干部职工违纪违法案件，严格依纪依法办案。 积极支持会纪委监察局和其他执纪执法部门履行职责。
	加强纪检监察组织建设情况（5分）	切实加强纪检监察队伍建设，完善纪检监察机构设置。

模型的局限性

一是主观因素占据主导。各要素基本取决于主观判断，例如，预警机制中的制度建设方面，需要根据经验形成风险排查机制，但人力往往无法对全系统每一个具体部门均具备丰富的经验，在风险测控过程中可能会出现过度重视或遗漏轻视某个方面的情况。二是缺乏针对性。各部门、各单位往往都有自身特点，在 4 个要素方面可能会各有侧重，因而导致模型可移植性较弱，适用性不强。三是较为抽象，落实难度大。由于各要素缺乏直观性，对具体负责实施的监管干部来说，很难明了各环节的具体目标和相应措施，造成抓手缺、落实难的现象。需要进一步细化评判标准，形成恰当度量廉政风险的指标，增强评价工作的客观性和针对性。

主要参考文献

［1］ 《马克思恩格斯选集》，人民出版社 2012 年版。

［2］ 《列宁选集》，人民出版社 2012 年版。

［3］ 《毛泽东选集》，人民出版社 1991 年版。

［4］ 《邓小平文选》，人民出版社 1993 年版。

［5］ 《江泽民文选》，人民出版社 2006 年版。

［6］ 《胡锦涛文选》，人民出版社 2016 年版。

［7］ 《习近平谈治国理政》，外文出版社 2014 年版。

［8］ 《习近平关于全面依法治国论述摘编》，中央文献出版社 2015 年版。

［9］ 《习近平关于协调推进“四个全面”战略布局论述摘编》，中央文献出版社 2015 年版。

［10］ 《习近平关于严明党的纪律和规矩论述摘编》，中央文献出版社、中国方正出版社 2016 年版。

［11］ 习近平：《之江新语》，浙江人民出版社 2013 年版。

［12］ 王岐山：《全面从严治党 厚植党执政的政治基础——在全国政协十二届常委会第十八次会议上的讲话》，《求是》，2016 年第 23 期。

［13］ 王岐山：《巡视是党内监督战略性制度安排　彰显中国社会主义民主监督优势》，《人民日报》，2017 年 7 月 17 日，第 2 版。

［14］ 《陈云文选》，人民出版社 1995 年版。

［15］ 《朱镕基讲话实录》，人民出版社 2011 年版。

［16］ 尉健行：《论党风廉政建设和反腐败斗争》，中央文献出版社、中国方正出版社 2009 年版。

［17］ 王沪宁：《腐败与反腐败——当代国外腐败问题研究》，上海人民出版社

1990 年版。
[18] 马凯、曹玉书：《计划经济体制向社会主义市场经济体制转轨》，人民出版社 2002 年版。
[19] 赵乐际：《充分发挥巡视标本兼治作用　切实加强干部从严管理监督》，《求是》，2017 年第 15 期。
[20] 赵洪祝：《深入贯彻巡视条例加强监督执纪问责　促进管党治党标本兼治》，《中国纪检监察报》，2017 年 7 月 18 日第 1 版。
[21] 《周小川改革论集》，中国发展出版社 2008 年版。
[22] 刘明康：《中国银行业改革开放 30 年》，中国金融出版社 2009 年版。
[23] 尚福林：《证券市场监管体制比较研究》，中国金融出版社 2006 年版。
[24] 郭树清：《直面两种失衡》，中国人民大学出版社 2007 年版。
[25] 刘士余：《银行危机与金融安全网的设计》，经济科学出版社 2003 年版。
[26] 潘功胜：《微型金融监管的国际经验》，中国金融出版社 2015 年版。
[27] 陈文辉等：《新常态下的中国保险资金运用研究》，中国金融出版社 2016 年版。
[28] 厉以宁、吴敬琏等：《三去一降一补——深化供给侧结构性改革》，中信出版集团 2017 年版。
[29] 胡舒立：《新常态改变中国》，民主与建设出版社 2014 年版。
[30] 曹红辉、史锦华：《金融腐败大案的成因及治理对策》，经济管理出版社 2007 年版。
[31] 吕思勉：《中国政治思想史》，中华书局 2012 年版。
[32] 萧公权：《中国政治思想史》，商务印书馆 2011 年版。
[33] 陶希圣：《中国政治思想史》，中国大百科全书出版社 2011 年版。
[34] 萨孟武：《中国政治思想史》，东方出版社 2008 年版。
[35] 钱穆：《中国历代政治得失》，三联书店 2001 年版。
[36] 黄逸峰、姜铎、唐传泗等：《旧中国的买办阶级》，上海人民出版社 1982 年版。
[37] 许涤新、吴承明：《中国资本主义发展史》（第三卷），人民出版社 1993 年版。

[38] 洪葭管：《中国金融史》，西南财经大学出版社 1993 年版。
[39] 何增科：《政治之癌——发展中国家腐化问题研究》，中央编译出版社 1995 年版。
[40] 中国银行行史编委：《中国银行行史》，中国金融出版社 1995 年版。
[41] 刘梦溪编：《中国现代学术经典·马一浮卷》，河北教育出版社 1996 年版。
[42] 交通银行总行编：《交通银行史料》，中国金融出版社 1999 年版。
[43] 季正矩：《跨越腐败的陷阱：国外反腐败的经验与教训》，中国经济出版社 1999 年版。
[44] 冷葆青：《战后日本的腐败与治理》，中国方正出版社 2015 年版。
[45] 袁远福：《中国金融简史》，中国金融出版社 2001 年版。
[46] 邓频声：《中国特色反腐倡廉道路研究》，时事出版社 2011 年版。
[47] 黄志凌：《金融风险管理的新视角——宏观应对与微观经营》，商务印书馆 2011 年版。
[48] 魏光奇：《天人之际：中西文化观念比较》，首都师范大学出版社 2004 年版。
[49] 郭田勇：《金融监管学》（第二版），中国金融出版社 2004 年版。
[50] 谢平、陆磊：《中国金融腐败的经济学分析——体制、行为与机制设计》，中信出版社 2005 年版。
[51] 李秀峰：《廉政体系的国际比较》，社会科学文献出版社 2007 年版。
[52] 汪熙：《约翰公司：英国东印度公司》，上海人民出版社 2007 年版。
[53] 彭信威：《中国货币史》，上海人民出版社 1963 年版。
[54] 侯家驹：《中国经济史》（上、下册），新星出版社 2008 年版。
[55] 王湘穗：《币缘论》，中信出版集团 2017 年版。
[56] 刘诗平：《三十而立——中国银行业改革开放征程回放》，经济科学出版社 2009 年版。
[57] 李扬：《新中国金融 60 年》，中国财政经济出版社 2009 年版。
[58] 邵景均：《新中国反腐简史》，中共党史出版社 2009 年版。
[59] 吴晓波：《浩荡两千年》，中信出版社 2012 年版。

[60] 中国人民银行金融稳定分析小组：《中国金融稳定报告2015》，中国金融出版社2015年版。

[61] 刘仁文：《反腐败的刑事法治保障》，社会科学文献出版社2016年版。

[62] 张建华：《互联网金融监管研究》，科学出版社2016年版。

[63] [古希腊] 柏拉图：《理想国》，谢祖钧译，中央编译出版社2013年版。

[64] [古希腊] 亚里士多德：《政治学》，吴寿彭译，商务印书馆2014年版。

[65] [法] 孟德斯鸠：《论法的精神》（上、下卷），张雁深译，商务印书馆1961年版。

[66] [英] 托马斯·霍布斯：《利维坦》，黎思复、黎廷弼译，商务印书馆2010年版。

[67] [英] 托马斯·霍布斯：《论公民》，人民出版社2006年版。

[68] [法] 卢梭：《社会契约论》，何兆武译，商务印书馆2011年版。

[69] [英] 洛克：《政府论》（上、下篇），瞿菊农、叶启芳译，商务印书馆1982年版。

[70] [德] 黑格尔：《精神现象学》，贺麟、王玖兴译，商务印书馆1979年版。

[71] [德] 弗里德里希·威廉·尼采：《查拉图斯特拉如是说》，杨震译，江西教育出版社2014年版。

[72] [德] 马克斯·韦伯：《学术与政治》，冯克利译，三联书店1999年版。

[73] [美] 约翰·罗尔斯：《正义论》，何怀宏、何包钢、廖申白译，中国社会科学出版社2009年版。

[74] [美] 塞缪尔·P. 亨廷顿：《变化社会中的政治秩序》，王冠华等译，三联书店1989年版。

[75] [美] 列奥·施特劳斯：《霍布斯的政治哲学》，申彤译，译林出版社2001年版。

[76] [美] 塔尔科特·帕森斯：《社会行动的结构》，张明德、夏遇南、彭刚译，译林出版社2003年版。

[77] [美] 道格拉斯·C. 诺思：《经济史中的结构与变迁》，陈郁、罗华平等译，上海三联书店1994年版。

[78] [美] 道格拉斯·C. 诺思：《制度、制度变迁与经济绩效》，杭行译，三

联出版社 2008 年版。

[79] [美] 约瑟夫 · E. 斯蒂格利茨:《不平等的代价》,张子源译,机械工业出版社 2013 年版。

[80] [美] 孙隆基:《中国文化的深层结构》,广西师范大学出版社 2004 年版。

[81] [美] 弗兰克 · 帕特诺伊:《泥鸽靶》,邵琰译,当代中国出版社 2004 年版。

[82] [美] 约翰 · S. 戈登:《伟大的博弈——华尔街金融帝国的崛起》,祁斌译,中信出版社 2011 年版。

[83] [美] 诺顿 · 雷默、杰西 · 唐宁:《投资:一部历史》,张田、舒林译,中信出版集团 2017 年版。

[84] [美] 伊恩 · 莫里斯:《西方将主宰多久》,钱峰译,中信出版社 2014 年版。

[85] [新西兰] 克里斯 · 肖尔、[美] 迪特尔 · 哈勒:《腐败:人性与文化》,诸葛雯译,江西人民出版社 2015 年版。

[86] [美] L. 兰德尔 · 雷:《下一场全球金融危机的到来——明基斯与金融不稳定》,张田、张晓东等译,中信出版集团 2016 年版。

[87] [美] 哈威尔 · E. 杰克逊、小爱德华 · L. 西蒙斯:《金融监管》,吴志攀等译,中国政法大学出版社 2003 年版。

[88] [美] 利奥 · 梅拉梅德、鲍勃 · 塔玛金:《逃向期货》,陈晗、张晓刚、杨柯译,机械工业出版社 2011 年版。

[89] [美] 魏德安:《双重悖论——腐败如何影响中国的经济增长》,蒋宗强译,中信出版社 2014 年版。

[90] [美] 弗朗西斯 · 福山:《政治秩序与政治衰败——从工业革命到民主全球化》,毛俊杰译,广西师范大学出版社 2015 年版。

[91] [新西兰] 杰瑞米 · 波普:《制约腐败——建构国家廉政体系》,清华大学公共管理学院廉政研究室译,中国方正出版社 2003 年版。

[92] [英] 卡尔 · 波兰尼:《大转型:我们时代的政治与经济起源》,冯钢、刘阳译,浙江人民出版社 2007 年版。

[93] [荷兰] 斯宾诺莎:《政治论》,冯炳昆译,商务印书馆 2003 年版。

[94] ［美］戴维·斯托克曼：《资本主义大变形》，张建敏译，中信出版社 2014 年版。

[95] ［美］美国金融危机调查委员会：《美国金融危机调查报告》，俞利军、丁志杰、刘宝成译，中信出版社 2012 年版。

[96] ［美］冯·匹斯克等：《发展中经济的农村金融》，汤世生等译，中国金融出版社 1990 年版。

[97] ［美］卡比尔·赛加尔：《货币简史》，栾力夫译，中信出版集团 2016 年版。

[98] ［加］唐塔普斯科特、亚力克斯·塔普斯科特：《区块链革命——比特币底层技术如何改变货币、商业和世界》，凯尔、孙铭、周沁园译，中信出版集团 2016 年版。

[99] ［意］保罗·乌里奥：《走向繁荣的新长征——协调国家、社会和市场的关系》，清华大学国情研究院译，中信出版集团 2016 年版。

[100] ［美］拉古拉迈·拉詹：《断层线——全球经济潜在的危机》，刘念、蒋宗强、孙倩译，中信出版社 2011 年版。

[101] ［美］詹姆斯·K. 加尔布雷斯：《正常的终结——理解世界经济新常态》，蒋宗强译，中信出版集团 2017 年版。

[102] ［美］乔舒亚·库珀·雷默：《第七感——权力、财富与这个世界的生存法则》，罗康琳译，中信出版集团 2017 年版。

[103] ［美］保罗·西罗尼：《金融科技创新》，马睿、汪吕杰译，中信出版集团 2017 年版。

[104] ［美］皮埃罗·斯加鲁菲，牛金霞、闫景立：《人类 2.0——在硅谷探索科技未来》，中信出版集团 2017 年版。

[105] ［南非］罗伯特·克利特加德：《控制腐败》，杨光斌、何庄、刘伯星等译，中央编译出版社 1998 年版。

[106] ［法］托马斯·皮凯蒂：《21 世纪资本论》，巴曙松、陈剑、余江、周大昕、李清彬、汤铎铎译，中信出版社 2014 年版。

[107] ［英］克里斯·斯金纳：《互联网银行——数字化新金融时代》，张建敏译，中信出版社 2015 年版。

[108] ［英］尼尔·弗格森：《西方的衰落》，米拉译，中信出版社 2013 年版。

[109] 欧阳卫民：《反腐败、反洗钱与金融情报机构建设》，法律出版社 2006 年版。

[110] Rodrik D. In search of prosperity: Analytic narratives on economic growth [M]. Princeton University Press, 2003.

[111] Ades A, Tella R D. National champions and corruption: some unpleasant interventionist arithmetic [J]. The Economic Journal, 1997, 107 (443): 1023 - 1042.

[112] Andreski S. Kleptocracy as a System of Government in Africa [J]. Political Corruption: readings in comparative analysis, 1970: 346 - 57.

[113] Andvig J C. The economics of corruption: A survey [J]. Studi economici, 1991, 43 (1): 57 - 94.

[114] Jain A K. Corruption: A review [J]. Journal of economic surveys, 2001, 15 (1): 71 - 121.

[115] Beck P J, Maher M W. A comparison of bribery and bidding in thin markets [J]. Economics letters, 1986, 20 (1): 1 - 5.

[116] Gupta S, Davoodi H, Alonso-Terme R. Does corruption affect inequality and poverty [M]. International Monetary Fund, 1998.

[117] Holmstrom B, Milgrom P. Multitask principal-agent analyses: Incentive contracts, asset ownership, and job design [J]. Journal of Law, Economics, & Organization, 1991, 7: 24 - 52.

[118] Johnson S, Kaufmann D, Zoido-Lobaton P. Regulatory discretion and the unofficial economy [J]. The American Economic Review, 1998, 88 (2): 387 - 392.

[119] Hao Y, Johnston M. China's surge of corruption [J]. Journal of Democracy, 1995, 6 (4): 80 - 94.

[120] Kaufmann D, Wei S J. Does "grease money" speed up the wheels of commerce? International Monetary Fund Policy Working Paper [R]. WP/00/64, 2000.

[121] Klitgard, Robert, 1998, Controlling Corruption, University of California Press, Berkeley, CA.

[122] Laffont J J, Tirole J. A theory of incentives in procurement and regulation [M]. MIT press, 1993.

[123] Laux C. Limited-liability and incentive contracting with multiple projects [J]. RAND Journal of Economics, 2001: 514 - 526.

[124] Leff N H. Economic development through bureaucratic corruption [J]. American behavioral scientist, 1964, 8 (3): 8 - 14.

[125] Lui F T. An equilibrium queuing model of bribery [J]. Journal of political economy, 1985, 93 (4): 760 - 781.

[126] Mauro P. Corruption and growth [J]. The quarterly journal of economics, 1995, 110 (3): 681 - 712.

[127] Polinsky A M, Shavell S. The optimal use of fines and imprisonment [J]. Journal of Public Economics, 1984, 24 (1): 89 - 99.

[128] Bardhan P. Corruption and development: a review of issues [J]. Journal of economic literature, 1997, 35 (3): 1320 - 1346.

[129] Rose-Ackerman S. Corruption: A study in political economy [M]. Academic Press, 2013.

[130] Rose-Ackerman S. The role of the World Bank in controlling corruption [J]. Law & Pol'y Int'l Bus., 1997, 29: 93.

[131] Van Rijckeghem C, Weder B. Corruption and the rate of temptation: do low wages in the civil service cause corruption? [R]. 1997.

[132] Shleifer A, Vishny R W. Corruption [J]. The quarterly journal of economics, 1993, 108 (3): 599 - 617.

[133] Stephan C. Industrial health, safety and environmental management [J]. Muenster: MV Wissenschaft, 2012: 26 - 28.

[134] Tanzi, V. and Davoodi, H., 1997, "Corruption, public investment, and growth", IMF Working Paper, WP 97/139, Washington DC: International Monetary Fund.

[135] Tanzi V. Corruption around the world: Causes, consequences, scope, and cures [J]. Staff Papers, 1998, 45 (4): 559 – 594.

[136] Wei S J. How taxing is corruption on international investors? [D]. 1997.

[137] Weyland K G. The politics of corruption in Latin America [J]. Journal of Democracy, 1998, 9 (2): 108 – 121.

[138] Mundial B. Helping countries combat corruption: the role of the World Bank [J]. PREM, Set, 1997.

[139] Chayes S. Corruption: The unrecognized threat to international security [D]. A Paper of the Carnegie Endowment for International Peace. Washington, DC: Carnegie Endowment for International Peace, 2014.

[140] Kaufmann D. Corruption matters: Evidence-based challenge to orthodoxy [J]. Journal of Development Policy and, 2004, 1 (1): 1 – 24.

后　记

J. 帕特里克·多贝尔在《一个国家的腐败》里说："腐败是人类状况的一部分。"腐败是一个历史性问题，也是一个世界性难题。在漫长的反腐败斗争中，腐败以公谋私的本质未变，但其形式和手段却不断演化，大大增加了反腐的难度。

党的十八大以来，以习近平同志为核心的党中央以上率下改进作风，雷霆万钧反腐惩贪，反腐利剑所指之处，无论在职与否，无论层级高低，无论官场、企业，腐败分子纷纷落马。反腐斗争硕果累累，党风政风焕然一新，党心民心为之振奋。

相较其他行业，金融腐败危害更大，不仅会对金融机构本身造成伤害，还会波及大量投资者和金融消费者，危及经济社会稳定。中共中央政治局常委、中央纪委书记王岐山指出，国有金融机构是中国特色社会主义市场经济的骨干力量，关系国家经济命脉，在打造中国经济升级版过程中具有不可代替的重要地位。面对严峻复杂的反腐败形势，如何打赢金融反腐硬仗，事关金融机构肌体健康，事关全面深化改革大局。有鉴于此，研究和实践金融反腐，对保障我国国家战略有效执行、平稳渡过经济转型关键阶段，有十分重大的理论意义和现实意义。

20 世纪 90 年代末，亚洲金融危机爆发不久，广东省委成立

“化解金融危机五人领导小组”，王岐山同志（时任广东省委常委、常务副省长）提出了“砍树救林”理念，通过“三步走”，不仅成功化解了支付危机，而且发现并查处了一批腐败分子。2004年，在王岐山同志（时任北京市委副书记、市长）领导下，我们采取重组加清算的方式处置华夏证券的金融风险，重组后设立了中信建投证券公司，我们对金融反腐问题有了进一步认识。本书结合我们的自身经历，在几位撰稿人的共同努力下，结合国内外关于金融反腐的学术研究，对腐败问题的本质、产生的原因、一般性规律及境内外金融反腐经验进行了梳理，并就如何构建具有普适性的反腐理论体系作了探讨。同时，结合金融行业具体特点，以及现阶段我国社会发展特征，对防范和惩治金融腐败提出了一些具体措施。

金融反腐的治本之策是制度建设，要靠制度创新、体制机制创新、组织创新，增强廉洁的制度基础，将公共权力压缩到合理、必要、可控程度，形成“不敢腐、不能腐、不想腐”的制度约束环境。制度反腐的思路应当贯穿于所有公共资源流转过程之中，贯穿于所有公共权力行使过程之中，贯穿于一切管理体系之中。具体而言，可以从以下几个方面着手：

第一，推进金融行业市场化、法治化、国际化建设，构建透明、公正的规则体系。通过深化改革开放，减少行政审批，加强公司治理，减少寻租设租空间，铲除金融腐败的土壤。第二，提高金融监管水平，完善监管体系，填补监管真空和漏洞。金融业的快速发展对监管体制机制提出了更高要求，需不断健全监管体制，完善监管手段，丰富监管工具，提升系统监管整体效能。第三，发挥巡视利剑作用，加强对金融系统的巡视监督。我国金融系统实行的是党对金融系统的集中统一领导体制。按照中央关于全面从严治党要求和巡视全覆盖工作部署，必须用好巡视监督这一党内监督利剑，深化政治巡视，确保金融工作不偏离方向、不突破底线，始终朝着正确的方向发展。第四，运用大数据基因图谱技术强化金融反腐，尤其要加快开发全方位大数据反腐系统，为预防金融腐败提供助力，增强金融监管干部和从业人员自我约束意识。第五，加强金融领域廉洁文化建设，从思想源头根除腐败。古人说，“欲寡者神清，操严者政立”。要强化党员干部法纪意识与道德诚信教育，坚守共产党人的精神高地，做到心有所畏、言有所戒、行有所止。

哲人有言，世界上有两样东西是亘古不变的，一是高悬在我们头顶的日月星辰，一是深藏在每个人心底的高贵信仰。党的十八大后反腐风暴延续至今，已是第五个年头。这是中华人民共和国成立以来规模最大、力度最强、覆盖面最广的反腐败斗争。金融反腐是长期、复杂而艰巨的任务，永远在路上。我们要始终不忘初心，做到立身不忘做人之本，为政不移公仆之心，用权不谋一己之私，把反腐败斗争一步步引向深入。

刘士余、蔡鄂生、潘功胜、方风雷、王兆星、姜洋、陈文辉、袁野、陈刚等多位领导和同志在审稿过程中提出了非常宝贵的意见和建议。中国证监会原国际部主任、现中投公司副总经理祁斌，中投公司原副总经理、汇金公司原执行董事兼总经理、现深圳前海蛇口自贸片区及前海深港合作区咨询委员会副主任解植春，中国工商银行副行长张红力，宏源证券公司原董事长、中科软件公司董事长汤世生，中信建投证券公司总裁齐亮，中央巡视工作领导小组办公室副主任夏立忠对撰写本书不辞辛苦。中国方正出版社和中信出版集团为本书出版提供了极大的帮助。赵及锋、时文朝、罗礼平、殷索亚等同志对本书也有贡献。在此，一并表示衷心感谢！

黎晓宏

二〇一七年九月于北京